CB122860

Estatuto da Pessoa com Deficiência

Estatuto da Pessoa com Deficiência

REFLEXÕES E PERSPECTIVAS

2022

Coordenadores
Mariana Alves Lara
Daniela Braga Paiano
Eduardo Tomasevicius Filho

ALMEDINA

ESTATUTO DA PESSOA COM DEFICIÊNCIA
REFLEXÕES E PERSPECTIVAS
© Almedina, 2022

COORDENADORES: Mariana Alves Lara, Daniela Braga Paiano e Eduardo Tomasevicius Filho

DIRETOR ALMEDINA BRASIL: Rodrigo Mentz
EDITORA JURÍDICA: Manuella Santos de Castro
EDITOR DE DESENVOLVIMENTO: Aurélio Cesar Nogueira
ASSISTENTES EDITORIAIS: Isabela Leite e Larissa Nogueira
ESTAGIÁRIA DE PRODUÇÃO: Laura Roberti

DIAGRAMAÇÃO: Almedina ou Nome do diagramador
DESIGN DE CAPA: FBA

ISBN: 9786556276908
Novembro, 2022

Dados Internacionais de Catalogação na Publicação (CIP)
(Câmara Brasileira do Livro, SP, Brasil)

Estatuto da pessoa com deficiência : reflexões e
perspectivas / coordenadores Mariana Alves Lara,
Daniela Braga Paiano, Eduardo Tomasevicius Filho
São Paulo : Almedina, 2022.

Vários autores.
Bibliografia.
ISBN 978-65-5627-690-8

1. Pessoas com deficiência – Estatuto legal, leis, etc.
Brasil I. Lara, Mariana Alves. II. Paiano,
Daniela Braga. III. Tomasevicius Filho, Eduardo

22-123467 CDU-347.161

Índices para catálogo sistemático:

1. Estatuto : Pessoas com deficiência : Direito 347.161

Cibele Maria Dias – Bibliotecária – CRB-8/9427

Este livro segue as regras do novo Acordo Ortográfico da Língua Portuguesa (1990).

Todos os direitos reservados. Nenhuma parte deste livro, protegido por copyright, pode ser reproduzida, armazenada ou transmitida de alguma forma ou por algum meio, seja eletrônico ou mecânico, inclusive fotocópia, gravação ou qualquer sistema de armazenagem de informações, sem a permissão expressa e por escrito da editora.

EDITORA: Almedina Brasil
Rua José Maria Lisboa, 860, Conj. 131 e 132, Jardim Paulista | 01423-001 São Paulo | Brasil
www.almedina.com.br

SOBRE OS COORDENADORES

Mariana Alves Lara
Doutora em Direito Civil pela Universidade de São Paulo (USP). Professora adjunta de Direito Civil da Universidade Federal de Minas Gerais (UFMG) e membro do corpo permanente do Programa de Pós-Graduação em Direito da UFMG. Endereço eletrônico: ml.marianalara@gmail.com

Daniela Braga Paiano
Pós-Doutoranda e Doutora em Direito Civil pela Faculdade de Direito da Universidade de São Paulo (USP). Professora adjunta no departamento de Direito Privado e do Programa de Mestrado e Doutorado em Direito na Universidade Estadual de Londrina (UEL). Endereço eletrônico: danielapaiano@hotmail.com

Eduardo Tomasevicius Filho
Doutor e Livre-docente em Direito Civil pela Universidade de São Paulo (USP). Professor Associado da Faculdade de Direito da Universidade de São Paulo (USP). Professor do Curso de Direito das Faculdades Integradas Campos Salles. Endereço eletrônico: tomasevicius@usp.br

SOBRE OS AUTORES

Alessandra Cristina Furlan
Doutora em Direito Civil pela Faculdade de Direito da Universidade de São Paulo (USP). Professora adjunta no Centro de Ciências Sociais Aplicadas, Campus de Cornélio Procópio, da Universidade Estadual do Norte do Paraná (UENP). Colaboradora do projeto de pesquisa "Contratualização das relações familiares e sucessórias", cadastrado sob n. 12475 na PROPPG da UEL. Endereço eletrônico: alessandracfurlan@uenp.edu.br

Ana Luiza Mendes Mendonça
Mestranda em Direito Negocial pela Universidade Estadual de Londrina (UEL). Pós-Graduanda em Direito Ambiental e Urbanístico pela Faculdade IBMEC. Bacharela em Direito pela UEL. E-mail: analuiza.mendonca20@gmail.com

Daniela Braga Paiano
Pós-Doutoranda e Doutora em Direito Civil pela Faculdade de Direito da Universidade de São Paulo (USP). Professora adjunta no departamento de Direito Privado e do Programa de Mestrado e Doutorado em Direito na Universidade Estadual de Londrina (UEL). Coordenadora do Projeto de Pesquisa Contratualização das Relações Familiares e Sucessórias, cadastrado sob n. 12.475 na PROPPG da UEL. Endereço eletrônico: danielapaiano@hotmail.com

David Salim Santos Hosni
Doutor e Mestre em Direito Privado pela Universidade Federal de Minas Gerais (UFMG). Professor de direito na Escola de Governo Professor Paulo Neves de Carvalho da Fundação João Pinheiro. Endereço eletrônico: davidsshosni@gmail.com

Eduardo Tomasevicius Filho
Doutor e Livre-docente em Direito Civil pela Universidade de São Paulo (USP). Professor Associado da Faculdade de Direito da Universidade de São Paulo (USP). Professor do Curso de Direito das Faculdades Integradas Campos Salles. Endereço eletrônico: tomasevicius@usp.br

Fabrício Manoel Oliveira
Mestrando em Direito Civil pela UFMG, com bolsa CNPq. Endereço eletrônico: fabriciomanoeloliveira@gmail.com

Júlia Mariana Cunha Perini
Pós-graduanda em Direito Digital pelo Complexo de Ensino Renato Saraiva (CERS), e em Direito Constitucional pela Academia Brasileira de Direito Constitucional – ABDConst. Bacharel em Direito pela Universidade Estadual de Londrina – UEL. Pesquisadora no projeto de pesquisa "Contratualização das relações familiares e sucessórias", cadastrado sob o n. 12475 na PROPPG da UEL E-mail: juliamarianaperini@gmail.com

Luíza Resende Guimarães
Mestre em Direito Civil pela Universidade Federal de Minas Gerais (UFMG). Foi bolsista de Mestrado do CNPq. Graduada em Direito pela Universidade Federal de Lavras (UFLA). Pesquisadora do Laboratório de Bioética e Direito (LABB/UFLA/CNPq). E-mail: luizaresendeg@gmail.com

Luíza Souto Nogueira
Doutora em Direito Civil pela Universidade de São Paulo (USP). Mestre em Direito Civil pela Pontifícia Universidade Católica de São Paulo (PUC/SP). Especialista em Interesses Difusos e Coletivos pela Escola Superior do Ministério Público de São Paulo. Bacharela em Direito pela Pontifícia Universidade Católica de São Paulo (PUC/SP). Assistente Jurídico no Tribunal de Justiça do Estado de São Paulo. E-mail: luizas nogueira@yahoo.com.br

Mariana Alves Lara

Doutora em Direito Civil pela Universidade de São Paulo (USP). Professora adjunta de Direito Civil da Universidade Federal de Minas Gerais (UFMG) e membro do corpo permanente do Programa de Pós-Graduação em Direito da UFMG. Endereço eletrônico: ml.marianalara@gmail.com

Melissa Mayumi Suyama Ferrari

Mestranda em Direito Negocial pelo Programa de Mestrado e Doutorado da Universidade Estadual de Londrina. Pós-graduanda em Direito do Estado- Direito Tributário pela Universidade Estadual de Londrina. Advogada. E-mail: melissamsferrari@gmail.com

Renata Lima

Mestranda em Direito Civil pela Universidade Federal de Minas Gerais (UFMG). Bolsista de Mestrado da CAPES. Graduada em Direito pela Universidade Federal de Lavras (UFLA). Pesquisadora do Laboratório de Bioética e Direito (LABB/UFLA/CNPq). E-mail: relima@estudante.ufla.br

Rita de Cássia Resqueti Tarifa Espolador

Doutora em Direito pela Universidade Federal do Paraná (UFPR). Mestre em Direito Negocial pela Universidade Estadual de Londrina (UEL). Professora do Programa de Mestrado e Doutorado em Direito Negocial e da Graduação da Universidade Estadual de Londrina (UEL). Coordenadora do projeto de pesquisa "Negócios Biojurídicos: as tecnologias e o Direito Civil" na Universidade Estadual de Londrina. E-mail: rita.tarifa@gmail.com

Sílvia Pires Volpini

Mestranda do Programa de Pós-Graduação em Direito da Universidade Federal de Minas Gerais (UFMG). Bacharela em Jornalismo (PUC Minas), Letras (UFMG) e Direito (Faculdade de Direito Milton Campos). Assistente Judiciário do Tribunal de Justiça do Estado de Minas Gerais. Endereço eletrônico: silvolpini@gmail.com

APRESENTAÇÃO

A Lei 13.146, que instituiu a Lei Brasileira de Inclusão da Pessoa com Deficiência, também conhecida como Estatuto da Pessoa com Deficiência, completou cinco anos de promulgação em 2020. Em razão deste marco temporal, foi organizado em outubro daquele ano o simpósio comemorativo "Cinco Anos do Estatuto da Pessoa com Deficiência", uma iniciativa conjunta das Faculdades de Direito da Universidade de São Paulo, da Universidade Estadual de Londrina e da Universidade Federal de Minas Gerais. O evento ocorreu de forma virtual por conta da pandemia de COVID-19 e contou com a participação de mestrandos e doutorandos dos Programas de Pós-Graduação das referidas instituições.

Nesse encontro acadêmico, foram estabelecidos profícuos debates, levantadas questões polêmicas e apresentados possíveis caminhos para a efetivação dos direitos das pessoas com deficiência. Conforme destacado no evento pelos participantes, ainda são muitos os obstáculos para que essa parcela da população consiga sua plena e efetiva inclusão e participação na sociedade em condições de igualdade com as demais pessoas, o que evidencia a relevância de encontros que promovam o diálogo entre pesquisadores e estudiosos do tema.

De forma que este debate não ficasse restrito aos participantes, houve o convite para a elaboração desta obra coletiva, pela qual ficam registradas as contribuições dos três programas de pós-graduação.

A contribuição do Programa de Pós-Graduação da Faculdade de Direito da USP deu-se pelo trabalho do Professor Eduardo Tomasevicius Filho, que fez balanço geral sobre a efetivação dos direitos da pessoa com deficiência, assim como pelo texto de Luiza Souto Nogueira, acerca do tema do casamento da pessoa com deficiência.

Pelo Programa de Mestrado e Doutorado em Direito Negocial da UEL, a Professora Daniela Braga Paiano, Ana Luiza Mendes Mendonça e Júlia Marina Cunha Perini, discorreram sobre a importância da convivência familiar e comunitária na Lei Brasileira de Inclusão da Pessoa com Deficiência. As Professoras Rita R. Tarifa Espolador, com Alessandra Cristina Furlan e Melissa M. S. Ferrari, analisaram a autonomia da pessoa com deficiência mental e intelectual, analisando a questão da obtenção do consentimento livre e esclarecido em tratamentos médicos.

Pelo Programa de Pós-Graduação em Direito da UFMG, a professora Mariana Alves Lara fez balanço do regime de capacidades, após as mudanças implementadas pela Lei Brasileira de Inclusão da Pessoa com Deficiência, com foco na jurisprudência atual sobre o tema. Sílvia Pires Volpini problematizou o tema da vulnerabilidade no contexto da deficiência, a partir de uma análise dos artigos 5º, parágrafo único, e 10, parágrafo único, desta Lei. Luíza Resende Guimarães e Renata Lima discutiram as implicações positivas e negativas da opção pela judicialização do instrumento de apoio brasileiro, denominada de tomada de decisão apoiada. O pretenso caráter protetivo da subsidiariedade e mitigação da responsabilidade civil extracontratual da pessoa declarada incapaz foi tratado por David Salim Santos Hosni. Por fim, Fabrício Manoel Oliveira analisou criticamente o Decreto nº 10.502/2020, que institui a Política Nacional de Educação Especial, contrastando-o com o direito à educação das pessoas com deficiência.

Assim, este evento, com a consequente elaboração desta obra, foi possível o diálogo sobre as pesquisas desenvolvidas pelas três universidades – USP, UFMG e UEL. Destaca-se sua importância para os programas e pesquisadores envolvidos, mas, principalmente, a reflexão acerca desse tema tão sensível e importante no ambiente acadêmico-jurídico.

Esperamos que apreciem a leitura!

MARIANA ALVES LARA
DANIELA BRAGA PAIANO
EDUARDO TOMASEVICIUS FILHO

SUMÁRIO

1. UM BALANÇO SOBRE A LEI BRASILEIRA DE INCLUSÃO DA PESSOA COM DEFICIÊNCIA: A QUESTÃO DOS DIREITOS

EDUARDO TOMASEVICIUS FILHO

Introdução

Promulgada em 6 de julho de 2015, a Lei Brasileira de Inclusão da Pessoa com Deficiência – LBI, também intitulada como Estatuto da Pessoa com Deficiência, tem por objetivo a disciplina jurídica de diversos temas que dizem respeito a toda a sociedade, por estabelecer-se, por seu intermédio, um novo pacto de convivência pelo qual se devem eliminar todas as barreiras que impedem a plena e efetiva vida em sociedade em igualdade de condições.

Esta lei decorre diretamente da Convenção de Nova Iorque sobre os Direitos das Pessoas com Deficiência – CDPD, celebrada em 2007 e elaborada pelos próprios interessados – isto é, pelas pessoas com deficiência – sendo esta considerada o primeiro tratado internacional de direitos humanos do século XXI. No Brasil, devido à alteração decorrente da Emenda Constitucional n.º 45, de 2004, que inseriu o parágrafo 3º ao art. 5º da Constituição Federal, a Convenção foi internalizada ao direito brasileiro com força de norma constitucional de eficácia plena por sua aprovação pelo Decreto Legislativo n.º 186, de 9 de julho de 2008 e subsequente publicação pelo Decreto n.º 6.949, de 25 de agosto de 2009. No limite, a CDPD seria suficiente para a efetivação dos direitos da pessoa com deficiência, caso houvesse vontade sincera de levar estes direitos a sério, tal como se efetivou com o Pacto de São José da Costa Rica em nosso país a partir da sua ratificação em 1992, para fins de abolição da prisão civil do devedor fiduciário.

A LBI passou a ser amplamente conhecida mais por conta das modificações às redações dos arts. 3º e 4º do Código Civil, que alteraram os critérios de atribuição da capacidade de agir, do que pelos direitos que por esta são garantidos, sendo criticada pela suposta "desproteção" de caráter patrimonial para com as pessoas com deficiência. Enquanto isso, lamentavelmente, não se tem conferido a devida atenção doutrinária acerca dos direitos de família da pessoa com deficiência previstos nesta lei, nem aos seus direitos sociais, como a saúde e o trabalho, que são usualmente pesquisados apenas por quem se interessa pelo assunto por um motivo específico.

Passados mais de cinco anos da promulgação da Lei n.º 13.146, o objetivo desse artigo é o de realizar balanço sobre os avanços e estagnações na aplicação prática dessa lei em termos de direitos nela consagrados, como forma de avaliação do que se tem até o presente momento, para que se possam identificar as eficiências e as deficiências do texto legal. Duas foram as hipóteses que orientaram a elaboração desse artigo: que o desconhecimento do tema entre os operadores do direito é uma barreira à inclusão da pessoa com deficiência, e que a crítica concentrada nas alterações das regras sobre capacidade de agir distrai a atenção dos operadores do direito para a importância da efetivação de todos os direitos assegurados por lei. Por uma questão metodológica, não se tratou nesse artigo do tema da capacidade de agir, que está relacionada às alterações no Código Civil.

Esse artigo é dividido em três partes. A primeira delas consiste na contextualização das mudanças trazidas pela LBI; a segunda delas, as mudanças efetivamente trazidas por esta Lei, com um balanço de resultados; por fim, apontou-se o que ainda falta para que se tornem efetivos os direitos da pessoa com deficiência no Brasil. Não serão aqui transcritas as normas contidas na LBI, exceto aquelas que merecem destaque pela sua importância dentro do conjunto delas.

1. As mudanças de paradigma ao longo dos tempos

A questão relativa à pessoa com deficiência é bastante antiga, embora seu entendimento seja variado conforme o tempo e o lugar das sociedades. Ao longo dos séculos passados, os povos desenvolveram práticas culturais, que são, evidentemente, consideradas inaceitáveis para os dias atuais, como o abandono de recém-nascidos, ou, ainda, a relegação da pessoa com deficiência ao isolamento. Nos Evangelhos, diversos milagres consistiam na cura de cegos, do mudo, do surdo, dos paralíticos, e de pessoas com malformação da mão e da orelha, sendo evidências da percepção da deficiência dentro daquela sociedade. De igual modo, buscavam-se explicações sobrenaturais para a deficiência, atribuindo-se-lhes natureza de anjos entre os humanos, o que em nada melhorava a condição social delas, porque as privava de uma vida com maiores experiências e oportunidades.

A partir do final do século XVIII, quando surgiu o modelo médico para a deficiência, criaram-se novas barreiras destinadas à exclusão intencional delas, entre as quais o confinamento de pessoas com transtorno mental em "prisão perpétua". Ainda que justificado à época como a solução ideal, essa prática gerou efeitos contrários quase que imediatamente. Nesse ponto, não é necessário ir atrás de exemplos estrangeiros: basta ler a crítica que escritores brasileiros, como Machado de Assis e Lima Barreto, teceram acerca da institucionalização da pessoa com deficiência entre o fim do século XIX e início do século XX, em O Alienista e Triste Fim de Policarpo Quaresma, respectivamente.

O início do século XX foi um período em que o Estado passou a regular de forma intensa diversos aspectos da vida privada, como é caso da educação. Por conta disso, deu-se atenção às pessoas com deficiência intelectual pela tentativa de inserção delas no sistema regular de ensino.[1] Ao mesmo tempo, em matéria patrimonial, tomando-se por base o exemplo brasileiro, estabelecia-se, por meio do Código Civil de 1916, um conjunto de regras para uma sociedade patriarcal, ainda que estas não tivessem total amparo na realidade em razão da elevada desigualdade social, uma vez que somente uma pequena parcela da população efetivamente tinha patrimônio acima do mínimo para a própria sobrevivência. Assim, havia excessiva preocupação para esse aspecto por meio da curatela e da interdição, reduzindo-se a capacidade de agir da pessoa para o status de absolutamente incapaz, com o intuito de evitar-se a todo o custo que o patrimônio da pessoa com deficiência se esvanecesse por uma suposta má gestão, excluindo-a do gozo de seus direitos civis. Tal preocupação também se justificava pelo fato de que, naquela época, não havia outros

[1] PINTO, Norberto de Souza. **A infância retardatária.** 3.ed. aumentada. Rio de Janeiro: Irmãos Di Giorgio e Cia. 1954.

ramos do direito de caráter protetivo, como o direito do consumidor, muito menos a previdência e seguridade sociais.

A partir da segunda metade do século XX, percebeu-se, lentamente, a inadequação da visão que se tinha sobre a deficiência. Importantes mudanças estruturais por motivações econômicas, decorrentes da necessidade de inserção delas no mercado de trabalho, e, sobretudo, pela atitude de valorização da pessoa humana, ocorreram a partir da luta do psiquiatra italiano Franco Basaglia e do filósofo francês Michel Foucault contra a institucionalização das pessoas com transtorno mental, destacando que ambos estiveram no Brasil para denunciar os maus tratos às pessoas internadas.[2] Iniciaram-se, então, movimentos de substituição do modelo médico para o modelo biopsicossocial, ao lado do reconhecimento da importância da inclusão da pessoa com deficiência na sociedade. Nessa mesma época, o direito internacional deu importantes contribuições para o desenvolvimento de diversos ramos do direito, entre os quais o direito das pessoas com deficiência. Promulgou-se a Declaração dos Direitos do Deficiente Mental, por meio da Resolução da ONU n.º A/8429, de 22 de dezembro de 1971, assim como a Declaração dos Direitos das Pessoas Deficientes, por meio da Resolução da ONU n.º 3.447, de 9 de dezembro de 1975.

Vale destacar que a Constituição Federal de 1988 foi a primeira a ter normas voltadas à pessoa com deficiência desde o início de sua vigência, sendo, depois, complementada por outras por meio de emendas constitucionais. Garantiram-se, pois, direitos em geral (art. 24, XIV), e os direitos à saúde (art. 23, II), à habilitação e à reabilitação (art. 203, IV), à educação (art. 207, III), ao trabalho (art. 7º, XXXI; art. 37, VIII), e à assistência social (art. 203, V), e impôs-se a acessibilidade (art. 227, § 2º) em logradouros, edifícios públicos e veículos de transporte coletivo, bem como a concessão de benefício de assistência social, que se revelou na prática muito importante para minorar os efeitos da desigualdade social em nosso país. De modo a dar concretude aos dispositivos constitucionais, promulgaram-se leis, entre as quais a Lei n.º 7.853, de 24 de outubro de 1989, que, em linhas gerais, dispõe sobre o apoio à pessoa com deficiência,

[2] Basaglia visitou o Hospital do Juqueri, em São Paulo, e Foucault, quando esteve na Universidade Federal do Rio de Janeiro, foi a Minas Gerais visitar o Hospício Geral de Barbacena.

tendo sido regulamentada dez anos depois pelo Decreto n.º 3.298, de 20 de dezembro de 1999; a Lei n.º 8.112, de 11 de dezembro de 1990, sobre o regime jurídico dos servidores públicos federais; as Leis n.º 8.212, sobre a organização da seguridade social, e n.º 8.213, sobre os planos de benefícios da previdência social, ambas de 24 de julho de 1991; a Lei n.º 8.742, de 7 de dezembro de 1993 – Lei Orgânica da Assistência Social (LOAS); a Lei n.º 10.048, de 8 de novembro de 2000, a Lei n.º10.098, de 19 de dezembro de 2000, sobre acessibilidade, sendo ambas regulamentadas pelo Decreto n.º 5.296, de 2 de dezembro de 2004; a Lei n.º 10.216, de 6 de abril de 2001, sobre reforma psiquiátrica; a Lei n.º 10.436, de 24 de abril de 2002, que dispõe sobre a Língua Brasileira de Sinais – LIBRAS, e a Lei n.º 12.764, de 27 de dezembro de 2012, que instituiu a Política Nacional de Proteção dos Direitos da Pessoa com Transtorno do Espectro Autista.

Já os preparativos para uma lei geral da pessoa com deficiência iniciaram-se com a propositura do Projeto de Lei do Senado n.º 6, de 2003, de autoria do Senador Paulo Paim. Este projeto tramitou três anos no Senado e, depois, tramitou outros nove anos na Câmara dos Deputados como Projeto de Lei n.º 7.699, de 2006, até converter-se, enfim, na Lei n.º13.146, de 6 de julho de 2015, com *vacatio legis* de 6 meses. Foi tão lento o processo legislativo sobre esse diploma legal, que, nesse interim, foi elaborada a CDPD em 2007, de modo que até mesmo ocorreu a própria mudança terminológica, pelo abandono do termo "pessoa portadora de deficiência", substituído por "pessoa com deficiência", razão pela qual foi necessária a alteração do título da lei, de "Estatuto da Pessoa Portadora de Deficiência" para "Lei Brasileira de Inclusão da Pessoa com Deficiência". Ademais, o texto final foi promulgado com significativas reduções em termos de artigos. A previsão do conteúdo dos direitos foi bastante alterada, para que se pudesse atender ao disposto no direito internacional recepcionado pela Constituição Federal, e, em especial, a modificação das regras sobre capacidade de agir da pessoa com deficiência, ao lado da inserção dos direitos de família e à sexualidade como direitos fundamentais. Assim, esta lei não é voltada a determinado segmento social, como a criança e o idoso. Trata-se de uma lei de toda a sociedade, uma vez que compete a esta se adaptar para que a pessoa com deficiência seja livre e autônoma.

Nos últimos anos, completou-se essa proteção jurídica, pela promulgação da Lei n.º 13.830, de 13 de maio de 2019, que dispõe sobre a prática da equoterapia, ao lado de leis comemorativas, como a Lei n.º 13.585, de 26 de dezembro de 2017, sobre a Semana Nacional da Pessoa com Deficiência Intelectual e Múltipla; a Lei n.º 13.652, de 13 de abril de 2018, que instituiu o Dia Nacional de Conscientização sobre o Autismo. Em 2021, promulgou-se a Lei n.º 14.126, de 22 de março de 2021, que classifica a visão monocular como deficiência sensorial, do tipo visual; a Lei n.º 14.254, de 30 de novembro de 2021, sobre o acompanhamento de educandos com dislexia ou TDAH; e a Lei n.º 14.420, de 20 de julho de 2022, que instituiu a Semana Nacional de Conscientização sobre o TDAH.[3] Vê-se, pois, que não era por falta de leis, que o Brasil não avançou tanto quanto poderia em matéria de defesa dos direitos da pessoa com deficiência.

2. Igualdade e não discriminação: a questão do casamento e sexualidade

Sendo o espírito da LBI a estruturação dos direitos já garantidos, e trazer novos direitos para serem assegurados, para que toda pessoa com deficiência tenha o livre desenvolvimento de sua personalidade, com o direito de ser o que bem desejar em termos pessoais, familiares, profissionais, sociais e políticos, tendo a chance de aproveitar as oportunidades que a vida oferece, é importante destacar que, entre seus arts. 4º a 8º, consagraram-se importantes regras gerais sobre a garantia dos direitos da pessoa com deficiência.

Como não poderia ser diferente, afirma-se no art. 4º que "Toda pessoa com deficiência tem direito à igualdade de oportunidades com as demais pessoas e não sofrerá nenhuma espécie de discriminação".

Na sequência, o art. 6º da Lei é de suma relevância pela sua pujança, consistindo em verdadeira afirmação de direitos fundamentais, deixando-se claro que a deficiência não afeta a capacidade civil de uma pessoa. Tanto que se usou a expressão "inclusive para", com o intuito do legislador em esclarecer que a deficiência não pode tolher a autonomia da pessoa nem impedi-la de exercer os seus direitos. Desde então, não restam mais dúvidas sobre a incompatibilidade do direito civil brasileiro, assim como do direito brasileiro como um todo, de privar a pessoa com deficiência de constituir uma família por iniciativa própria, relacionar-se com outras

[3] Além disso, está em tramitação na Câmara dos Deputados o PL n.º2.630/2021, para instituir a Política Nacional de Proteção dos Direitos da Pessoa com Transtorno do Déficit de Atenção e Hiperatividade (TDAH), reconhecendo-a como pessoa com deficiência.

pessoas, exercer sua sexualidade, ter filhos, trabalhar, votar e gerir seu patrimônio.

A despeito desse avanço legislativo, ainda é muito grande o estigma relacionado à pessoa com deficiência, sobretudo no âmbito dos relacionamentos, afetividade e sexualidade, por afirmar-se, de forma acrítica, que pessoas com deficiência seriam desprovidas de desejos e que seus corpos não seriam iguais ao de qualquer outra pessoa. Elas, lamentavelmente, são vítimas de violência sexual, inclusive pelo fato de seus agressores apostarem na impunidade decorrente da suposta falta de percepção do ato praticado. Sob o manto da proteção, famílias mantêm-nas isoladas em casa, pelo temor da gravidez e das consequências que advêm da parentalidade. Quando se percebe a manifestação dos desejos, não há qualquer educação para a vida afetiva nem para a vida sexual. Ao contrário, existe a prática de contratação de mulheres para masturbação de rapazes – de modo que, mesmo nesse momento, se veda a relação sexual – e, no fundo, haja a mera extração do sêmen da pessoa como medida "profilática". Namoros e casamentos têm sido mais comuns entre pessoas com síndrome de Down, mas pouco se ouve falar de casamentos de pessoas com transtorno mental, exceto nos casos em que há fraude manifesta no ato. Ainda sobre o drama da sexualidade da pessoa com deficiência, merece destaque a tese de doutorado defendida por Karen Ribeiro na Universidade de São Paulo, com adolescentes surdas em uma escola de São Paulo. Nessa pesquisa se descobriu que nem todos os familiares e amigos sabiam Libras, o que dificultava a comunicação com elas. Enquanto as adolescentes podiam sair de casa, as adolescentes surdas eram "protegidas" e tinham que ficar em casa. Nem todas podiam receber amigos ou ter vida sexual, em razão do medo da gravidez. Logo, tinham suas autoestimas abaladas.[4]

Com efeito, esses estigmas ainda estavam enraizados na legislação. Por exemplo, o Código Civil de 2002 ainda vedava o casamento da pessoa com deficiência. A origem dessa proibição é muito antiga e consolidou-se no Concílio de Trento, tendo sido incorporadas nas Constituições Primeiras do Arcebispado da Bahia, de 1707, ao ter-se disposto que pessoas consideradas loucas eram consideradas incapazes de contrair

[4] RIBEIRO, Karen. **Sexualidade e gênero: estudo das relações afetivas de jovens surdas de uma escola municipal de educação especial de São Paulo.** 2011. Tese (Doutorado em Educação) – Faculdade de Educação, Universidade de São Paulo, São Paulo, 2011.

matrimônio, conforme disposto no item 268 (Livro I, Título LXIV). Esse entendimento manteve-se no art. 95 da Consolidação das Leis Civis, de Teixeira de Freitas.

Todavia, no Decreto n.º 181, de 1890, editado logo após a proclamação da República e no contexto de ruptura entre Estado e Igreja Católica, não se manteve essa proibição, pelo que se infere do art. 1º, § 3º, em que se previa a concessão de autorização para casamento do interdito. Apenas não se permitia o casamento, nos termos do art. 7º, § 5º, da pessoa que não fosse capaz de consentir ou não poder manifestá-lo por palavras ou por escrito de modo inequívoco. No art. 7º, § 7º, esta decorria da falta de consentimento ou seu suprimento por parte de quem tinha o poder ou administração de outrem. Dessa forma, nada impedia o casamento da pessoa com deficiência. Inclusive o art. 63 desse Decreto apenas impunha a anulação do casamento nas hipóteses de infração ao seu art. 7º, §§ 5º e 7º. Por sua vez, o Código Civil de 1916 recepcionou o disposto no Decreto n.º 181, vedando-se a possibilidade de casamento pela pessoa sujeita à curatela, por falta de consentimento ou seu suprimento pelo curador, como impedimento ao casamento, conforme disposto no art. 183, XI; nos termos do art. 209 deste Código, estatuía-se a anulação do casamento por infração a esse impedimento. Embora nada impedisse o casamento, a interpretação dessas regras do Código Civil revelava muito da visão que havia sobre a pessoa com deficiência. Washington de Barros Monteiro, na primeira edição de seu curso de direito civil brasileiro, de 1952, estabelecia o gênero "incapaz de consentir", colocando nessa categoria os "loucos de todo o gênero" e os "surdos-mudos que não puderem exprimir sua vontade", colocando-se que, estando a pessoa interditada, o casamento deveria ser anulado por ausência de consentimento, e, se existisse a tal "alienação mental" no ato do casamento da pessoa ainda não interditada, este deveria ser anulado. Observe-se que não se usou o verbo "poderia", mas o verbo "deveria", como uma espécie de "recomendação". A razão seria que "o louco não pode e não deve constituir família, embora não se possa afirmar a herança das enfermidades mentais, salvo os mais graves casos de oligofrenia e epilepsia".[5]

[5] MONTEIRO, Washington de Barros. **Curso de Direito Civil – Direito de Família**. São Paulo: Saraiva, 1952. p. 36-37

No projeto de lei que resultou no Código Civil de 2002, procurou-se consolidar essa ideia limitadora, ao ter estabelecido de vez a nulidade do casamento da pessoa com deficiência. A justificativa da época era que se fazia necessária uma nova disciplina das nulidades do casamento.[6] Por uma questão de coerência com a parte geral do Código no que se refere ao ato praticado por pessoa absolutamente incapaz, tinha-se nulo de pleno direito o casamento da pessoa com deficiência. Praticamente não houve debates sobre isso. No máximo, questionou-se como seriam os efeitos do casamento celebrado por pessoa com deficiência que não tivesse sido previamente interditada. Na redação original do art. 1.548, I, promulgada em 2002, considerava-se nulo de pleno direito o casamento da pessoa "I – pelo enfermo mental sem o necessário discernimento para os atos da vida civil".

Em 2015, com o art. 6º da LBI, e a revogação do art. 1.548, I, do Código Civil de 2002, não se podia mais admitir a discriminação da pessoa com deficiência dentro do seio familiar, nem negar-lhe a autonomia para decidir por conta própria a sua vida pessoal, sem o preconceito de que não tem ou não pode expressar seus sentimentos. Entretanto, essa alteração não foi feita da maneira mais adequada. Derrogou-se o art. 1.548, I, e inseriu o § 2 ° A ao art. 1.550 nos seguintes termos: "A pessoa com deficiência mental ou intelectual em idade núbia poderá contrair matrimônio, expressando sua vontade diretamente ou por meio de seu responsável ou curador". Como se pode verificar, a redação deste artigo não foi feliz. Usou-se o termo "idade núbia" em vez de "idade núbil", e dever-se-ia ter inserido essa regra nos primeiros artigos do livro de direito de família do Código Civil, em vez de situá-lo no capítulo que trata da anulabilidade do casamento. Ademais, essa liberdade nem sempre é exercida da melhor maneira possível. São comuns nos cartórios de registro civil das pessoas naturais a habilitação para o casamento de pessoas inconscientes de si mesmas e do negócio jurídico em si, em flagrante fraude. Com a proibição da oposição ao casamento pelo registrador civil, estes profissionais ficam apreensivos quanto ao conflito existente por se sentirem de mãos atadas

[6] REALE, Miguel. Exposição de Motivos. *In:* CÂMARA DOS DEPUTADOS. **Projeto de Lei n.º 634, de 1975 (Do Poder Executivo). Mensagem n.º 160/75. Código Civil.** Disponível em: http://imagem.camara.gov.br/Imagem/d/pdf/DCD13JUN1975SUP_B.pdf#page=1. Acesso em: 6 jul. 2021. p. 122

ao corroborarem atos ilícitos praticados por um dos contraentes contra o outro que tem deficiência.

3. Vida, saúde, habilitação e reabilitação: direitos assegurados a todos

O estigma que se tinha para com a pessoa com deficiência, mantendo-a isolada do convívio social em geral, afetava a sua saúde, privando-a de atendimento médico quando necessário, e impondo outros tratamentos quando este era desnecessário, como o caso da internação por prazo indeterminado em estabelecimento manicomial.

Enquanto a pessoa com qualquer outro tipo de enfermidade, como, por exemplo, uma doença gástrica ou uma doença cardíaca, permanece em um hospital o tempo estritamente necessário à convalescença, para retornar ao convívio familiar em seguida, o mesmo não acontecia com a pessoa com transtorno ou com deficiência mental. Esta era privada do convívio familiar e do direito a uma família. Inclusive o próprio Código Penal, ao tratar dos inimputáveis, previa a medida de segurança, a qual podia ser renovada indefinidamente, mantendo-se a pessoa internada por décadas.

Como decorrência do movimento de reforma psiquiátrica, tem-se que, na década de 1980, surgiram os Centros de Atenção Psicossocial – CAPS,[7] que atualmente fazem parte do Sistema Único de Saúde – SUS, bem como a própria Lei n.º 10.216, de 2002, que aboliu esse tipo de situação permanente, garantindo-se o direito de não ser internado compulsoriamente sem motivo.

A LBI especificou o que já era consagrado em linhas gerais. Dois artigos merecem destaque. O primeiro deles é o art. 11, o qual é importante para a harmonização da lei geral com a Lei n.º 10.216, de 2002 em termos de proibição de intervenção clínica ou cirúrgica, e seu tratamento ou sua institucionalização forçada. Todavia, o parágrafo único deste art. 11 prevê a possibilidade de a pessoa com transtorno mental em situação de curatela ser submetida a essas intervenções e institucionalizações forçadas nos termos da lei. Ocorre, porém, que a Lei n.º 10.216 nada prevê sobre essa hipótese, porque apenas disciplina as intervenções involuntária e compulsória, nos termos do art. 6º, II e III, respectivamente. Em vez de

[7] RIBEIRO, Sergio Luiz. A criação do Centro de Atenção Psicossocial Espaço Vivo. **Psicologia:** Ciência e profissão. v. 24, n. 3, p. 92-99, set. 2004. p. 95. Disponível em: https://www.scielo.br/j/pcp/a/hdDpMwZvnMVmrfSwFw9XSCr/?lang=pt

ter-se aperfeiçoado o disposto na lei especial, assim não se fez. Causou-se possível antinomia e uma maior abertura interpretativa para que se consiga a internação nesses casos por decisão do curador.

Já os direitos à vida e à saúde são consagrados na LBI, reafirmando-se o disposto na Constituição Federal e demais leis especiais para toda e qualquer pessoa, como no caso do art. 23, de acordo com o qual "são vedadas todas as formas de discriminação contra a pessoa com deficiência, inclusive por meio de cobrança de valores diferenciados por planos e seguros privados de saúde, em razão de sua condição".

Desta forma, no tocante ao direito à saúde, que se relaciona com a habilitação e reabilitação, a LBI cuidou do diagnóstico e intervenção precoces, proporcionando-se os estímulos necessários para que o corpo humano se transforme, permitindo-se a máxima inclusão em termos de realização de tarefas sem auxílio de terceiros. Assim como se deve dar o devido tratamento de saúde à criança com deficiência, deve-se igualmente conferir essa mesma atenção com a pessoa adulta que, por conta de acidente, tenha sua mobilidade reduzida. Essa questão é importante, posto que o Brasil tem elevados índices de acidentes de trânsito com motocicletas, geralmente conduzidas por jovens, e que passam a sofrer com a falta de acessibilidade nos locais públicos.

Igualmente relacionado com o art. 6º, estatuiu-se, como especificação do direito à saúde o "respeito à especificidade, à identidade de gênero e à orientação sexual da pessoa com deficiência" e a "atenção sexual e reprodutiva, incluindo o direito à fertilização assistida". Superou-se, pois, em definitivo, qualquer restrição que se fazia no passado quanto ao casamento da pessoa com deficiência por impossibilidade de reprodução, conforme havia nas Constituições Primeiras do Arcebispado da Bahia, pela expressão "impropriedade de instrumentos de cópula", e como hipótese de erro quanto à pessoa, inclusive na redação original do art. 1.557 do Código Civil de 2002, que ocultava a impotência sexual sob a expressão "defeito físico irremediável" anterior ao casamento. Embora a disciplina atual do divórcio consista na ampla liberdade de desistência do casamento, ao autorizar a dissolução da sociedade conjugal sem qualquer causa ou justificativa, a redação atual do art. 1.557, III, inclui a expressão "que não caracterize deficiência", o que deixa claro que não se pode trazer aos autos a deficiência do parceiro como justificativa de desistência do relacionamento conjugal.

4. Aspectos da inclusão: educação e trabalho

A educação com pessoa com deficiência tem sido realizada há pelo menos quatro séculos, com as tentativas de desenvolvimento de métodos e línguas de sinais. No século XIX, foram criadas as instituições voltadas a cegos e surdos, que existem até os dias atuais. No início do século XX, por influência das pesquisas de Binet, que criou o teste de QI (quociente de inteligência), inseriu-se a criança com deficiência no sistema de ensino, até em razão do esforço de pedagogos que desenvolveram as primeiras pesquisas sobre educação, mas a ideia vigente naquela época era a separação entre as crianças, por meio das denominadas "classes especiais".

Entre as décadas de 1960 a 1980, houve avanços nas pesquisas sobre educação da pessoa com deficiência. Tal fato levou, por exemplo, no caso brasileiro, à previsão da educação da criança com deficiência nas leis de diretrizes e bases da educação nacional, embora de forma contida, mediante o uso da expressão "educação de excepcionais", bastante comum à época. Mas foi mesmo a partir de 1994, com a Declaração de Salamanca sobre Educação Especial, que se afirmou a ideia de inclusão total da pessoa com deficiência no sistema regular de ensino sem qualquer separação em classes especiais. Na sequência, a atual Lei de Diretrizes e Bases da Educação – Lei n.º 9.394, de 20 de dezembro de 1996, conhecida como Lei Darcy Ribeiro – incorporou essa visão, o que exigiu uma mudança de atitude por parte dos profissionais da educação e gestores para a eliminação das barreiras e adequação dos estabelecimentos de ensino.

A LBI não poderia ter deixado esse tema de fora, a despeito da regulação da matéria pela Lei de Diretrizes e Bases da Educação Nacional. Nesse ponto, não houve mera repetição do que já estava previsto: avançou-se com a matéria. Definiu-se o conceito de inclusão plena; estabeleceu-se o conteúdo mínimo dos projetos pedagógicos, bem como o planejamento de estudo de caso e plano de atendimento educacional especializado; a oferta do ensino em Libras e do Sistema Braille, a acessibilidade dos ambientes, e oferta de profissionais de apoio escolar. No art. 30, previram-se regras específicas sobre os processos seletivos de ingresso no ensino superior.

Entretanto, no mesmo dia em que a lei entrou em vigor, foi proposta a Ação Direta de Inconstitucionalidade n.º 5.357/DF[8] para que fosse

[8] SUPREMO TRIBUNAL FEDERAL. **Ação Direta de Inconstitucionalidade n.º 5.357/DF.** Relator Min. Edson Fachin. Julgado em 9 de junho de 2016.

autorizada a cobrança de valores adicionais dos pais de crianças com deficiência matriculadas na rede privada de ensino, alegando-se, em síntese, que são obrigados a assumirem ônus do Estado e da família, e que a repartição dos custos operacionais das escolas com todos os alunos seria expropriação das famílias cujas crianças não têm deficiência. O Supremo Tribunal Federal rechaçou esse argumento, porque a cobrança diferenciada seria privilégio odioso, oficiando-se a discriminação, e que a convivência entre crianças com e sem deficiência em sala de aula é uma grande oportunidade de preparação para a convivência com as diferenças, como lição de humanidade, sem discriminações e com fraternidade.

Embora não tenha relação com a LBI, promulgou-se o Decreto n.º 10.502, de 2020, que instituiu a Política Nacional de Educação Especial: Equitativa, Inclusiva e com Aprendizado ao Longo da Vida. Esse ato normativo foi objeto da Ação Direta de Inconstitucionalidade n.º 6.590/DF,[9] e da Ação de Descumprimento de Preceito Fundamental n.º 751,[10] em que se deferiu medida liminar para suspendê-lo integralmente, sob o fundamento de que este inovava em relação à CDPD e à LBI, além do fato de que o Brasil assumiu compromissos com a educação inclusiva, sendo esta a regra geral, o que tornava inadmissíveis as classes e escolas especializadas como formas de oferecimento de educação à pessoa com deficiência.

Infelizmente, tornou-se comum a crítica sobre a inclusão da criança com deficiência no sistema regular de ensino, por falta de profissionais especializados em educação especial, além da falta de infraestrutura de muitas escolas. Apesar dos esforços para reverter essa situação, ainda são comuns relatos de crianças com deficiência lançadas à própria sorte no fundo das salas de aula, sem material adequado, nem que se respeite o princípio da absoluta prioridade previsto no Estatuto da Criança e do Adolescente sobre a efetivação dos direitos, entre os quais o da educação, por serem pessoas em formação. Devido a essas situações trágicas, a defesa da escola especializada, separada das demais crianças, acaba sendo defendida por pais ou responsável de crianças que se encontram desamparadas no ambiente escolar, a partir do raciocínio da ponderação de que,

[9] SUPREMO TRIBUNAL FEDERAL. **Ação Direta de Inconstitucionalidade n.º 6.590/DF.** Relator Min. Dias Toffoli. Aguardando julgamento definitivo.

[10] SUPREMO TRIBUNAL FEDERAL. **Ação de Descumprimento de Preceito Fundamental n.º 751/DF.** Relator Min. Dias Toffoli. Aguardando julgamento definitivo.

efetivamente, esta causaria um "mal menor". Ainda há dificuldades em termos de educação da pessoa com deficiência no ensino superior. É certo que muitas universidades não são adequadas em termos de acessibilidade. Instituições privadas de ensino geralmente atendem a esses requisitos com maior facilidade, em comparação com as instituições públicas de ensino superior, que são lentas nesse processo, até mesmo por conta de menor fiscalização e falta de recursos empenhados para atendimento da legislação.

De igual modo, o direito ao trabalho da pessoa com deficiência é imprescindível para que se promova o livre desenvolvimento da personalidade e a inclusão. Três são os principais aspectos que devem ser levados em consideração na efetivação desse direito. O primeiro deles se refere à formação da identidade que o trabalho proporciona a cada ser humano. O segundo deles, apontado no Relatório Mundial da Deficiência,[11] é o dano sofrido pela pessoa com deficiência que se torna dependente de familiares, tirando-lhe a autonomia para decidir o que ter e o que fazer da própria vida, sem dar satisfações a quem quer que seja. No mesmo sentido e igualmente apontado pelo mesmo relatório, a manutenção da pessoa com deficiência sem trabalho, sendo sustentada por familiares, afeta-os, diminuindo a renda familiar. Por fim, o terceiro aspecto refere-se ao "day after" do término da escolarização. Enquanto se entende ser normal e natural que pessoas, uma vez concluído o ensino médio ou superior, ingressem – ou incluam-se – no mercado de trabalho, a pessoa com deficiência, uma vez concluídos os seus estudos, tem o direito de ingressar no mercado de trabalho. Por isso, é cruel e degradante privar a pessoa com deficiência do mercado de trabalho.

Ao longo dos últimos trinta anos, a questão do trabalho da pessoa com deficiência no Brasil cingiu-se às cotas em concursos públicos e em empresas com mais de 100 empregados. Como tentativa doutrinária de superarem-se essas limitações, sustentou-se a obrigatoriedade de inclusão da pessoa com deficiência no ambiente de trabalho com fundamento na função e responsabilidade social. Por sua vez, na LBI, estabeleceram-se disposições gerais, impondo-se que o ambiente de trabalho deve ser acessível e inclusivo, com a garantia de igualdade de oportunidades com as

[11] WORLD HEALTH ORGANIZATION (WHO), THE WORLD BANK. **Relatório mundial sobre a deficiência.** Tradução: Lexicus Serviços Linguísticos. São Paulo: SEDPcD, 2012.

demais pessoas, o que implica a proibição de discriminação nos processos seletivos, permanência no emprego, ascensão e reabilitação profissionais, além de exigência de aptidão plena, bem como o direito a condições justas e favoráveis de trabalho, o que abrange treinamento acessível e remuneração por trabalho de igual valor. Estatuiu-se a obrigação para o poder público de promover a habilitação e reabilitação profissionais para ingresso ou retorno da pessoa com deficiência no mercado de trabalho.

Importa destacar o disposto no art. 37, parágrafo único, da LBI, que prevê o trabalho com apoio. Ao que parece, o legislador não incentivou a criação ou manutenção de oficinas protegidas, nas quais as pessoas com deficiência trabalham em local específico para elas com o apoio de terceiros. Ao contrário, a determinação legislativa consiste na inclusão da pessoa com deficiência, ainda que com apoio, em todo e qualquer local de trabalho.

Consolidou-se na jurisprudência o direito da pessoa com deficiência de ser reintegrada ao trabalho, quando substituída por pessoa sem deficiência, por força do que está previsto na Lei n.º 8.213. Reconhece-se o direito dos parentes da pessoa com deficiência de terem redução da jornada de trabalho para cuidarem dela em casa por força da Lei n.º 14.457, de 2012, que supera a necessidade de ponderação dos interesses envolvidos e opção pelo "the cost of caring".[12] Entretanto, é certo que essa situação é mais fácil de verificar-se quando o empregador é o Estado, como no caso deste acórdão do Tribunal Superior do Trabalho. Não se trata de aplicação direta da LBI, mas se faz, aqui, uma política de redução dos efeitos trazidos pela falta de apoio à pessoa com deficiência para que tenha uma vida autônoma, sem depender dos seus familiares sempre que possível.

Porém, existem muitos problemas nessa área. O primeiro deles é que, devido à falta de institucionalização do trabalho da pessoa com deficiência, muitas das vagas são oferecidas *pro forma*, apenas para cumprir a legislação, sem que haja a verdadeira preocupação de incluir as pessoas no ambiente de trabalho. Em concursos públicos, não há questionamentos dos candidatos quando são oferecidas cinquenta ou oitenta vagas e uma ou mais vagas são reservadas a pessoas com deficiência. Quando somente há uma vaga – e a pessoa com deficiência tem preferência – há forte oposição

[12] TRIBUNAL SUPERIOR DO TRABALHO (3ª Turma). **RR n.º 10409-87.2018.5.15.0090.** Relator: Alexandre de Souza Agra Belmonte. Julgado em 2 de junho de 2021.

a isso. A maioria das vagas consiste em ocupações que não requerem formação especializada, como atendentes e ajudantes. Contudo, pessoas com deficiência que concluíram o ensino superior, preparadas para o exercício de para cargos de gerência e diretoria, simplesmente não têm conseguido as mesmas oportunidades das demais pessoas pelo único fato de serem deficientes.

5. Previdência e assistência sociais

A previdência social foi uma conquista importante do século XX, porque ao trabalhador, conforme avançava na idade, ou, se, eventualmente, se acidentasse – o que não era incomum, devido ao perigo do maquinário e falta de uma cultura de prevenção de acidentes – restava contar com o amparo da família. A partir da década de 1960, o Estado assumiu a responsabilidade pela previdência social, e esta se tornou um direito social. Dessa forma, tem-se a aposentadoria por incapacidade permanente para o trabalho por qualquer causa.

Ademais, existem pessoas que, por diversas razões, não puderam contribuir com o custeio da seguridade social, como no caso de pessoas com deficiência, as quais, justamente, por terem sido privadas de seus direitos, não puderam trabalhar e contribuir para gozarem dos benefícios previdenciários. Por isso, a Constituição Federal, nos termos do art. 203, instituiu a assistência social, que também se preocupou com a pessoa com deficiência.

Nesse sentido, tem-se a Lei Orgânica da Assistência Social – LOAS (Lei n.º 8.742, de 7 de dezembro de 1993), que regulamenta esses dispositivos da Constituição Federal. Instituiu-se por lei o Benefício de Prestação Continuada – BPC para a pessoa com deficiência – antes aos 70 anos, agora aos 65 anos – que não tem como prover seu sustento nem de tê-lo por sua família.

Por sua vez, a LBI, em termos de previdência social, afirma que a pessoa com deficiência tem direito à aposentadoria, nos termos da Lei Complementar n.º 142, de 2013. Já no tocante à assistência social, previu-se a existência de cuidadores sociais em serviços socioassistenciais, e a concessão do benefício mensal de um salário-mínimo, nos termos da LOAS, assim como o auxílio-inclusão, no art. 94, para a pessoa com deficiência moderada ou grave que, recebendo ou tendo recebido nos últimos cinco anos o benefício de prestação continuada, passe a exercer atividade remunerada e seja enquadrada como segurada obrigatória do Regime Geral de Previdência Social. Justamente por conta da existência dessa rede estatal de proteção, não faz sentido preocupar-se com o suposto esvanecimento do patrimônio da pessoa com deficiência, tirando-lhe a capacidade de agir por meio da curatela.

O ideal seria que a pessoa com deficiência tivesse seus direitos respeitados, de modo que parte delas não precisasse fazer uso do benefício de prestação continuada e ter renda própria. Ou, como idealizado pelo legislador, o auxílio-inclusão tem por objetivo o incentivo do ingresso da pessoa com deficiência no mercado de trabalho. Mas, enquanto esse estado de coisas não se concretiza, esse benefício é fundamental e imprescindível para que a pessoa com deficiência tenha o mínimo existencial assegurado. Nesse caso, é notória a relevância social e o impacto do BPC para a pessoa e sua família.

Durante a pandemia de Covid-19, cogitou-se a sua supressão por conta do esforço orçamentário, o que foi objeto de profundas críticas por parte de diversos setores, inclusive de parlamentares. Instituiu-se a Medida Provisória n.º 1.023, de 2020, a qual foi convertida na Lei n.º14.176. Esta lei alterou a LOAS, alterando-se os critérios econômicos para a concessão do BPC, de meio salário-mínimo mensal familiar per capita para um quarto do salário-mínimo mensal per capita, atualizando legislativamente o entendimento do Supremo Tribunal Federal na ADPF n.º 662[13] de que os critérios econômicos poderiam excluir pessoas que estivessem em evidente estado de miserabilidade. Também se fez por meio desta lei a regulamentação do auxílio-inclusão, concedendo-se meio salário-mínimo, para quem, além de atender aos critérios já existentes para a concessão do BPC, estiver auferindo renda de até dois salários mínimos.

6. Aspectos da acessibilidade: moradia, transportes, cultura, lazer, esportes, vida política e prova de vida

A acessibilidade é questão fundamental para a efetivação dos direitos da pessoa com deficiência. Consagrada como direito, não há como se ter uma vida com independência de terceiros para o exercício dos demais direitos fundamentais, sem terem garantidas as liberdades de ir e vir. De nada

[13] SUPREMO TRIBUNAL FEDERAL. **Ação de Descumprimento de Preceito Fundamental n.º 662/DF.** Relator: Min. Gilmar Mendes.

adianta terem assegurados os direitos à educação e ao trabalho, se não há como chegar a esses locais por conta das calçadas irregulares, veículos de transportes individuais ou coletivos não adaptados, nem conseguir ingressar nos espaços públicos e locais de realização dessas atividades. Nesse aspecto, foi bem redigida a definição de acessibilidade no art. 53 da LBI nos seguintes termos: "Art. 53. A acessibilidade é direito que garante à pessoa com deficiência ou com mobilidade reduzida viver de forma independente e exercer seus direitos de cidadania e de participação social".

No Brasil, a mudança de cultura em termos de acessibilidade já vinha ocorrendo por força do art. 227, § 1º, II, e § 2º da Constituição Federal. Com mais de uma década de atraso, foram promulgadas duas leis sobre acessibilidade já mencionadas nesse texto: as Leis n.º 10.048 e n.º 10.098, de 2000. Além disso, tem-se o Decreto n.º 5.296, de 2 de dezembro de 2004, que regulamentou estas duas leis. Aos poucos, iniciaram-se as modificações em equipamentos públicos e espaços particulares de acesso ao público, bem como quanto aos meios de transporte, que tiveram de ser fabricados em observância a essas regras para fins de substituição paulatina das frotas de veículos. O Decreto n.º 5.296, de 2004 estabeleceu metas de renovação das frotas de veículos de transporte coletivo. Em termos de transporte individual, concedem-se isenções no IPVA e no IPI para aquisição de veículos, como no caso da Lei n.º 8.989, de 24 de fevereiro de 1995, que "dispõe sobre a Isenção do Imposto sobre Produtos Industrializados – IPI, na aquisição de automóveis para utilização no transporte autônomo de passageiros, bem como por pessoas portadoras de deficiência física, e dá outras providências".

No tocante às edificações, a LBI impôs uma série de obrigações para permitir a acessibilidade da pessoa com deficiência. O art. 31, mais do que determinar, lembra a todos que o local de moradia não pode impedir o convívio familiar ou o exercício do direito à moradia por falta de acessibilidade. Estabeleceram-se, ainda, prioridades na aquisição da casa própria e reserva de 3% das unidades habitacionais para pessoas com deficiência, quando construídas por programas habitacionais.

Os arts. 53 a 62 trazem um conjunto de exigências minuciosas sobre as construções e edificações, realização de obras públicas, abrangendo desde a legislação, como o plano diretor, códigos de obras, códigos de posturas e leis de ocupação do solo e do sistema viário, e estudos de impactos de vizinhança, até a observância do uso do desenho universal em sua totalidade ou, ao menos, de modo razoável quando isso não for materialmente possível. Sendo assim, licenças, autorizações, habilitações devem ser concedidas sob condição de observância da acessibilidade, o que implica o atendimento destas regras na construção, reforma, ampliação ou mudança em edifícios abertos ao público.

A LBI impõe a acessibilidade nos terminais de transporte, e a reserva de 2% de vagas em estacionamentos, assegurando-se ao menos uma vaga devidamente sinalizada e próxima aos acessos de circulação de pedestres. Instituiu a obrigatoriedade de renovação das frotas de veículos de transporte coletivo para que sejam todos acessíveis nos termos exigidos em lei. Definiu-se que 10% da frota das empresas de táxi deve ser acessível a pessoas com deficiência, vedada a cobrança de valores adicionais, e, pelo art. 52, estatuiu-se que: "As locadoras de veículos são obrigadas a oferecer 1 (um) veículo adaptado para uso de pessoa com deficiência, a cada conjunto de 20 (vinte) veículos de sua frota." e "Parágrafo único. O veículo adaptado deverá ter, no mínimo, câmbio automático, direção hidráulica, vidros elétricos e comandos manuais de freio e de embreagem.".

Em razão do art. 52, foi proposta a Ação Direta de Inconstitucionalidade n.º 5.452/DF,[14] pela qual se apontou a impossibilidade técnica de cumprimento da lei, assim como se revelaria inútil a adaptação para locação de veículos de carga, de transporte coletivo de passageiros e motocicletas, e que o percentual de 5% de reserva desses veículos é superior ao número de pessoas com deficiência habilitadas a dirigir no Brasil. Subsidiariamente, requereu-se a modulação dos efeitos da lei para que apenas se exigisse o cumprimento das regras na renovação das frotas com veículos ainda a serem fabricados, não nos veículos já fabricados. O Supremo Tribunal Federal julgou improcedente essa ação, alegando que o Brasil assumiu compromissos internacionais pela defesa dos direitos da pessoa com deficiência por meio da CDPD, bem como da legislação vigente no país e de precedentes da mesma corte em que se questionaram leis estaduais sobre a matéria nas quais se afirmou a possibilidade de exigir essas adaptações. Por fim, entendeu-se não ferir a livre iniciativa a exigência de 5% de veículos nas frotas de veículos para locação. Em comparação com

[14] SUPREMO TRIBUNAL FEDERAL. **Ação Direta de Inconstitucionalidade n.º 5.452/DF.** Relatora: Min. Carmen Lúcia. Julgado em 22 de setembro de 2020. Embargos de declaração improcedentes julgados em 23 de novembro de 2020.

outros países, o Brasil evoluiu para atingir níveis de acessibilidade em veículos de transporte coletivo, como em parte dos ônibus, embora seja deficiente a acessibilidade em trens e, sobretudo, em estações ferroviárias, nas quais não há elevadores, e a distância entre a plataforma e os vagões é muito grande para qualquer pessoa, prejudicando ainda mais aquelas que usam cadeira de rodas ou são cegas.

Porém, a quase totalidade das calçadas brasileiras é inadequada para pessoas com deficiência e mobilidade reduzida. Basta pensar em uma pessoa se deslocando pela cidade. Por tratar-se de um bem particular de uso comum do povo, não há preocupação por parte de muitos proprietários de imóveis em mantê-las em condições adequadas de mobilidade. Outros tantos, devido à ausência de fiscalização, construíram imóveis praticamente avançando no leito carroçável, deixando a calçada muito estreita. Igualmente, por falta de fiscalização, muitas áreas que compõem a cidade foram ocupadas em terrenos íngremes, que dificultam o deslocamento por pessoas com deficiência ou com mobilidade reduzida. As concessionárias de serviços públicos instalam postes no meio das calçadas, o que dificulta ou praticamente impede a circulação. Essa questão não decorre de uma interpretação sistemática da lei, mas, sim, do disposto no art. 59 da LBI, de acordo com o qual "Em qualquer intervenção nas vias e nos espaços públicos, o poder público e as empresas concessionárias responsáveis pela execução das obras e dos serviços devem garantir, de forma segura, a fluidez do trânsito e a livre circulação e acessibilidade das pessoas, durante e após sua execução".

Sendo muito difícil ou inexistindo a possibilidade de deslocar-se pelas ruas, boa parte dos direitos da pessoa, inviabilizam-se os avanços já existentes em termos de acessibilidade nos edifícios. Diversos locais de acesso coletivo ainda não têm elevadores nem rampas, como resultado de arquitetura típica da primeira metade do século XX, que fazia com que os cidadãos ficassem em patamar inferior ao do Estado, para que tivessem que ascender e aproximar-se do Poder Público. Nem todos esses locais são passíveis de adaptações, o que exigirá a desativação da atividade estatal que é realizada nesses edifícios.

Em se tratando de cultura, esporte e lazer, a LBI concentrou-se na acessibilidade. Afirmou-se que os bens culturais, programas de programas de televisão, cinema, teatro e outras atividades culturais, monumentos e locais de importância cultural, e espaços que ofereçam serviços ou eventos culturais e esportivos, devem ser todos acessíveis, e incentivada a participação da pessoa com deficiência em atividades artísticas, intelectuais, culturais, esportivas e recreativas, com vistas ao seu protagonismo. Houve melhorias em espaços de uso coletivo, em especial, em cinemas e teatros, com a reserva de locais adequados, de acordo com as regras de acessibilidade estabelecidas na NBR 9050, da Associação Brasileira de Normas Técnicas – ABNT. Nesse particular, o art. 44 da LBI é menos detalhado do que a Lei n.º10.098, de 2000. Aqui se prevê tão-somente a reserva de espaços livres e assentos em locais diversos e com boa visibilidade, evitando-se áreas segregadas de público e obstrução de saídas. No caso, esses requisitos estão todos previstos na NBR 9050.

A LBI também representou avanço em matéria de direitos políticos. Afirmaram-se direitos básicos que lhe eram negados pela própria Constituição Federal. De acordo com o art. 15, II, perdem-se ou suspendem-se os direitos políticos em caso de incapacidade civil absoluta. Com a alteração dos arts. 3º e 4º do Código Civil, esta regra constitucional tornou-se inócua. O art. 76, caput, da Lei declara que a pessoa com deficiência tem todos os direitos políticos e, pelo § 1º, caput, declara-se expressamente que o direito da pessoa com deficiência de votar e ser votada.

As eleições realizadas décadas atrás geravam constrangimentos às pessoas com deficiência, pois as seções eleitorais, quase na totalidade instaladas em escolas, eram inacessíveis. Em muitos casos, as urnas para cédulas em papel tinham que ser levadas para fora da seção para que a pessoa pudesse votar. Com as urnas eletrônicas, esse problema agravou-se. Instalavam-se seções específicas em locais de fácil acesso, o que não resolvia o problema. Por isso, tornaram-se proibidas seções eleitorais específicas, e permite-se auxílio no ato de votação. Tornou-se obrigatório o uso de LIBRAS nos pronunciamentos oficiais, a propaganda eleitoral obrigatória e os debates transmitidos pelas emissoras de televisão, o que vem sendo cumprido. Incentiva-se a candidatura de pessoas com deficiência, o que tem aumentado, embora discretamente, nos últimos anos.

Por fim, merece atenção o art. 95 da LBI, que merece transcrição:

> Art. 95. É vedado exigir o comparecimento de pessoa com deficiência perante os órgãos públicos quando seu deslocamento, em razão de sua limitação funcional e de condições de acessibilidade, imponha-lhe ônus

desproporcional e indevido, hipótese na qual serão observados os seguintes procedimentos:

I – quando for de interesse do poder público, o agente promoverá o contato necessário com a pessoa com deficiência em sua residência;

II – quando for de interesse da pessoa com deficiência, ela apresentará solicitação de atendimento domiciliar ou fará representar-se por procurador constituído para essa finalidade.

Parágrafo único. É assegurado à pessoa com deficiência atendimento domiciliar pela perícia médica e social do Instituto Nacional do Seguro Social (INSS), pelo serviço público de saúde ou pelo serviço privado de saúde, contratado ou conveniado, que integre o SUS e pelas entidades da rede socioassistencial integrantes do Suas, quando seu deslocamento, em razão de sua limitação funcional e de condições de acessibilidade, imponha-lhe ônus desproporcional e indevido.

Este artigo representa uma afirmação de respeito à dignidade humana, porque muitas pessoas passaram pelo constrangimento e crueldade de terem que se dirigir a órgãos públicos, incluindo o Poder Judiciário, para fazer prova de vida quando não podiam mais se deslocar ou já estavam acometidas com transtornos mentais ou doença de Alzheimer. Para contornar essa situação, exigia-se lavratura de procuração pública, ou até mesmo a interdição, para que a pessoa com deficiência pudesse continuar a receber benefícios. Ou igualmente cruéis eram as audiências em processos de interdição, em que se exigiam a presença dos interditandos no fórum, quando o correto, independentemente de qualquer coisa, seria o magistrado dirigir-se à casa da pessoa realizar a inspeção judicial prevista no Código de Processo Civil. De qualquer modo, pela Portaria MTP n.º 220, de 2 de fevereiro de 2022, torna-se possível a prova de vida por meio de cruzamentos de dados e pela Internet, com os aplicativos MEU INSS e MEU GOV.BR, o que representa importante avanço tecnológico em prol da sociedade.

Conclusões

Ao longo desses anos, a Lei Brasileira de Inclusão da Pessoa com Deficiência trouxe avanços, mas se poderia ter avançado muito mais. Embora se tenha tornado mais conhecida por conta das alterações relativas à capacidade de agir e curatela, que não foram objeto deste trabalho, nem foram resolvidas em definitivo em razão das resistências ainda existentes em termos de valorização do paradigma da proteção da pessoa com deficiência, desconsiderando a sua autonomia, percebe-se, de qualquer modo, que o tema vem ganhando crescente destaque na sociedade e no âmbito do direito, ainda que de forma lenta.

Quanto aos direitos de família da pessoa com deficiência, as Corregedorias Estaduais de Justiça ou a Corregedoria Nacional de Justiça deveriam estabelecer regras precisas – e em consonância com a legislação vigente, para evitar nulidades – para estabelecer-se o ponto de equilíbrio no exercício dos direitos de família da pessoa com deficiência sem que se perpetrem fraudes e abusos na celebração desses negócios jurídicos. Outro passo a ser dado seria o apoio a ser dado à pessoa com deficiência em relacionamentos afetivos na adolescência e na futura constituição de família. Para isso, os parentes podem apoiar a pessoa com deficiência para que ela exerça esses direitos. Assim como se previu a tomada de decisão apoiada para assuntos patrimoniais, poder-se-ia ter previsto na LBI a figura do apoiador familiar, sendo esta pessoa escolhida pela pessoa ou pelo casal para dar auxílio para essas questões.[15]

Em relação aos direitos à educação e ao trabalho, é certo que houve importantes avanços em termos de reconhecimento da inclusão na rede regular de ensino, de modo que a LBI serviu de anteparo contra posicionamentos contrários à permanência da criança ou adolescente com deficiência do acesso à escola uma todas as crianças, o que é um avanço da sociedade. Porém, falta o aprimoramento da inclusão na escola de forma substancial, em vez de fazer-se como mera formalidade, como ainda se vê em muitos casos, revelando-se, na prática, um tratamento cruel praticado com quem mais precisa de apoio e metodologias adequadas, como forma de cumprir-se o mandamento de que o Brasil tem por objetivo ser uma sociedade justa e solidária. Devem ser removidas as barreiras atitudinais no exercício do direito ao trabalho, reconhecendo-se a importância dessa atividade para a pessoa humana, oferecendo-se vagas nos mais variados setores da economia, e não apenas para cargos "tradicionalmente" destinados às pessoas com deficiência, que, no fundo, são formas veladas de segregação.

[15] Sobre essa sugestão, ver a excelente obra de José Ramón Amor Pan. **Afetividade e sexualidade na pessoa portadora de deficiência mental**. Tradução: Maria Stela Gonçalves. São Paulo: Loyola, 2003.

A questão da acessibilidade não pode ser vista como uma obrigação impossível de ser cumprida, ou como um ônus desnecessário. A LBI, nos termos do art. 3º, V; 4º, § 1º; 28, III; 32, III; 37, caput; e 55, § 2º, foi razoável ao ter reconhecido que o mundo cultural em que vivemos está repleto de obstáculos, mas que, sempre que possível, devem ser total ou parcialmente adaptados, de modo que ninguém pode se queixar que a lei exigiu mais do que o necessário e, assim, continuar a violar os direitos das pessoas com deficiência. Para os novos veículos de transporte e construções, estas já devem ser totalmente concebidas dentro das regras vigentes. Com efeito, a negativa de efetivação desse direito é, infelizmente, evidência da falta de solidariedade social, porque, mesmo quando se pode fazer, não se faz e se deixa para depois.

Seria importante que se desse mais apoio às políticas públicas para as pessoas com deficiência, nos moldes que se tem feito em relação com a mulher, por meio da Lei Maria da Penha ou de alterações no Código Penal, e com pessoas LGBTQIA+, que vêm reivindicando o fim da discriminação e violência, para que esses direitos previstos na LBI possam ser respeitados por todos na sociedade.

Referências

AMOR PAN, José Ramon. **Afetividade e sexualidade na pessoa portadora de deficiência mental**. Tradução: Maria Stela Gonçalves. São Paulo: Loyola, 2003.

MONTEIRO, Washington de Barros. **Curso de Direito Civil – Direito de Família**. São Paulo: Saraiva, 1952.

PINTO, Norberto de Souza. **A infância retardatária.** 3.ed. aumentada. Rio de Janeiro: Irmãos Di Giorgio e Cia. 1954.

REALE, Miguel. Exposição de Motivos. *In*: CÂMARA DOS DEPUTADOS. **Projeto de Lei n.º 634, de 1975 (Do Poder Executivo). Mensagem n.º 160/75. Código Civil**. Disponível em: http://imagem.camara.gov.br/Imagem/d/pdf/DCD13JUN1975SUP_B.pdf#page=1. Acesso em: 6 jul. 2021.

RIBEIRO, Karen. **Sexualidade e gênero: estudo das relações afetivas de jovens surdas de uma escola municipal de educação especial de São Paulo.** 2011. Tese (Doutorado em Educação) – Faculdade de Educação, Universidade de São Paulo, São Paulo, 2011.

RIBEIRO, Sergio Luiz. A criação do Centro de Atenção Psicossocial Espaço Vivo. **Psicologia: Ciência e profissão**. v. 24, n. 3, p. 92-99, set. 2004. p. 95. Disponível em: https://www.scielo.br/j/pcp/a/hdDpMwZvnMVmrfSwFw9XSCr/?lang=pt

SUPREMO TRIBUNAL FEDERAL. **Ação de Descumprimento de Preceito Fundamental n.º 662/DF.** Relator: Min. Gilmar Mendes.

______. **Ação de Descumprimento de Preceito Fundamental n.º 751/DF.** Relator Min. Dias Toffoli. Aguardando julgamento definitivo.

______. **Ação Direta de Inconstitucionalidade n.º 5.357/DF.** Relator Min. Edson Fachin. Julgado em 9 de junho de 2016.

______. **Ação Direta de Inconstitucionalidade n.º 6.590/DF.** Relator Min. Dias Toffoli. Aguardando julgamento definitivo. Sobre o mesmo tema. cf. Ação de Descumprimento de Preceito Fundamental n.º 751/DF. Relator Min. Dias Toffoli. Aguardando julgamento definitivo.

______. **Ação Direta de Inconstitucionalidade n.º 5.452/DF.** Relatora: Min. Carmen Lúcia. Julgado em 22 de setembro de 2020. Embargos de declaração improcedentes julgados em 23 de novembro de 2020.

TRIBUNAL SUPERIOR DO TRABALHO (3ª Turma). **RR n.º 10409-87.2018.5. 15.0090.** Relator: Alexandre de Souza Agra Belmonte. Julgado em 2 de junho de 2021.

WORLD HEALTH ORGANIZATION (WHO), The World Bank. **Relatório mundial sobre a deficiência.** Tradução: Lexicus Serviços Linguísticos. São Paulo: SEDPcD, 2012.

2. UM BALANÇO SOBRE A LEI BRASILEIRA DE INCLUSÃO DA PESSOA COM DEFICIÊNCIA: O NOVO (OU VELHO) SISTEMA DE CAPACIDADES

MARIANA ALVES LARA

Introdução

No dia 6 de julho de 2015, foi promulgada a Lei n. 13.146, que instituiu a Lei Brasileira de Inclusão da Pessoa com Deficiência – LBI, também conhecida como Estatuto da Pessoa com Deficiência – EPD. Tendo como base a Convenção sobre os Direitos das Pessoas com Deficiência – CDPD, e seu Protocolo Facultativo, assinados em Assembleia Geral das Nações Unidas em 2007, a lei brasileira é "destinada a assegurar e a promover, em condições de igualdade, o exercício dos direitos e das liberdades fundamentais por pessoa com deficiência, visando à sua inclusão social e cidadania" (art. 1º).

Na essência, o propósito central da LBI é alterar a realidade dessa parcela da população que historicamente é invisibilizada, discriminada e excluída. Partindo da valorização de sua dignidade, a lei tenta contribuir para a remoção das barreiras que obstruem a participação plena e efetiva das pessoas com deficiência na sociedade, em igualdade de condições com as demais. Dada a relevância da temática e as dificuldades envolvidas na consecução dos objetivos almejados pelo legislador, mostra-se salutar a realização de balanços periódicos para avaliação de como as disposições legais têm sido recepcionadas na prática, com fins a identificar e solucionar eventuais problemas.

As mudanças mais profundas introduzidas pela LBI no campo do Direito Civil circunscrevem-se ao regime das capacidades. Com fins a atender aos ditames do art. 12 da CDPD, alterou-se a redação original dos artigos 3º e 4º do Código Civil de modo a provocar uma verdadeira reestruturação de toda a teoria, numa tentativa de conceder maior autonomia e possibilidade de emancipação às pessoas com deficiência mental e intelectual. Partindo desse pressuposto, o presente artigo tem como objetivo avaliar, a partir de discussões teóricas e, sobretudo, da análise de julgados dos tribunais pátrios, se a LBI, nesses anos de vigência, conseguiu provocar as mudanças pretendidas no campo das capacidades. Trata-se, pois, de uma investigação jurisprudencial, de vertente jurídico-dogmática e tipo compreensivo-propositivo, baseada em dados primários e secundários.

1. Capacidade de fato

A LBI promoveu verdadeira mudança de paradigma no campo da teoria das capacidades. Isso porque, na tentativa de "reconhecer que as pessoas com deficiência gozam de capacidade legal em igualdade de condições com as demais pessoas em todos os aspectos da vida" (art. 12, item 2 da CDPD), a nova lei excluiu como hipóteses de incapacidade de fato qualquer menção à enfermidade, deficiência ou excepcional sem desenvolvimento mental completo. Em contrapartida, transformou a hipótese daqueles que não conseguem exprimir vontade, anteriormente prevista como causa de incapacidade absoluta, em incapacidade relativa (art. 4º, III do Código Civil).[1]

Essas e outras mudanças que vieram no seu encalço buscam conceder maior autonomia e possibilidade de emancipação às pessoas com deficiência mental e intelectual. Contudo, a despeito das boas intenções da legislação, a partir de uma análise teórica e prática nesses anos de vigência da LBI, pode-se concluir que pouca coisa mudou, porque esta lei ainda não conseguiu provocar todas as mudanças que pretendia no campo das capacidades, como será evidenciado a partir da análise de decisões judiciais.[2]

[1] Foge ao escopo do presente trabalho analisar a conveniência ou não das referidas mudanças, uma vez que o objetivo é verificar a sua efetividade. A análise crítica das inovações trazidas pela LBI no tocante à prática de atos da vida civil foi feita em outra oportunidade: LARA, Mariana Alves. **Capacidade Civil e Deficiência**: entre autonomia e proteção. Belo Horizonte: D'Plácido, 2019.

[2] Muito embora os dados utilizados nessa pesquisa se refiram, em sua grande maioria, aos estados da região Sudeste, em virtude da territorialidade, pois o trabalho foi escrito em Belo Horizonte, acredita-se que as conclusões podem ser generalizadas para o restante do país.

Em primeiro lugar, constata-se que a única hipótese legal de incapacidade absoluta passou a ser a do menor de dezesseis anos. Ou seja, a partir da ideia de que a capacidade precisa ser sempre a regra, o que leva a uma interpretação restritiva das hipóteses legais de incapacidades, pode-se afirmar que não haveria mais qualquer possibilidade de decretar a incapacidade absoluta de um sujeito com mais de dezesseis anos, ainda que estivesse em estado de coma. Contudo, contrariando a disposição legal expressa, ainda é possível encontrar decisões que declaram a incapacidade absoluta de sujeitos que atingiram a maioridade, nomeando curadores com poderes de representação para todos os atos da vida civil.[3]

Essa questão chegou até o Superior Tribunal de Justiça, que, no dia 4 de maio de 2021, firmou entendimento no sentido de que "não é mais possível, portanto, inserir as pessoas com enfermidade ou deficiência mental no rol dos absolutamente incapazes." O caso que motivou a decisão dizia respeito a um filho que ajuizou ação de interdição de seu genitor que, em virtude de demência por doença de Alzheimer, não teria mais condições de gerir sua pessoa e administrar seus bens e interesses. Na primeira instância, o magistrado julgou procedente o pedido e declarou o interditando absolutamente incapaz para os atos da vida civil, com base no já revogado inciso II do art. 3º do Código Civil. Interposta apelação pelo curador especial nomeado para o interditando, o Tribunal de Justiça de São Paulo negou provimento ao recurso, ao argumento de que "a declaração de incapacidade relativa do apelante resultaria em falta de proteção jurídica garantida pela legislação". Muito embora o Superior Tribunal de Justiça tenha, à luz do novo sistema de incapacidades, dado provimento ao recurso especial para declarar a incapacidade apenas relativa do sujeito em questão, acabou mantendo a mesma curadora e a mesma extensão da curatela

[3] Por todos, cita-se a sentença proferida em 7 de junho de 2021, que trouxe o seguinte dispositivo: "Posto isso, com suporte no inciso I do art. 1.767 do CC, em combinação com o art. 754 do CPC, julgo procedente o pedido, pelo que declaro a **absoluta incapacidade civil** da interditanda, qualificada, **que praticará todos os atos da vida civil por curadora**, notadamente quanto a contratações gerais que tenham por objeto bens imóveis, móveis ou serviços, receber, dar, alienar ou administrar bens, demandar ou ser demandada". [grifos nossos]. BRASIL. TJMG (Comarca de Caldas). Processo nº 0000317-79.2019.8.13.0103. Magistrado Edson Zampar Júnior.

fixadas na origem.[4] Logo, tem-se uma mudança apenas terminológica, de incapacidade absoluta para incapacidade relativa, conquanto, na prática, o curador tenha permanecido com os mesmos poderes de representação para todos os atos da vida civil.

Essa situação de uma incapacidade absoluta, travestida de incapacidade relativa, é ainda mais complicada quando se aplica a pessoas que conseguem exprimir vontades. Juristas e magistrados têm promovido uma interpretação ampliativa da hipótese prevista no art. 4º, III do Código Civil, considerando incapazes pessoas com deficiência mental ou intelectual que conseguem manifestar os seus desejos por si mesmas. De acordo com César Fiuza, em relação à nova redação do art. 4º, III, "fica no ar a pergunta: somente os indivíduos que não puderem expressar sua vontade se incluem nessa categoria, ou nela também se incluiriam aqueles que puderem expressá-la de modo parcial? (...) A resposta só pode ser no sentido mais amplo, caso contrário, ficariam sem a proteção da curatela, por exemplo, os portadores de síndrome de Down de nível leve, que podem inclusive trabalhar, estudar, etc., ou os portadores de outras deficiências mentais sérias, mas também de natureza mais branda".[5]

Na prática, muitas pessoas com deficiência mental ou intelectual que exprimem vontade, têm sido curateladas. Maria Clara Versiani de Castro, após análise de 77 decisões judiciais de segunda instância dos Tribunais de Justiça de Minas Gerais e de São Paulo, constatou que em apenas 9% dos casos a curatela foi instituída mediante a verificação de impossibilidade de expressão de vontade. Em 18% dos casos bastou o diagnóstico de deficiência e em 42% das decisões o fundamento apresentado foi a ausência ou redução de discernimento.[6] Ou seja, na prática, a incapacidade continua associada à deficiência e à ausência ou redução de discernimento, como no modelo anterior, não tendo ainda havido a mudança para o modelo de

[4] BRASIL. STJ (Terceira Turma). Recurso Especial n. 1.927.423/SP (2020/0232882-9). Relator Des. Marco Aurélio Bellizze. Julgado em 27 de abril de 2021, publicado em 4 de maio de 2021.

[5] FIUZA, César. **Direito Civil. Curso Completo.** 18. ed. São Paulos: Revista dos Tribunais, 2015. p. 168-169.

[6] Destaca-se que em 20% das decisões analisadas a questão não se aplicou e em 11% não constou o fundamento adotado para a instituição da curatela. CASTRO, Maria Clara Versiani de. **O Sistema de Apoios ao Exercício da Capacidade Legal da Pessoa com Deficiência no Brasil.** 2021. 117f. Dissertação (Mestrado em Direito). Universidade Federal de Minas Gerais, Belo Horizonte, 2021. p. 73.

expressão da vontade. Luíza Resende Guimarães também empreendeu pesquisa jurisprudencial em sede do Tribunal de Justiça de Minas Gerais, tendo chegado à mesma conclusão de que "os argumentos utilizados para fundamentar a incapacidade ainda estão muito viciados pela associação com a deficiência e pela ideia de que basta a apresentação de laudo ou perícia médica que declare a deficiência ou enfermidade para que a ausência de capacidade seja presumida".[7]

Ainda a esse respeito, cita-se, a título de ilustração, o processo n. 5065256-94.2017.8.13.0024,[8] no qual a interditanda foi diagnosticada com demência vascular subcortical (CID: F.01.2), mas mantinha íntegra a capacidade de manifestação de vontade. No laudo do estudo social, por exemplo, constou que ela possui "domínio sobre suas atitudes cotidianas, não demonstra-se confusa ou fisicamente fragilizada". Após a audiência de impressão pessoal, o magistrado chegou a revogar a curatela provisória ao argumento de que, "analisando os termos da entrevista ocorrida em audiência no último dia 29, mostrou-se ela (...) muito bem orientada, conseguindo responder a todas as perguntas que lhe eram formuladas, sendo, portanto, aparente o seu estado de higidez mental". Contudo, a perícia médica realizada posteriormente concluiu que a interditanda possuía comprometimento cognitivo e redução de funcionalidade, o que levou o magistrado a deferir, novamente, a curatela provisória. Ou seja, foi considerada incapaz e posta sob curatela, ainda que de maneira provisória, uma pessoa que comprovadamente é capaz de exprimir muito bem suas vontades.

Na jurisprudência dos tribunais brasileiros é possível encontrar até mesmo decisões que deferem a curatela para pessoas com deficiências sensoriais, como surdez-mudez, o que se afasta tanto do modelo anterior, baseado no discernimento, quando do modelo atual, alicerçado na impossibilidade de expressão da vontade. Em um caso julgado pelo Tribunal de Justiça de Minas Gerais, a curatela foi instaurada a despeito de o perito ter

[7] GUIMARÃES, Luíza Resende. **A Convenção sobre os Direitos das Pessoas com Deficiência e o Conceito de Capacidade Legal:** uma comparação entre os sistemas jurídicos do Brasil e de Portugal. 2021. 194.f. Dissertação (Mestrado em Direito). Universidade Federal de Minas Gerais, Belo Horizonte, 2021. p. 149.

[8] BRASIL. TJMG (Comarca de Belo Horizonte). 1ª Vara de Família. Processo n. 5065256-94.2017.8.13.0024.

evidenciado em seu laudo que não foi constatada "alteração na capacidade mental do paciente, porém, [ele] é surdo-mudo e isso leva a dificuldade no diálogo com outras pessoas, dificultando a compreensão de seus desejos e necessidades. Isso prejudica parcialmente sua capacidade plena de administrar sua vida e seus bens".[9]

Assim, observa-se que pessoas com deficiência mental e intelectual têm sido em muitos casos consideradas incapazes para os atos da vida civil, mesmo em situações que conseguem exprimir vontades, o que contraria o art. 6º da LBI[10] e as demais mudanças implementadas nos artigos 3º e 4º do Código Civil.

2. Curatela

Se, por um lado, a LBI estabeleceu que a pessoa com deficiência mental ou intelectual é plenamente capaz (art. 6º), por outro, manteve o instituto da curatela, fixando que, "quando necessário, a pessoa com deficiência será submetida à curatela, conforme a lei" (art. 84, §1º da LBI).[11] A partir dessas disposições, alguns magistrados têm aplicado a curatela a pessoas consideradas plenamente capazes, criando uma situação bastante esdrúxula.[12]

[9] BRASIL. TJMG (8ª Câmara Cível). Apelação cível nº 1.0720.16.006327-0/001. Relator: Des. Fábio Torres de Sousa. Julgado em 12 de março de 2020.

[10] Art. 6º A deficiência não afeta a plena capacidade civil da pessoa, inclusive para:
I – casar-se e constituir união estável;
II – exercer direitos sexuais e reprodutivos;
III – exercer o direito de decidir sobre o número de filhos e de ter acesso a informações adequadas sobre reprodução e planejamento familiar;
IV – conservar sua fertilidade, sendo vedada a esterilização compulsória;
V – exercer o direito à família e à convivência familiar e comunitária; e
VI – exercer o direito à guarda, à tutela, à curatela e à adoção, como adotante ou adotando, em igualdade de oportunidades com as demais pessoas.

[11] Destaca-se que a manutenção de um regime de substituição de vontades para pessoas com deficiência vai de encontro às determinações do Comitê sobre os Direitos das Pessoas com Deficiência da ONU, conforme destacado nos seguintes documentos: COMMITTEE ON THE RIGHTS OF PERSONS WITH DISABILITIES. **General comment nº 1**. Geneva: 2014 e COMMITTEE ON THE RIGHTS OF PERSONS WITH DISABILITIES. **Concluding observations on the initial report of Brazil**. Geneva: 2015.

[12] A título de exemplo, cite-se uma decisão da juíza Coraci Pereira da Silva, da Vara de Família e Sucessões da comarca de Rio Verde, Goiás, que negou o pedido de interdição de um idoso com Alzheimer, declarando-o plenamente capaz, mas nomeou a filha como curadora, sob o fundamento de estar aplicando o novo Estatuto. *In:* IDOSO com Alzheimer pode ter curadora

A Terceira Turma do Superior Tribunal de Justiça parece coadunar com esse entendimento, uma vez que constou em sua decisão: "de acordo com o Estatuto da Pessoa com Deficiência, é possível que pessoas com enfermidade ou deficiência mental, que são 'plenamente capazes', sejam excepcionalmente sujeitas à curatela."[13] Ou seja, o até então assentado pressuposto fático da curatela, qual seja, a incapacidade,[14] parece ter sido abandonado.

Todavia, entende-se que semelhante raciocínio é equivocado. A LBI dispõe que a pessoa com deficiência será submetida à curatela, *conforme a lei*. O diploma normativo que trata da questão é o Código Civil de 2002, o qual, em seu art. 1.767, com redação dada pela LBI, elenca como sujeitos à curatela tão somente aqueles que, por causa transitória ou permanente, não puderem exprimir sua vontade; os ébrios habituais; os viciados em tóxicos; e os pródigos. Assim, as pessoas com deficiência só poderão submeter-se ao regime da curatela quando não puderem exprimir vontade, sendo consideradas como relativamente incapazes (art. 4, III do Código Civil), conforme abordado no tópico precedente.

Superada essa questão, uma disposição louvável da LBI foi enfatizar que a curatela consiste em medida protetiva extraordinária (art. 84, §3º e art. 85 §2º), devendo durar o menor tempo possível. A regra, para pessoas que porventura apresentem dificuldades para celebrar atos da vida civil, deve ser a tomada de decisão apoiada, figura criada pela LBI por meio da inclusão do art. 1.783-A no Código Civil, e que não gera incapacidade para a pessoa apoiada. Este instituto visou introduzir no ordenamento jurídico pátrio uma forma de apoio à tomada de decisões, nos termos do art. 12, item 3 da CDPD.

Na teoria, mostra-se acertada a sistemática de priorizar as medidas de apoio e relegar às situações excepcionais a medida de substituição de

nomeada sem sofrer interdição. Consultor Jurídico. 2 abr 2016. Disponível em: <http://www.conjur.com.br/2016-abr-02/idoso-alzheimer-nao-interditado-curadora>. Acesso em: 11 ago. 2021.

[13] BRASIL. STJ (Terceira Turma). Recurso Especial n. 1.927.423/SP (2020/0232882-9). Relator Des. Marco Aurélio Bellizze. Julgado em 27 de abril de 2021, publicado em 4 de maio de 2021.

[14] PEREIRA, Caio Mário da Silva. **Instituições de Direito Civil.** Vol. V. Direito de Família. 24. ed. Revista, atualizada e ampliada por Tânia da Silva Pereira. Rio de Janeiro: Forense, 2016, p.589.

vontade. Contudo, na prática, não é o que se tem vivenciado. Por uma série de motivos que fogem ao escopo deste trabalho, a tomada de decisão apoiada não vem sendo aplicada de maneira massiva pelos tribunais brasileiros. Comprova essa afirmação a pesquisa desenvolvida por Flávia da Terra Costa Marques que analisou todas as decisões de primeiro grau, publicadas até 17 de maio de 2019 pelos Tribunais de Justiça de Minas Gerais, São Paulo e Ceará, que continham a expressão "tomada de decisão apoiada". A pesquisadora constatou que em 98,9% dos processos, a curatela foi a medida efetivamente instituída pelo magistrado, sendo que a medida de apoio aparecia citada apenas numa referência mais genérica à LBI. Em muitos casos, os juízes fundamentaram o afastamento da medida de apoio ao argumento de que ela seria insuficiente para o resguardo dos interesses do indivíduo.[15]

Da mesma forma, a determinação da LBI de que a curatela seja "proporcional às necessidades e às circunstâncias de cada caso" (art. 84, § 3º), ou seja, que tenha um conteúdo flexível e adaptado às situações concretas, também não tem sido verificada em todos os processos. Em 2018, a Diretoria de Estudos e Pesquisas de Acesso à Justiça da Defensoria Pública do Rio de Janeiro, analisou 127 processos de curatela, com o objetivo de verificar como a LBI foi recepcionada pelo sistema de justiça. Do total, 41 processos já contavam com sentença, presumindo-se que todas as etapas haviam sido percorridas. Destes, em apenas um deles houve elaboração de um plano individual quanto ao alcance da curatela. Nos demais, o magistrado limitou-se a indicar se a curatela abrangeria atos patrimoniais e existenciais, ou apenas os primeiros, ou então excluiu os atos de mera administração do alcance do instituto, mencionando o art. 1.782 do Código Civil. Essa pesquisa também demonstrou que em 31 processos o juiz não especificou qual seria a atuação do curador, enquanto nos outro dez lhe foram atribuídos poderes de representação para todos os atos sob curatela. Como conclusão, consta no relatório que as sentenças "não demonstram preocupação com a individualização da situação, fazendo referência a termos da lei atual,

[15] MARQUES, Flávia da Terra. Tomada de Decisão Apoiada e Amministrazione di Sostegno: análise comparada, perspectivas materiais e jurisprudenciais. *In:* VIEIRA, Marcelo de Mello; LARA, Mariana Alves (Orgs.). **O Direito Civil nos Tribunais Superiores:** Anais do V Congresso Mineiro de Direito Civil. Belo Horizonte: Initia Via, 2020, p. 766-767.

porém sem elaborar um plano individualizado para o(a) curatelando(a).[16] Maria Clara Verisani de Castro chegou à conclusão semelhante, uma vez que em 96% das decisões analisadas, a curatela também foi determinada de maneira genérica, sem qualquer especificação de atos, poderes ou deveres.[17]

Nesse contexto, o que corriqueiramente se vê são decisões com dispositivo no seguinte sentido: "decreto a curatela do requerido, declarando-o relativamente incapaz de exercer pessoalmente os atos patrimoniais e negociais, em conformidade com o artigo 4º, inciso III, do Código Civil, nomeando-lhe como curadora a requerente, sob compromisso e na forma da lei, resolvendo o mérito do processo, com fulcro no artigo 487, inciso I, do Código de Processo Civil".[18] Não há, como se observa, especificação de eventuais atos que o sujeito poderia praticar de maneira válida sozinho ou, o que seria preferível, a indicação dos atos para os quais precisaria de assistência ou de representação, sendo considerado capaz para o restante. Ao contrário, acaba-se por criar uma situação que exige a participação do curador em todos os atos da vida civil, ou em todos os atos negociais e patrimoniais, sendo esta a limitação mais frequente (ou pode se dizer a única) ao conteúdo da curatela, após a entrada em vigor da LBI.

Comprovando mais uma vez essa afirmação, em julgado do Tribunal de Justiça de São Paulo, em que pese ter havido questionamento em sede de apelação quanto ao alcance da curatela, o desembargador entendeu que: "quanto aos atos em si, inobstante a irresignação do apelante, não cabe qualquer modulação ou restrição da incapacidade a determinados e específicos atos e ações, tendo em vista que o laudo pericial ou qualquer elemento probatório não contêm qualquer disposição restrita nesse sentido." Dessa feita, entendeu por bem "decretar a incapacidade relativa

[16] DEFENSORIA PÚBLICA DO RIO DE JANEIRO. Judiciário não cumpre integralmente Lei de Inclusão. Disponível em: https://defensoria.rj.def.br/uploads/arquivos/3d29f5f372a64578af5f0f9617c596d0.pdf Acesso em: 10 ago. 2021.

[17] CASTRO, Maria Clara Versiani de. **O Sistema de Apoios ao Exercício da Capacidade Legal da Pessoa com Deficiência no Brasil.** 2021. 117f. Dissertação (Mestrado em Direito). Universidade Federal de Minas Gerais, Belo Horizonte, 2021. p. 77.

[18] BRASIL. TJMG (Comarca de Santos Dumont). Processo n. 0020960-35.2018. Juíza: Maria Cristina de Souza Trulio.

do apelante, restringindo a curatela a todos os atos relacionados aos direitos de natureza patrimonial e negocial.[19]

Para além da ausência de modulação dos efeitos da curatela, verifica-se muitas vezes a falta de clareza quanto à função do curador: se ele atuará como assistente ou como representante. Nesse ponto, destaca-se que o tradicional sistema pautado na lógica de direcionar à incapacidade absoluta o mecanismo de representação, e à incapacidade relativa o de assistência, foi quebrado com a inclusão da ausência de expressão de vontade como causa de incapacidade relativa. Afinal, se alguém não é capaz de exprimir qualquer vontade, mostra-se impossível sua atuação em conjunto com um terceiro, sendo a representação a única medida possível. Sob esse novo paradigma, na ausência de indicação do papel do curador, ele acaba atuando como representante para a totalidade dos atos mencionados na decisão. Essa situação perpetua o cenário anterior à LBI, desconsiderando os avanços trazidos com a nova legislação.

Outra disposição inovadora da LBI foi a limitação da curatela aos atos de natureza patrimonial e negocial, não alcançando o direito ao próprio corpo, à sexualidade, ao matrimônio à privacidade, à educação, à saúde, ao trabalho e ao voto (art. 85). O objetivo dessa disposição é evitar situações até então corriqueiras em que o curador substituía o curatelado em todas as questões que lhe diziam respeito, até mesmo naquelas que envolviam questões pessoais, desconsiderando a autonomia que ainda lhe restava.

Essa limitação foi mal-recebida pela doutrina desde o início.[20] Isso porque, muito embora algumas questões existenciais, por envolverem

[19] BRASIL. TJSP (3ª Câmara de Direito Privado). Rel. Des. Donegá Morandini. Julgado em 16 de dezembro de 2016. Disponível em: https://www.migalhas.com.br/arquivos/2017/3/art20170302-03.pdf Acesso em: 18 ago. 2021.

[20] A título de exemplo, Joyceane Bezerra de Menezes afirma que: "a fixação dos limites da curatela deve evitar dois extremos: de um lado, a proteção excessiva que aniquila toda a autonomia da pessoa, lançando-a em um estado semelhante ao da morte civil. De outro lado, a limitação da curatela apenas à administração do patrimônio, excluindo, em abstrato e *a priori*, eventual e necessária proteção no plano das questões existenciais. Se houver necessidade de proteger o interdito no âmbito dessas questões não patrimoniais, a curatela deverá recair também sobre tais interesses, respeitadas as salvaguardas importantes à efetivação dos direitos humanos." MENEZES, Joyceane Bezerra de. O direito protetivo no Brasil após a Convenção sobre a Proteção da Pessoa com Deficiência: impactos do novo CPC e do Estatuto da Pessoa com Deficiência. **Civilística.com**, Rio de Janeiro, a. 4, n. 1, jan-jun. 2015, p. 2-27, p. 18.

direitos personalíssimos e indisponíveis, realmente não admitam representação, como o direito ao voto, a liberdade religiosa e o exercício de direitos sexuais, há situações existenciais que demandam uma decisão, sob pena de ocasionarem prejuízos irreversíveis ao titular do direito. Por exemplo, caso uma foto seja tirada de um sujeito em coma e publicada na mídia sem consentimento, alguém precisará invocar o art. 12 do Código Civil e requerer a exclusão da fotografia, bem como o pagamento de eventual indenização pelos prejuízos sofridos em decorrência da violação dos direitos à imagem e à privacidade. Para esses e outros casos, devem ser atribuídos poderes ao curador, sob pena de desproteção do curatelado.

Na prática, de fato, muitas decisões judiciais passaram a "determinar que a interdição se restrinja aos atos de natureza patrimonial e negocial, nos termos do disposto no art. 85, §1º, da Lei n.º 13.145/2015".[21] Contudo, seguindo o mesmo norte que parte da doutrina, muitos julgadores têm entendido que "a curatela deve abranger, não só os atos de cunho patrimonial e negocial, mas também os demais atos da vida civil, tendo em vista a extensão da incapacidade informada por laudo pericial judicial".[22] A esse respeito, Luíza Resende Guimarães verificou que em 85% dos processos do TJMG analisados por ela, o magistrado de primeiro grau decretou a incapacidade do sujeito para exercer pessoalmente todos os atos da vida civil, inclusive aqueles existenciais, atribuindo poderes de representação ao curador.[23]

Inclusive, os artigos 84 e 85 da LBI já foram objetos de incidente de inconstitucionalidade junto ao Tribunal de Justiça de Minas Gerais. Muito embora a decisão tenha sido pela constitucionalidade dos dispositivos, uma vez que são compatíveis com a CDPD, que foi recebida com *status* de emenda à Constituição, o Tribunal entendeu que a curatela pode se aplicar a atos de natureza existencial. Constou na decisão que "a permissão

[21] BRASIL. TJMG (19ª Câmara Cível). Apelação Cível 1.0000.20.513777-1/001, Relator(a): Des.(a) Carlos Henrique Perpétuo Braga. Julgado em 25 de fevereiro de 2021, publicação em 4 de março de 2021.

[22] BRASIL. TJMG (5ª Câmara Cível). Apelação Cível 1.0000.20.588544-5/001, Relator(a): Des.(a) Áurea Brasil. Julgado em 4 de março de 2021, publicação em 6 de março de 2021.

[23] GUIMARÃES, Luíza Resende. **A Convenção sobre os Direitos das Pessoas com Deficiência e o Conceito de Capacidade Legal:** uma comparação entre os sistemas jurídicos do Brasil e de Portugal. 2021. 194.f. Dissertação (Mestrado em Direito). Universidade Federal de Minas Gerais, Belo Horizonte, 2021. p. 137.

contida no art. 85, §1º da Lei Federal n. 13.146/2015 não impede o reconhecimento de incapacidade para prática de determinados atos da vida civil que não se insiram na esfera patrimonial e negocial, o que deve ser verificado conforme as particularidades do caso concreto".[24] Conclui-se, pois, que esse intento da LBI também não logrou êxito, uma vez que muitas curatelas continuam abrangendo todos os atos da vida civil, incluindo os de natureza existencial.

Por fim, a LBI determina que a avaliação da deficiência seja realizada por equipe multiprofissional e interdisciplinar, que leve em consideração *i)* os impedimentos nas funções e nas estruturas do corpo; *ii)* os fatores socioambientais, psicológicos e pessoais; *iii)* a limitação no desempenho de atividades; e *iv)* a restrição de participação do sujeito (art. 2º, § 1º). Trata-se aqui da incorporação das ideias da Classificação Internacional de Funcionalidade, Incapacidade e Saúde (CIF) da Organização Mundial de Saúde (OMS), consentânea ao conceito biopsicossocial de deficiência.[25] O objetivo da participação da equipe multiprofissional e interdisciplinar é garantir que a análise da deficiência não seja pautada exclusivamente por um diagnóstico médico, ou seja, por uma relação causal entre doença e deficiência. Ao contrário, a análise precisa levar em conta fatores pessoais e ambientais, avaliados em cada caso concreto, de modo a determinar os obstáculos que aquele indivíduo específico encontra para sua plena e efetiva participação em sociedade. A esse respeito, o Código de Processo Civil de 2015 estabelece no art. 753, §1º, que "a perícia pode ser realizada por equipe composta por expertos com formação multidisciplinar." Dessa feita, entende-se que nos processos de curatela, a capacidade do curatelado deveria ser avaliada por profissionais da área médica, psicológica, do serviço social e da terapia ocupacional.

[24] BRASIL. TJMG (Órgão Especial). Arg Inconstitucionalidade n. 1.0000.17.034419-6/002, Relator(a): Des.(a) Márcia Milanez. Julgado em 14 de março de 2018, publicação da súmula em 23 de março de 2018.

[25] A esse respeito, recomenda-se a leitura da obra: HOSNI, David. O conceito de deficiência e sua assimilação legal: incompatibilidade entre a concepção não etiológica adotada no Estatuto da Pessoa com Deficiência e a fundamentação da incapacidade na falta de discernimento. *In:* PEREIRA, Fabio Queiroz; MORAIS, Luísa Cristina de Carvalho; LARA, Mariana Alves (orgs.). **A teoria das incapacidades e o Estatuto da Pessoa com Deficiência.** 2. ed. Belo Horizonte: D'Plácido, 2018.

Entretanto, mais uma vez, essa não é a realidade de todos os processos. De acordo com a pesquisa da Defensoria Pública do Rio de Janeiro mencionada acima, do total de 41 processos, a perícia médica foi realizada em 30 deles e a audiência de impressão pessoal em 40 processos. O estudo social foi realizado em apenas quatro processos. No relatório consta, ainda, que, "em geral, as perícias médicas apresentam um diagnóstico do caso e uma conclusão não muito detalhada, indicando a enfermidade que acomete o(a) interditando(a) e indicando que por força dessa enfermidade não tem como praticar nenhum ato da vida civil".[26]

Nesse mesmo sentido, a pesquisa realizada por Daniel Moreira de Carvalho analisou 50 processos de interdição que tramitaram nas Varas de Família de Belo Horizonte e que contavam com sentença de mérito proferida após o início da vigência da LBI.[27] Do total, apenas 15 contaram com um estudo técnico psicossocial, sendo que, em 6 deles, o estudo foi realizado por um profissional da área da psicologia e, em 9, o estudo foi realizado por um profissional da área de serviço social. Ou seja, em 70% dos casos analisados, não houve nem estudo técnico psicológico e nem estudo técnico social. Por outro lado, na totalidade dos processos foi feita avaliação pericial por um médico psiquiatra, sendo que o magistrado acolheu o que foi indicado pelo profissional da área médica em todos os casos. A pesquisa ainda apontou que, embora tenham ocorrido estudos técnicos psicossociais em 15 dos 50 processos, estes foram realizados de maneira isolada e não tiveram o intuito de complementar a avaliação da deficiência. Na verdade, estes estudos foram utilizados, no geral, para a escolha do curador que seria mais adequado ao caso.[28]

Constata-se, então, que a autoridade da medicina e a prevalência do modelo médico de deficiência continuam sendo uma realidade nos processos de interdição, uma vez que não se verifica a atuação de equipe

[26] DEFENSORIA PÚBLICA DO RIO DE JANEIRO. Judiciário não cumpre integralmente Lei de Inclusão. Disponível em: https://defensoria.rj.def.br/uploads/arquivos/3d29f5f372a64578af5f0f9617c596d0.pdf Acesso em: 10 ago. 2021.

[27] Na verdade, 88% dos processos analisados tiveram suas sentenças proferidas nos anos 2019 e 2020.

[28] CARVALHO, Daniel Moreira. **A Equipe Multiprofissional e Interdisciplinar nas Avaliações Periciais das Pessoas com Deficiência nas Ações De Interdição:** Uma necessidade diante de um novo conceito de deficiência. 2020. 104 f. Trabalho de Conclusão de Curso (Graduação em Direito) – Universidade Federal de Minas Gerais. Belo Horizonte, 2020.

multiprofissional e interdisciplinar na maioria dos casos e, mesmo quando presente, é o laudo médico que acaba condicionando a decisão do juiz na quase totalidade dos processos. Prevalece, ainda, a lógica causal entre doença e deficiência e entre deficiência e incapacidade.

Conclusões

A partir das análises empreendidas, é possível concluir que a Lei Brasileira de Inclusão da Pessoa com Deficiência ainda não conseguiu alterar, efetivamente, a realidade das pessoas com deficiência mental ou intelectual no tocante à prática de atos da vida civil. Salvo exceções, pessoas com deficiência mental ou intelectual que conseguem exprimir vontade têm sido curateladas, o que contraria o dispositivo do art. 4º, III do Código Civil; algumas decisões ainda falam em incapacidade absoluta; em outras decisões, a incapacidade aparece como relativa, mas os poderes conferidos ao curador são de representação para todos os atos patrimoniais e negociais (ou até mesmo para todos os atos da vida civil). A curatela ainda tem sido a regra, enquanto o sistema de apoios, materializado no Brasil pela tomada de decisão apoiada, tem tido uma aplicação ínfima. Os processos de interdição, em sua grande maioria, não têm contado com a realização de perícias multiprofissionais e interdisciplinares para avaliação da deficiência, havendo um predomínio do modelo médico em detrimento do modelo biopsicossocial de deficiência. Por fim, as sentenças, em geral, não modulam o alcance da curatela de acordo com cada situação específica e, em muitos casos, abrangem até mesmo atos existenciais.

É difícil apontar quais são os fatores que levam ao delineamento do cenário atual. Não é crível defender, após mais de seis anos da promulgação da LBI, que o desconhecimento da norma motivaria a sua não aplicação. Ao contrário, a maioria das decisões menciona a LBI, transcreve alguns de seus dispositivos e tenta, em certa medida, promover adequações, como declarar a incapacidade relativa e não mais a incapacidade absoluta ou circunscrever a curatela apenas a atos patrimoniais e negociais. Contudo, como visto, isso não é suficiente para promover mudanças reais, pois as alterações parecem ser mais terminológicas.

Pode-se argumentar que a manutenção de diversas situações narradas nesse trabalho se dá em virtude do peso da tradição, ou seja, o instituto da curatela já estava fortemente assentado no ordenamento jurídico nacional, sendo difícil ou não desejável qualquer mudança. Ainda, alguns magistrados parecem alicerçar suas decisões no argumento de que aplicar a LBI poderia gerar desproteção às pessoas com deficiência.[29] Por fim, outro fator que pode estimular a manutenção do *status quo* é o fato de que o atual Código de Processo Civil, instituído pela Lei nº 13.105, de 16 de março de 2015, muito embora seja anterior à LBI, no geral, disciplina o processo de interdição em moldes muito parecidos com aqueles previstos no Código de Processo Civil de 1973, não tendo sofrido qualquer modificação por parte da LBI.

De todo modo, mais importante que tentar encontrar as razões para a inefetividade de algumas disposições da LBI, é buscar meios de alterar essa realidade, de modo que os avanços trazidos pela nova lei no sentido de garantir um maior respeito à autonomia das pessoas com deficiência sejam efetivados. Assim, iniciativas que promovam debates interdisciplinares, que ouçam as próprias pessoas com deficiência, que mapeiem as lacunas e incoerências da lei e as dificuldades práticas para sua implementação e que dialoguem com o poder público em suas três esferas de poder, mostram-se necessárias e urgentes.

Referências

BRASIL. STJ (Terceira Turma). Recurso Especial n. 1.927.423/SP (2020/0232882-9). Relator Des. Marco Aurélio Bellizze. Julgado em 27 de abril de 2021, publicado em 4 de maio de 2021.

BRASIL. TJMG (5ª Câmara Cível). Apelação Cível 1.0000.20.588544-5/001, Relator(a): Des.(a) Áurea Brasil. Julgado em 4 de março de 2021, publicação em 6 de março de 2021.

______ (8ª Câmara Cível). Apelação cível nº 1.0720.16.006327-0/001. Relator: Des. Fábio Torres de Sousa. Data de julgamento: 12 de março de 2020.

______ (19ª Câmara Cível). Apelação Cível 1.0000.20.513777-1/001, Relator(a): Des.(a) Carlos Henrique Perpétuo Braga. Julgado em 25 de fevereiro de 2021, publicação em 4 de março de 2021.

[29] A questão da desproteção foi trabalhada em: LARA, Mariana Alves; PEREIRA, Fabio Queiroz. Estatuto da Pessoa com Deficiência: Proteção ou Desproteção? *In:* PEREIRA, Fabio Queiroz; MORAIS, Luísa Cristina de Carvalho; LARA, Mariana Alves (Org.). **A Teoria das Incapacidades e o Estatuto da Pessoa com Deficiência.** 2. ed. Belo Horizonte: D'Plácido, 2018, p. 115-152.

______. (Órgão Especial). Arg Inconstitucionalidade n. 1.0000.17.034419-6/002, Relator(a): Des.(a) Márcia Milanez. Julgamento em 14 de março de 2018, publicação da súmula em 23 de março de 2018.

______. (Comarca de Belo Horizonte). 1ª Vara de Família. Processo n. 5065256-94. 2017.8.13.0024.

______. (Comarca de Caldas). Processo nº 0000317-79.2019.8.13.0103. Magistrado Edson Zampar Jr.

______. (Comarca de Santos Dumont). Processo n. 0020960-35.2018. Juíza: Maria Cristina de Souza Trulio.

BRASIL. TJSP (3ª Câmara de Direito Privado). Rel. Des. Donegá Morandini. Julgado em 16 de dezembro de 2016. Disponível em: https://www.migalhas.com.br/arquivos/2017/3/art20170302-03.pdf Acesso em: 18 ago. 2021.

CARVALHO, Daniel Moreira. **A Equipe Multiprofissional e Interdisciplinar nas Avaliações Periciais das Pessoas com Deficiência nas Ações De Interdição:** Uma necessidade diante de um novo conceito de deficiência. 2020. 104 f. Trabalho de Conclusão de Curso (Graduação em Direito) – Universidade Federal de Minas Gerais. Belo Horizonte, 2020.

CASTRO, Maria Clara Versiani de. **O Sistema de Apoios ao Exercício da Capacidade Legal da Pessoa com Deficiência no Brasil.** 2021. 117f. Dissertação (Mestrado em Direito). Universidade Federal de Minas Gerais, Belo Horizonte, 2021.

COMMITTEE ON THE RIGHTS OF PERSONS WITH DISABILITIES. **General comment nº 1**. Geneva: 2014.

______. **Concluding observations on the initial report of Brazil**. Geneva: 2015.

DEFENSORIA PÚBLICA DO RIO DE JANEIRO. Judiciário não cumpre integralmente Lei de Inclusão. Disponível em: https://defensoria.rj.def.br/uploads/arquivos/3d29f5f372a64578af5f0f9617c596d0.pdf Acesso em 10 de agosto de 2021.

FIUZA, César. **Direito Civil. Curso Completo.** 18. ed. São Paulos: Revista dos Tribunais, 2015.

GUIMARÃES, Luíza Resende. **A Convenção sobre os Direitos das Pessoas com Deficiência e o Conceito de Capacidade Legal:** uma comparação entre os sistemas jurídicos do Brasil e de Portugal. 2021. 194.f. Dissertação (Mestrado em Direito). Universidade Federal de Minas Gerais, Belo Horizonte, 2021.

HOSNI, David. O conceito de deficiência e sua assimilação legal: incompatibilidade entre a concepção não etiológica adotada no Estatuto da Pessoa com Deficiência e a fundamentação da incapacidade na falta de discernimento. *In*: PEREIRA, Fabio Queiroz; MORAIS, Luísa Cristina de Carvalho; LARA, Mariana Alves (orgs.). **A teoria das incapacidades e o Estatuto da Pessoa com Deficiência.** 2. ed. Belo Horizonte: D'Plácido, 2018.

IDOSO com Alzheimer pode ter curadora nomeada sem sofrer interdição. Consultor Jurídico. 02 abr 2016. Disponível em: <http://www.conjur.com.br/2016-abr-02/idoso-alzheimer-nao-interditado-curadora>. Acesso em: 11 ago. 2021.

LARA, Mariana Alves. **Capacidade Civil e Deficiência**: entre autonomia e proteção. Belo Horizonte: D'Plácido, 2019.

______; PEREIRA, Fabio Queiroz. Estatuto da Pessoa com Deficiência: Proteção ou Desproteção? *In:* PEREIRA, Fabio Queiroz; MORAIS, Luísa Cristina de Carvalho; LARA, Mariana Alves (Org.). **A Teoria das Incapacidades e o Estatuto da Pessoa com Deficiência.** 2. Ed. Belo Horizonte: D'Plácido, 2018, p. 115-152.

MARQUES, Flávia da Terra. Tomada de Decisão Apoiada e Amministrazione di Sostegno: análise comparada, perspectivas materiais e jurisprudenciais. *In*: VIEIRA, Marcelo de Mello; LARA, Mariana Alves (Orgs.). **O Direito Civil nos Tribunais Superiores:** Anais do V Congresso Mineiro de Direito Civil. Belo Horizonte: Initia Via, 2020, p. 766-767.

MENEZES, Joyceane Bezerra de. O direito protetivo no Brasil após a Convenção sobre a Proteção da Pessoa com Deficiência: impactos do novo CPC e do Estatuto da Pessoa com Deficiência. *In:* **Civilística.com**, Rio de Janeiro, a. 4, n. 1, jan-jun. 2015, p. 2-27.

PEREIRA, Caio Mário da Silva. **Instituições de Direito Civil.** Vol. V. Direito de Família. 24. ed. Revista, atualizada e ampliada por Tânia da Silva Pereira. Rio de Janeiro: Forense, 2016.

3. A CONVIVÊNCIA FAMILIAR E COMUNITÁRIA NA LEI BRASILEIRA DE INCLUSÃO DA PESSOA COM DEFICIÊNCIA

DANIELA BRAGA PAIANO
JÚLIA MARIANA CUNHA PERINI
ANA LUIZA MENDES MENDONÇA

Introdução

Com a promulgação da Lei nº 13.146/2015, que instituiu a Lei Brasileira de Inclusão da Pessoa com Deficiência – LBI, também conhecida por Estatuto da Pessoa com Deficiência, houve uma mudança de paradigmas no cenário jurídico brasileiro, pois, até então, a as normas constitucionais e infraconstitucionais eram insuficientes, de certo modo, para assegurar a consecução de todos os direitos da pessoa com deficiência.

O Estatuto da Pessoa com Deficiência teve como influência direta a Convenção Internacional sobre os Direitos da Pessoa com Deficiência – CDPD, e destina-se a assegurar e a promover, em condições de igualdade, o exercício dos direitos e das liberdades fundamentais por pessoas com deficiência, visando à sua inclusão social e cidadania. Neste contexto, ante os inúmeros direitos inerentes a esta parcela da população, surge a necessidade de pesquisa do tema convivência familiar e comunitária no referido diploma legal.

O objetivo deste trabalho é analisar a previsão legal sobre convivência familiar e comunitária, prevista no Estatuto, e de que modo tal direito fundamental está sendo garantido e efetivado pelo Poder Público e pela sociedade, nos casos das pessoas com deficiência que se encontram em situação dependência e vulnerabilidade e que não possuem apoio e suporte da família natural.

Para tanto, utilizando do método dedutivo, a presente pesquisa divide-se em três partes: a primeira aborda a proteção jurídica da pessoa com deficiência no Brasil, analisando a legislação pátria acerca da existência ou não sobre o tema; a segunda trata da convivência familiar e comunitária da pessoa com deficiência propriamente dita e, por fim, busca-se analisar os meios de efetivação do direito em questão, no que concerne às famílias solidárias e residências inclusivas como meios de efetivação da convivência familiar e comunitária da pessoa com deficiência.

Assim, a hipótese norteadora da pesquisa se traduz no fomento do crescimento e reconhecimento das famílias solidárias e na realização da residência inclusiva como meios eficazes de consecução da convivência familiar e comunitária da pessoa com deficiência, conforme será abordado no decorrer do trabalho.

1. Proteção jurídica da pessoa com deficiência no Brasil

Por um longo período, as pessoas com deficiência receberam tratamento discriminatório pela legislação brasileira, resultando em sua segregação da sociedade, por vezes em hospitais, clínicas ou outras instituições. Nesse viés, destaca-se que tal comportamento não ocorre apenas no ordenamento jurídico brasileiro, sendo que "a escassez de investigações sobre as representações e práticas sociais das pessoas com deficiência ao longo de boa parte da história da humanidade é representativa dos mecanismos de controle sobre suas vidas, que demonstram o desprestígio social e a invisibilidade de seus destinos.".[1]

Nesse sentido, verifica-se que o tratamento social destinado às pessoas com deficiência reflete a construção do padrão de normalidade admitido a partir de determinados contextos histórico-sociais, podendo-se destacar quatro momentos da história social da deficiência: "(i) fase do extermínio; (ii) fase da caridade; (iii) fase da institucionalização; e, por fim, (iv) fase da inclusão."[2]

Ressalta-se que as fases acima citadas não necessariamente são lineares ou sucessivas, embora revelem os movimentos globais em torno da questão da deficiência, bem como se podem observar fases de transição entre esses

[1] ALMEIDA, Vitor. **A capacidade civil das pessoas com deficiência e os perfis da curatela.** Belo Horizonte: Fórum, 2019. p. 29.

[2] ALMEIDA, Vitor. *Id*. p. 32.

momentos, como a "fase da integração", situada entre os períodos da institucionalização e da inclusão.[3]

No cenário brasileiro, os avanços legais direcionados à proteção da pessoa com deficiência ocorreram vagarosamente, sendo que apenas em 2015, com a promulgação da LBI, ocorreu, de fato, a regulamentação dos direitos destinados à proteção especial desta parcela da população.

Deste modo, imperiosa se faz a análise da legislação constitucional e infraconstitucional brasileira destinada à proteção das pessoas com deficiência, demonstrando a evolução do tratamento destes sujeitos ao longo dos anos.

A Constituição de 1934,[4] ao dispor em seu artigo 138, alínea "g", o cuidado da higiene mental e incentivo da luta contra venenos sociais como dever da União, Estados e Municípios, trouxe a primeira menção legal, ainda que de maneira insípida, voltada a uma preocupação social com a inclusão das pessoas com deficiência.

Igualmente, no mesmo artigo, alínea "a", tratou-se a questão da deficiência – então denominada de "desvalia" – cabendo à União, Estados e Municípios assegurar amparo aos "desvalidos", enquanto as Cartas de 1824 e 1891 limitaram-se a tão somente mencionar o princípio da igualdade perante a lei.[5]

Destaca-se que as Constituições de 1937 e de 1946 não trouxeram qualquer referência específica às pessoas com deficiência, sendo que os avanços sobre o tema apenas foram introduzidos a partir da Carta Magna de 1967.[6]

A referida Constituição de 967, por intermédio da Emenda Constitucional nº 1 de 1969[7], destinou proteção especial à educação de "excepcionais" – tratamento dado, até então, às pessoas com deficiência – no

[3] *Ibid.*

[4] BRASIL. [Constituição (1934)]. **Constituição da República Dos Estados Unidos do Brasil.** Rio de Janeiro, RJ: Presidência da República. Disponível em: http://www.planalto.gov.br/ccivil_03/constituicao/constituicao34.htm. Acesso em: 10 fev. 2021.

[5] MADRUGA, Sidney. **Pessoas com deficiência e direitos humanos:** ótica da diferença e ações afirmativas. 2. ed. São Paulo: Saraiva, 2016.

[6] *Ibid.*

[7] BRASIL. [Constituição (1967)]. **Emenda Constitucional nº 1, de 17 de outubro de 1969.** Brasília, DF: Presidência da República. Disponível em: http://www.planalto.gov.br/ccivil_03/constituicao/Emendas/Emc_anterior1988/emc01-69.htm. Acesso em: 10 fev. 2021.

parágrafo único de seu artigo 175, sendo a primeira menção expressa em texto legal brasileiro à proteção das pessoas com deficiência.[8]

A Emenda Constitucional nº 12, promulgada em 1978[9] – cuja ementa já aponta que "Assegura aos Deficientes a melhoria de sua condição social e econômica" – trouxe um avanço mais perceptível uma vez que destinou, em seu artigo 49, as primeiras garantias às pessoas com deficiência, dispondo meios de melhoria na sua condição social e econômica.

Assim, no ano de 1988, com a promulgação da Constituição da República Federativa do Brasil,[10] ocorreu um importante e relevante avanço no ordenamento jurídico pátrio, marcando o final de um período ditatorial e inaugurando uma nova era, a do Estado Democrático de Direito, fundado nos valores da soberania, cidadania, Dignidade da Pessoa Humana, valores sociais do trabalho e livre iniciativa e no pluralismo político, cujo texto legal estabeleceu metas de inclusão e acessibilidade a serem implementadas pelo Estado, em conjunto com a sociedade e com a família, para a promoção e efetivação dos direitos destes indivíduos. Na atual Magna Carta, encontram-se 12 previsões específicas às pessoas com deficiência, que estabelecem:

> A proibição de discriminação quanto a salário e critérios de admissão no emprego (art. 79, XXXI);
>
> A competência comum da União, Estados, Distrito Federal e Municípios para cuidar da saúde e assistência pública, da proteção e de sua garantia (art. 23, II);
>
> A competência da União, Estados e Distrito Federal para legislar concorrentemente sobre sua proteção e integração social (art. 24, XIV);
>
> A previsão em lei de reserva de vagas no acesso aos cargos e empregos públicos (art. 37. VIII);

[8] ARAÚJO. Luíz Alberto David. **A proteção constitucional das pessoas portadoras de deficiência.** Brasília. 1994. 140f. Tese (Doutorado em Direito Constitucional). – Pontifícia Universidade Católica, São Paulo, 1994. p. 68.

[9] BRASIL. [Constituição (1967)]. **Emenda Constitucional nº 12, de 17 de outubro de 1978.** Brasília, DF: Presidência da República. Disponível em: http://www.planalto.gov.br/ccivil_03/constituicao/emendas/emc_anterior1988/emc12-78.htm. Acesso em: 10 fev. 2021.

[10] BRASIL. [Constituição (1988)]. **Constituição da República Federativa do Brasil.** Brasília, DF: Presidência da República, [2016]. Disponível em: http://www.planalto.gov.br/ccivil_03/constituicao/ConstituicaoCompilado.htm. Acesso em: 10 fev. 2021.

> A previsão em lei de requisitos e critérios diferenciados para a concessão de aposentadoria aos servidores públicos (art. 40, 5 4º. I);
>
> A previsão em lei de requisitos e critérios diferenciadores para aposentadoria aos beneficiários do regime geral de previdência social (art. 201, § 1);
>
> A assistência social em matéria de habilitação, reabilitação e integração à vida comunitária (art. 203. IV);
>
> A garantia de um salário-mínimo de benefício mensal (art. 203, V);
>
> O atendimento educacional especializado preferencialmente na rede regular de ensino (art. 208, III);
>
> A criação de programas de prevenção e atendimento especializado, bem como de integração social do adolescente, mediante o treinamento para o trabalho e a convivência, e a facilitação do acesso aos bens e serviços coletivos, com a eliminação de preconceitos e obstáculos arquitetônicos (art. 227, § 1º II);
>
> A previsão em lei sobre normas de construção dos logradouros e dos edifícios de uso público e de fabricação de veículos de transporte coletivo, a fim de garantir o seu acesso adequado (227 §2º);
>
> A previsão em lei sobre a adaptação dos logradouros, dos edifícios de uso público e dos veículos de transporte coletivo atualmente existentes, a fim de igualmente garantir o seu acesso adequado (art. 244).[11]

Desse modo, verifica-se que, embora as disposições da Constituição de 1988 sejam dispersas pelo diploma legal e em capítulos distintos, são mais abrangentes que todas as Constituições e emendas constitucionais que lhe precederam.[12]

Por sua vez, em 1989, promulgou-se a Lei Federal nº 7.853,[13] com normas gerais para assegurar os direitos das pessoas com deficiência e sua efetiva integração social, de modo que os dispositivos desta Lei objetivavam a realização de ações governamentais necessárias para o pleno exercício dos direitos básicos, bem como estabeleceu valores essenciais

[11] MADRUGA, Sidney. *Id.*

[12] *Ibid.*

[13] BRASIL. Lei nº 7.853, de 24 de outubro de 1989. **Dispõe sobre o apoio às pessoas portadoras de deficiência, sua integração social, sobre a Coordenadoria Nacional para Integração da Pessoa Portadora de Deficiência – Corde.** Brasília, DF: Presidência da República. Disponível em: http://www.planalto.gov.br/ccivil_03/leis/l7853.htm. Acesso em: 10 fev. 2021.

para a aplicação e interpretação das normas referentes à pessoa com deficiência, quais sejam, a igualdade de tratamento e oportunidade, da justiça social, do respeito à Dignidade da Pessoa Humana, do bem-estar, entre outros.

A fim de regulamentar a Lei acima citada, foi editado o Decreto nº 3.298/1999,[14] que dispõe sobre a Política Nacional para a Integração da Pessoa Portadora de Deficiência, cujo objetivo era assegurar o pleno exercício de direitos individuais e sociais desses, inovando, para a época, em termos legais, apresentando nos artigos 3º e 4º, definições e distinções dos termos "deficiência" e "pessoa portadora de deficiência".

Posteriormente, houve a promulgação da Lei nº 13.146/2015, a qual instituiu a Lei Brasileira de Inclusão da Pessoa com Deficiência, destinada a assegurar e a promover, em condições de igualdade, o exercício dos direitos e das liberdades fundamentais por pessoas com deficiência, visando à sua inclusão social e cidadania.

A LBI regulamenta a CDPD, e seu Protocolo Facultativo, ratificados pelo Congresso Nacional mediante o Decreto Legislativo nº 186, de 9 de julho de 2008, em conformidade com o procedimento previsto no parágrafo 3º do artigo 5º da Constituição Federal de 1988, em vigor para o Brasil – no plano jurídico externo – desde 31 de agosto de 2008, e promulgados pelo Decreto nº 6.949, de 25 de agosto de 2009, data de início de sua vigência no plano interno.

Em seu Art. 2º, conceituou-se na LBI pessoa com deficiência como "[...] aquela que tem impedimento a longo prazo, de natureza física, mental, intelectual ou sensorial, o qual em interação com uma ou mais barreiras, pode obstruir sua participação plena e efetiva na sociedade em igualdade de condições com as demais pessoas.",[15] em conformidade com o que a CDPD acima citada já havia estabelecido. Percebe-se que

[14] BRASIL. Decreto nº 3.298 de 20 de dezembro de 1999. **Regulamenta a Lei nº 7.853, de 24 de outubro de 1989, dispõe sobre a Política Nacional para a Integração da Pessoa Portadora de Deficiência, consolida as normas de proteção, e dá outras providências. Brasília**, DF: Presidência da República. Disponível em: http://www.planalto.gov.br/ccivil_03/decreto/d3298.htm. Acesso em: 10 fev. 2021.

[15] BRASIL. Lei nº 13.146, de 06 de julho de 2015. **Institui a Lei Brasileira de Inclusão da Pessoa com Deficiência (Estatuto da Pessoa com Deficiência)**. Brasília, DF: Presidência da República. Disponível em: http://www.planalto.gov.br/ccivil_03/_ato2015-2018/2015/lei/l13146.htm. Acesso em: 10 fev. 2021.

há uma preocupação do legislador em eliminar obstáculos para a plena participação da pessoa com deficiência na sociedade, a fim de possibilitar sua inclusão na prática. É importante lembrar que

> [...] há um histórico de tratamentos excludentes em relação àqueles que não se encaixam nos padrões de normalidade estabelecidos socialmente. As religiões tiveram um papel significativo nesse processo, seja do Mundo Antigo, com as práticas eugênicas presentes em Roma e na Grécia Antiga, seja na Idade Média, por meio da marginalização daqueles que destoavam do estabelecido pela Igreja Católica. Com o advento do Iluminismo, a partir do final do século XVIII, o movimento de segregação se operou com o respaldo do argumento científico, exercendo a medicina psiquiátrica importante papel nesse processo.[16]

Nesse contexto, a pessoa com deficiência intelectual ou psíquica era considerada doente e, portanto, deveria receber intervenção médica, embora tal tratamento estivesse profundamente ligado a um viés discriminatório, que segregava tais pessoas da participação da vida social, e tal visão foi incorporada pelo Código Civil de 1916, que reconhecia como absolutamente incapazes os denominados loucos de todo o gênero (art. 5º, II).[17]

Com a LBI, concedeu-se uma nova feição ao tratamento normativo da pessoa com deficiência, tendo em vista o dever de busca de sua efetiva capacidade, fundamental para seu pleno desenvolvimento, cabendo a restrição do exercício de direitos ser excepcionalíssima.[18]

Portanto, a Lei nº 13.146/2015 visou à superação do modelo médico para instituir o modelo social de deficiência, já incorporado por força da CDPD, a qual reputa necessária a consideração de fatores não apenas científicos, mas também sociais, para se definir o tratamento jurídico

[16] TEIXEIRA, Ana Carolina Brochardo; LEAL, Livia Teixeira. Controle valorativo dos atos de autonomia praticados por pessoas com deficiência intelectual ou psíquica. **Pensar**, Fortaleza, v. 25, n. 4, p. 1-13, out./dez. 2020. Disponível em: https://periodicos.unifor.br/rpen/article/view/11236/pdf_1. Acesso em: 10 fev. 2021. Doi: 10.5020/2317-2150.2020.11236. p. 2

[17] *Ibid.*

[18] ALMEIDA, Vitor. *Id.* p. 42.

direcionado à pessoa com deficiência, de modo que, em síntese, devem-se buscar mecanismos para viabilizar a plena participação da pessoa com deficiência em sociedade, eliminando-se os obstáculos nos sistemas de educação, no trabalho, nos meios de transporte, nas construções, nos meios de comunicação, entre outros.[19]

Verifica-se que a proteção jurídica dada à pessoa com deficiência foi da inexistência à inclusão, passando pelo estágio de institucionalização e está, na prática, em um momento de integração, uma vez que a Constituição Federal de 1988 passou a protegê-la de forma mais abrangente, ainda que de maneira dispersa. Desse modo, a LBI visou à efetivação do modelo social de deficiência, determinando a busca de mecanismos a fim de viabilizar a plena participação da pessoa com deficiência em sociedade.

2. Convivência familiar e comunitária da pessoa com deficiência

Conforme já dito, a LBI foi um avanço para proteger a pessoa com deficiência, sua dignidade e inclusão social. Percebe-se que esta se preocupa com a questão da convivência familiar e comunitária em diversos momentos. Tal cuidado se inicia no art. 6º, ao mencionar que a deficiência não afeta a capacidade da pessoa, elencando situações que envolvem questões familiares, como o inciso V – o de exercer o direito à família e à convivência familiar e comunitária.[20] Esse dispositivo, de modo inovador, quebra barreiras do Código Civil de 2002, garantindo o exercício do direito à família e à convivência familiar e comunitária.

O art. 8º da LBI (assim como o Art. 16 da Declaração Universal dos Direitos do Homem) traz uma função de tripé protetivo para a emancipação das pessoas com deficiência, sendo dever do Estado, da sociedade e da família assegurar a convivência familiar e comunitária.[21]

[19] TEIXEIRA, Ana Carolina; LEAL, Lívia Teixeira. *Id.* p. 3.

[20] BRASIL. Lei nº 13.146, de 06 de julho de 2015. **Institui a Lei Brasileira de Inclusão da Pessoa com Deficiência (Estatuto da Pessoa com Deficiência)**. Brasília, DF: Presidência da República. Disponível em: http://www.planalto.gov.br/ccivil_03/_ato2015-2018/2015/lei/l13146.htm. Acesso em: 5 mar. 2021.

[21] BRASIL. Lei nº 13.146, de 06 de julho de 2015. **Institui a Lei Brasileira de Inclusão da Pessoa com Deficiência (Estatuto da Pessoa com Deficiência).** Brasília, DF: Presidência da República. Disponível em: http://www.planalto.gov.br/ccivil_03/_ato2015-2018/2015/lei/l13146.htm. Acesso em: 5 mar. 2021.

No mesmo sentido, a Constituição Federal Brasileira, promulgada em 5 de outubro de 1988, estabelece expressamente no Art. 227,[22] como um direito fundamental à convivência familiar e comunitária da criança e do adolescente, atribuindo especial proteção da família por parte do Estado. Além da previsão contida no *caput*, o inciso II do referido artigo, estabeleceu como responsabilidade dos entes públicos a

> criação de programas de prevenção e atendimento especializado para as pessoas portadoras de deficiência física, sensorial ou mental, bem como de integração social do adolescente e do jovem portador de deficiência, mediante o treinamento para o trabalho e a convivência, e a facilitação do acesso aos bens e serviços coletivos, com a eliminação de obstáculos arquitetônicos e de todas as formas de discriminação.[23]

Neste aspecto, Célia Barbosa de Abreu sustenta que, ao estabelecer a tríplice responsabilidade e ao assegurar à pessoa com deficiência a prioridade absoluta na efetivação dos seus direitos, o Estatuto, com base na Constituição Federal, consagrou o princípio do melhor interesse da pessoa com deficiência, que objetiva, sobretudo, a proteção efetiva e integral dos indivíduos que se encontram em situação de dependência e vulnerabilidade.[24]

Consoantes, José Maria Leoni Lopes de Oliveira e Rachel Delmás Leoni e Oliveira lecionam que a mudança legislativa instituída pelo Estatuto interferiu no regime de capacidade de fato, ou seja, na capacidade

[22] O artigo 227 da Constituição Federal estabelece que: "Art. 227. É dever da família, da sociedade e do Estado assegurar à criança, ao adolescente e ao jovem, com absoluta prioridade, o direito à vida, à saúde, à alimentação, à educação, ao lazer, à profissionalização, à cultura, à dignidade, ao respeito, à liberdade e à convivência familiar e comunitária, além de colocá-los a salvo de toda forma de negligência, discriminação, exploração, violência, crueldade e opressão." BRASIL. [Constituição (1988)]. **Constituição da República Federativa do Brasil. Brasília**, DF: Presidência da República, [2016]. Disponível em: http://www.planalto.gov.br/ccivil_03/constituicao/ConstituicaoCompilado.htm. Acesso em: 15 fev. 2021.

[23] *Ibid.*

[24] ABREU, Célia Abreu. Título I: Disposições Preliminares. Capítulo II: Da Igualdade e da Não Discriminação. *In*: MARTINS, Guilherme Magalhães; HOUAISS, Lívia Pitelli Zamarian (Coord.). **Estatuto da Pessoa com Deficiência**: comentários à Lei 13.146/2015. Indaiatuba: Foco, 2019. p. 38-41.

civil de exercício dos atos da vida civil, e que tal modificação teve como intuito a outorga de efetiva autonomia privada, liberdade de manifestação de vontade e de pleno exercício de direitos existenciais.[25] Assim, concluem que

> Em respeito à dignidade da pessoa humana, bem como do pleno desenvolvido da personalidade, deve ser assegurada às pessoas com deficiência a plena satisfação de direitos existenciais. A autonomia privada deve ser assegurada às pessoas com deficiência não somente em virtude de respeito à igualdade e não discriminação, mas especificamente como única via de assegurar a efetiva dignidade.[26]

No tocante à garantia do direito à convivência familiar e comunitária, como dito acima, os dispositivos da LBI tiveram como influência direta a redação da CDPD, regulamentada pelo Decreto nº 6.949 de 25 de agosto de 2009, que prevê em seu preâmbulo e no art. 23, destinado ao Respeito pelo lar e pela família, que

> *[...] a família é o núcleo natural e fundamental da sociedade e tem o direito de receber a proteção da sociedade e do Estado* e de que as pessoas com deficiência e seus familiares devem receber a proteção e a assistência necessárias para tornar as famílias capazes de contribuir para o exercício pleno e equitativo dos direitos das pessoas com deficiência.
>
> [...]
>
> 1.*Os Estados Partes tomarão medidas efetivas e apropriadas para eliminar a discriminação contra pessoas com deficiência,* em todos os aspectos relativos a casamento, *família,* paternidade e relacionamentos, em igualdade de condições com as demais pessoas, de modo a assegurar que:
>
> [...]
>
> 3.*Os Estados Partes assegurarão que as crianças com deficiência terão iguais direitos em relação à vida familiar.* Para a realização desses direitos e para evitar ocultação, abandono, negligência e segregação de crianças com deficiência,

[25] OLIVEIRA, José Maria Leoni de; OLIVEIRA, Rachel Delmás Leoni de. Título I: Disposições Preliminares. Capítulo II: Da Igualdade e da Não Discriminação. *In*: MARTINS, Guilherme Magalhães; HOUAISS, Lívia Pitelli Zamarian (Coord.). *Id.* p. 26.

[26] OLIVEIRA, José Maria Leoni de; OLIVEIRA, Rachel Delmás Leoni de. *Id.* p. 29.

os Estados Partes fornecerão prontamente informações abrangentes sobre serviços e apoios a crianças com deficiência e suas famílias.

[...] 5. *Os Estados Partes, no caso em que a família imediata de uma criança com deficiência não tenha condições de cuidar da criança, farão todo esforço para que cuidados alternativos sejam oferecidos por outros parentes e, se isso não for possível, dentro de ambiente familiar, na comunidade.* (Grifos nossos)[27]

Assim, observa-se que, no plano do direito interno, o direito à convivência familiar e comunitária é tutelado por princípios e por regras específicas, sendo dirigido à família, ao Estado e à sociedade como um todo. Segundo Paulo Lôbo, a convivência familiar deve ser compreendida como sendo

[...] a relação afetiva diuturna e duradoura entretecida pelas pessoas que compõem o grupo familiar, em virtude dos laços de parentesco ou não, no ambiente comum. Supõe espaço físico, a casa, o lar, a moradia, mas não necessariamente, pois as atuais condições de vida e o mundo do trabalho provocam a separação dos membros da família no espaço físico, mas sem perda de referência ao ambiente comum, tido como pertença de todos. É o ninho no qual as pessoas se sentem recíproca e solidariamente acolhidas e protegidas.[28]

Sobrelevando a importância de tal direito, Kátia Regina Ferreira Lobo Andrade Maciel aponta que a deficiência das pessoas, seja ela física ou psíquica, não impede e nem deve dificultar o direito fundamental de usufruir da convivência familiar e comunitária. Tal direito, na concepção da autora, consiste em uma garantia fundamental de toda pessoa humana a crescer e viver junto à família de origem, em ambiente permeado de afeto e de cuidados mútuos, configurando-se um direito vital quando se tratar de pessoa em formação.[29]

[27] BRASIL. Decreto nº 6.949 de 25 de agosto de 2009. **Promulga a Convenção Internacional sobre os Direitos das Pessoas com Deficiência e seu Protocolo Facultativo, assinados em Nova York, em 30 de março de 2017.** Disponível em: http://www.planalto.gov.br/ccivil_03/_ato2007-2010/2009/decreto/d6949.htm. Acesso em: 15 fev. 2021.

[28] LÔBO, Paulo. **Direito Civil:** Famílias. 4. ed. São Paulo: Saraiva, 2011. p. 74.

[29] MACIEL, Kátia Regina Ferreira Lobo Andrade. Direito fundamental à convivência familiar. *In:* MACIEL, Kátia Regina Ferreira Lobo Andrade (Coord.). **Curso de direito da criança e do adolescente**. 11. ed. São Paulo: Saraiva Educação, 2018. p. 116.

Ainda, o art. 39 da LBI (do direito à assistência social) ao tratar de serviços, programas, projetos e benefícios voltados para a pessoa com deficiência e sua família, tem como um de seus objetivos o desenvolvimento da autonomia e da convivência familiar para promoção de acesso aos direitos e à plena participação social.[30]

De acordo com Donald Woods Winnicott, o ambiente familiar afetivo constitui a base para o desenvolvimento saudável ao longo de todo o ciclo vital. Assim, tanto a imposição de limites quanto o cuidado e a afetividade são fundamentais para a construção da subjetividade e para o desenvolvimento saudável das habilidades necessárias à vida em comunidade.[31]

Igualmente, Maria Celina Bodin de Moraes leciona que o discernimento e a vontade própria ou autonomia são requisitos para o livre e pleno desenvolvimento da personalidade humana, sendo no âmbito familiar que o indivíduo começa a desenvolvê-la de modo saudável e a "construir a autonomia de que precisará futuramente, no meio social, para a condução de uma sociedade democrática – que se revelará igualmente fundamental para a sua existência digna".[32]

O Código Civil, por sua vez, no livro de Direito de Família, em seu art. 1.777, dispõe que as pessoas sujeitas à curatela, que não puderem exprimir sua vontade por causa transitória ou permanente (Art. 1767, I), receberão apoio para terem preservado o direito à convivência familiar e comunitária, evitando-se, assim, recolhimento em estabelecimento que acabe afastando desse convívio (alteração no Código introduzida pela LBI).[33]

Nesta trilha, ao abordar sobre o direito à convivência familiar e comunitária, Silvio Manoug Kaloustian defende que

[30] BRASIL. Decreto nº 6.949 de 25 de agosto de 2009. **Promulga a Convenção Internacional sobre os Direitos das Pessoas com Deficiência e seu Protocolo Facultativo, assinados em Nova York, em 30 de março de 2017.** Disponível em: http://www.planalto.gov.br/ccivil_03/_ato2007-2010/2009/decreto/d6949.htm. Acesso em: 5 mar. 2021.

[31] WINNICOTT, Donald Woods. **A família e o desenvolvimento individual.** São Paulo: Martins Fontes, 2005. p. 129-138.

[32] MORAES, Maria Celina Bodin de. A nova família, de novo: Estruturas e função das famílias contemporâneas. Fortaleza: **Revista Pensar**, v. 18, n. 2, p. 587-628, mai./ago. 2013. Disponível em: http://ojs.unifor.br/index.php/rpen/article/view/2705. Acesso em: 8 mar. 2021.

[33] BRASIL. Lei nº 10.406 de 10 de janeiro de 2002. **Institui o Código Civil.** Disponível em: http://www.planalto.gov.br/ccivil_03/leis/2002/l10406compilada.htm. Acesso em: 5 mar. 2021.

> O vínculo é um aspecto tão fundamental na condição humana, e particularmente essencial ao desenvolvimento, que os direitos da criança o leva em consideração na categoria *convivência – viver junto*. O que está em jogo não é uma questão moral, religiosa ou cultural, mas sim uma questão vital. Na discussão das situações de risco para a criança, a questão da mortalidade infantil ou da desnutrição é imediata. Sobreviver é condição básica, óbvia, para o direito à vida. Deve-se acrescentar a dimensão afetiva na defesa da vida. Em outras palavras, sobreviver é pouco. A criança tem direito *a viver*, a desfrutar de uma rede afetiva, na qual possa crescer plenamente, brincar, contar com a paciência, a tolerância e a compreensão dos adultos sempre que estiver em dificuldade.[34]

Ao lado da convivência familiar, o legislador constituinte e o estatutário normatizaram o direito fundamental à convivência comunitária, nos mesmos dispositivos legais já mencionados. Na visão de Kátia Regina Ferreira Lobo Andrade Maciel, a introdução de tal direito no bojo normativo "constitui uma inserção imperativa com aquele outro, de maneira que somente com a presença de ambos haverá um bom e saudável desenvolvimento do ser humano."[35]

Nesse sentido, tem-se que a convivência comunitária é tão importante quanto a familiar, uma vez que as relações de cuidado e proteção vão além dos laços de consanguinidade, estendendo-se também aos vizinhos, membros da família extensa, entre outros.[36] Acerca do assunto, Jacyara C. Rochael Nasciutti sustenta que

> A relação com colegas, professores, vizinhos e outras famílias, bem como da utilização das ruas, quadras, praças, escolas, igrejas, postos de saúde e outros, crianças e adolescentes interagem e formam seus próprios grupos de relacionamento. [...] Na relação com a comunidade, as instituições e os espaços sociais, eles se deparam com o coletivo – papéis sociais, regras, leis,

[34] KALOUSTIAN, Sílvio Manoug (Org.). **Família brasileira:** a base de tudo. 9. ed. São Paulo: Cortez, 2010. p. 50-51.

[35] MACIEL, Kátia Regina Ferreira Lobo Andrade. *Id.*, p. 116.

[36] PERINI, Júlia Mariana; PAIANO, Daniela Braga. Programa de Acolhimento Familiar: uma alternativa à efetivação do direito à convivência familiar e comunitária. *In:* MEZACASA, Douglas Santos (Org.). **Participação e Efetivação do Direito na Sociedade Contemporânea 2.** Ponta Grossa: Atena, 2020. p.177.

> valores, cultura, crenças e tradições, transmitidos de geração a geração – expressam sua individualidade e encontram importantes recursos para seu desenvolvimento.[37]

Pelo princípio da solidariedade e pela característica de interdependência inata dos seres humanos, a sociedade como um todo compartilha dessa responsabilidade e, em conjunto com o Estado, tem a obrigação de propiciar cuidados especiais à pessoa com deficiência, de modo a garantir a consecução de seus direitos e a conquista de sua autonomia.

Portanto, o direito à convivência familiar e comunitária são garantias fundamentais previstas no bojo da Constituição Federal e na legislação infraconstitucional. O crescimento e a permanência no âmbito familiar é uma necessidade vital dos seres humanos.

A pessoa com deficiência, independentemente da sua idade, em especial a que apresenta comprometimento mental ou físico que geram dependência, tem o direito de crescer e conviver com a família.

Cabe, então, ao Estado, promover meios de se garantir a efetivação dos direitos existenciais da pessoa com deficiência que se encontra em estado de vulnerabilidade e dependência, através de políticas públicas que concedam o apoio necessário às famílias, de forma a oportunizar a convivência do indivíduo no seio de sua família de origem, e em casos excepcionais em família substituta.

3. Famílias solidárias e residências inclusivas

Como já exposto, as pessoas com deficiência receberam tratamento discriminatório pela legislação brasileira por um longo período, o que resultou em sua segregação à margem da sociedade, por vezes em hospitais, clínicas ou outras instituições.

Nesse cenário, cita-se o caso Damião Ximenes, pessoa com transtorno mental que morreu em 1999 na instituição psiquiátrica Casa de Repouso Guararapes, localizada em Sobral, Ceará. A necropsia revelou que seu corpo sofreu diversos golpes e apresentava escoriações. Além disso, constatou-se que, no dia de sua morte, o médico responsável pela

[37] NASCIUTTI, Jacyara C. Rochael. A Instituição como Via de Acesso à Comunidade. *In*: CAMPOS, Regina Helena de Freitas (Org.). **Psicologia Social Comunitária:** da Solidariedade à Autonomia. Petrópolis: Vozes, 1996. p. 100-126.

instituição apenas prescreveu alguns medicamentos, sem examinar o paciente, e foi embora em seguida, deixando-o desassistido. Duas horas depois de ter sido medicado, Damião morreu.[38]

O caso foi levado ao Poder Judiciário, uma vez que sua família buscava a punição dos culpados e o ressarcimento pelos danos patrimoniais e extrapatrimoniais sofridos, sendo necessária, ainda, sentença de mérito da Corte Interamericana de Direitos Humanos contra o Brasil, para que tal objetivo fosse alcançado.[39]

Conviver em família representa segurança e estabilidade para o desenvolvimento da pessoa, e seu afastamento do núcleo familiar significa grave violação do direito à vida. É justamente à família que cabe essa função de humanização e socialização, visando o desenvolvimento integral da pessoa. Deste modo, com intuito de romper a tradição de institucionalização, de segregação e de garantir a inclusão da pessoa com deficiência, promulgou-se a LBI.

Ao abordar o assunto, Léia Comar Riva menciona que a LBI, seguindo a CDPD (art. 3º), deve buscar a autonomia individual das pessoas, considerando, no caso em concreto, "além da variação de termos e de graus da deficiência, as condições materiais – econômicas e sociais – nas quais a pessoa está inserida."[40]

Com o intuito de garantir a convivência familiar da pessoa com deficiência e promover, ao mesmo tempo, sua autonomia e independência, a LBI, conforme exposto acima, estabeleceu uma série medidas a serem efetivadas pelo Poder Público, em conjunto com a sociedade e a família.

Como é sabido, um dos princípios que regem o Direito de Família é o da solidariedade familiar, que possui elevado conteúdo ético e compreende a fraternidade e reciprocidade entre os entes familiares.[41] A extensão

[38] RAMOS, André Carvalho. Reflexões sobre as vitórias do caso Damião Ximenes. **Consultor Jurídico.** 8 set. 2006. Disponível em: https://www.conjur.com.br/2006-set-08/reflexoes_vitorias_damiao_ximenes. Acesso em: 10 mar. 2021.

[39] *Ibid.*

[40] RIVAR, Léia Comar. **O direito de família e as novas determinações do Estatuto da Pessoa com Deficiência.** Disponível em: https://www.rkladvocacia.com/o-direito-de-familia-e-as-novas-determinacoes-do-estatuto-da-pessoa-com-deficiencia/. Acesso em: 6 mar. 2021.

[41] DIAS, Maria Berenice. **Manual de direito das famílias.** 11. ed. São Paulo: Revista dos Tribunais, 2016. p. 51.

desse princípio atinge não somente a entidade familiar, mas também a comunidade e a sociedade como um todo.[42]

De acordo com Paulo Lôbo, a solidariedade familiar é um "vínculo de sentimento racionalmente guiado, limitado e autodeterminado que compele à oferta de ajuda, apoiando-se em uma mínima similitude de certos interesses e objetivos, de forma a manter a diferença entre os parceiros na solidariedade", que resulta da superação do individualismo jurídico.[43] Nesse sentido, defende que

> O *pathos* da sociedade de hoje, comprovado em geral por uma análise mais detida das tendências dominantes da legislação e da aplicação do direito, é o da solidariedade, ou seja, da responsabilidade, não apenas dos poderes públicos, mas também da sociedade e de cada um dos seus membros individuais, pela existência social de cada um dos outros membros da sociedade. Para o desenvolvimento da personalidade individual é imprescindível o adimplemento dos deveres inderrogáveis de solidariedade, que implicam condicionamentos e comportamentos interindividuais realizados num contexto social.[44]

Neste aspecto, Jacqueline Lopes Ribeiro indaga sobre a possibilidade de formação de relação familiar feita por redes de solidariedade e cuidados dirigidos em um cenário emancipatório, já que a institucionalização compromete a liberdade efetiva e sacrifica o direito humano e fundamental da convivência familiar.[45] Questiona como seria possível o Direito promover a emancipação das pessoas com deficiência e ao mesmo tempo protegê-las, sem interferir de forma paternalista e autoritária em suas escolhas sobre a forma de família em que vive.[46]

[42] LÔBO, Paulo. *Id.* p. 63-64.

[43] *Id.* p. 64.

[44] *Ibid.*

[45] PEREIRA, Jacqueline Lopes. Direito à convivência familiar de pessoas com deficiência: reconhecimento, cuidado e emancipação pela via da família solidária. **Revista OAB/RJ** – edição especial – Direito Civil. Rio de Janeiro, 2016. Disponível em: https://revistaeletronica.oabrj.org.br/?artigo=direito-a-convivencia-familiar-de-pessoas-com-deficiencia-reconhecimento-cuidado-e-emancipacao-pela-via-da-familia-solidaria. Acesso em: 6 mar. 2021.

[46] *Ibid.*

Todavia, nesse cenário de pandemia, infelizmente os casos de violação de direitos têm aumentado, e o ambiente intrafamiliar é o principal local dessas violações. Aumentou muito, por exemplo, o número de casos de violência doméstica. Dados revelam que, no ano de 2019, até o mês de junho, o canal de denúncias 'disque 100' recebeu mais de 11 mil denúncias de violações contra pessoas com deficiência, sendo que as principais vítimas, nesse contexto, são as pessoas com deficiência mental, seguidas das pessoas com deficiência física.[47]

Apesar desse lado negativo da convivência em certas famílias, mantém-se aqui o entendimento de que a convivência familiar seria ainda a melhor opção, salvo no contexto acima demostrado. Assim, em um cenário emancipatório das pessoas com deficiência, Jacqueline Lopes Ribeiro entende que a "família solidária" seria uma entidade familiar condizente com o exercício das liberdades e ao direito à convivência familiar da pessoa com deficiência, ela teria como fim precípuo reduzir a condição de vulnerabilidade através de uma rede de solidariedade e cuidado.[48]

Embora não expressamente prevista no ordenamento, ela tem por base o princípio da solidariedade, fazendo com que a entidade familiar solidária surgisse de uma visão civil-constitucional, caracterizando-se pela "convivência de pessoas com deficiência com pessoas de igual vulnerabilidade ou que a elas dirijam ações de cuidado."[49]

Outra forma de emancipação e ao mesmo tempo cuidado com as pessoas com deficiência, em especial para com aquelas que se encontram em situação de vulnerabilidade e desproteção, seria a denominada 'residência inclusiva', que tem previsão legal na LBI.

A instituição do Serviço de Acolhimento Institucional em Residências Inclusivas estaria destinada a jovens e adultos com deficiência, pessoas com idade entre 18 e 59 anos, em situação de dependência, prioritariamente aqueles que são beneficiários do Benefício de Prestação Continuada (BPC), cujos vínculos familiares estejam interrompidos ou fragilizados,

[47] BRASIL. Ministério da Mulher, da Família e dos Direitos Humanos. Disque 100 recebe mais de 11 mil denúncias de violações contra pessoas com deficiência. **Gov.br**, Brasília, 24 de junho de 2019. Disponível em: https://www.gov.br/mdh/pt-br/assuntos/noticias/2019/junho/disque-100-recebe-mais-de-11-mil-denuncias-de-violacoes-contra-pessoas-com-deficiencia. Acesso em: 5 mar. 2021.

[48] PEREIRA, Jacqueline Lopes. *Id.*

[49] *Ibid.*

que "não disponham de condições de autossustentabilidade ou de retaguarda familiar e/ou estejam em processo de desligamento de instituições de longa permanência".[50]

Regulamentado pelo Ministério de Desenvolvimento Social (MDS), o serviço de acolhimento em residência inclusiva faz parte do Plano Viver Sem Limite, no eixo Inclusão Social, promovido pelo Governo Federal. Tal Plano foi criado em 2011, em resposta ao compromisso feito pelo Brasil junto à Organização das Nações Unidas (ONU) ao ratificar a CDPD, e tem como objetivo principal a garantia os direitos das pessoas com deficiência por meio da implantação de políticas públicas estruturadas em quatro eixos: acesso à educação, inclusão social, atenção à saúde e acessibilidade.[51]

No âmbito da LBI, o serviço de residência inclusiva foi incluído no art. 31, *caput* como uma garantia ao direito à moradia digna.[52] Sobrelevando o assunto em questão, Cláudia Franco Correa e Cristina Gomes Campos de Seta, lecionam que

> Durante décadas, a pessoa com certa deficiência era vista pela sociedade como uma 'semipessoa', alguém com características que a inferiorizavam. Sendo a deficiência física, aos deficientes caberia um papel de ator coadjuvante, apartado da vida social, política e econômica. Se a deficiência fosse de ordem mental, a fórmula adequada era a de segregação em instituição 'adequadas' para seu 'tratamento'. A história nos mostra que, sob pretexto de 'tratamentos', verdadeiros holocaustos eram executados. [...] Dentro desse contexto, disciplinou a lei o direito da pessoa com deficiência, não somente à

[50] BRASIL. Ministério do Desenvolvimento Social. **Orientações sobre o Serviço de Acolhimento Institucional para Jovens e Adultos com Deficiência em Residências Inclusivas:** Perguntas e Respostas, 2014. Disponível em: http://www.mds.gov.br/webarquivos/publicacao/assistencia_social/Cadernos/caderno_residencias_inclusivas_perguntas_respostas_maio2016.pdf. Acesso em: 24 fev. 2021.

[51] BRASIL. Ministério da Cidadania. **Serviço de Acolhimento para Pessoas com Deficiência.** Disponível em: https://www.gov.br/cidadania/pt-br/acoes-e-programas/assistencia-social/unidades-de-atendimento/servico-de-acolhimento-para-pessoas-com-deficiencia. Acesso em: 26 fev. 2021.

[52] BRASIL. Lei nº 13.146, de 06 de julho de 2015. **Institui a Lei Brasileira de Inclusão da Pessoa com Deficiência (Estatuto da Pessoa com Deficiência).** Brasília, DF: Presidência da República. Disponível em: http://www.planalto.gov.br/ccivil_03/_ato2015-2018/2015/lei/l13146.htm. Acesso em: 10 fev. 2021.

moradia, mas a uma moradia digna e em compasso com as suas necessidades. Apartando-se de vetusta concepção da necessidade de institucionalizar a pessoa com deficiência, seja ela física, seja mental, para fins de reconhecimento dos direitos à sua dignidade enquanto pessoa, estabeleceu a legislação o seu direito a permanecer morando com a sua família, seja ela natural ou substituta.[53]

A responsabilidade pela adoção de programas e ações estratégicas que visem apoiar a criação e manutenção de moradia para a vida independente da pessoa com deficiência, qual seja a residência inclusiva, é do Poder Público.[54] Nesse sentido, o §2º do referido dispositivo institui que "a proteção integral na modalidade de residência inclusiva será prestada no âmbito do SUAS à pessoa com deficiência em situação de dependência que não disponha de condições de autossustentabilidade, com vínculos familiares fragilizados ou rompidos."[55]

Com intuito de regulamentar e padronizar a prestação dos serviços e instituição das residências inclusivas pelo Poder Público, o Ministério do Desenvolvimento Social elaborou, em 2014, um guia denominado "Orientações para gestores, profissionais, residentes e familiares sobre o Serviço de Acolhimento Institucional para Jovens e Adultos com Deficiência em Residências Inclusivas".[56]

Na exposição de motivos sobre o porquê e os objetivos, o referido documento expõe que um dos principais vetores do serviço é a promoção do direito à convivência familiar e comunitária da pessoa com deficiência:

[53] CORREA, Cláudia Franco; SETA, Cristina Gomes Campos de. Título II: Dos Direitos Fundamentais. Capítulo V: Do Direito à Moradia. *In*: MARTINS, Guilherme Magalhães; HOUAISS, Lívia Pitelli Zamarian (Coord.). *Id.* p. 101-102.

[54] BRASIL. Lei nº 13.146, de 06 de julho de 2015. **Institui a Lei Brasileira de Inclusão da Pessoa com Deficiência (Estatuto da Pessoa com Deficiência).** Brasília, DF: Presidência da República. Disponível em: http://www.planalto.gov.br/ccivil_03/_ato2015-2018/2015/lei/l13146.htm. Acesso em: 10 fev. 2021.

[55] *Ibid.*

[56] BRASIL. Ministério do Desenvolvimento Social. **Orientações sobre o Serviço de Acolhimento Institucional para Jovens e Adultos com Deficiência em Residências Inclusivas:** Perguntas e Respostas, 2014. Disponível em: http://www.mds.gov.br/webarquivos/publicacao/assistencia_social/Cadernos/caderno_residencias_inclusivas_perguntas_respostas_maio2016.pdf. Acesso em: 24 fev. 2021.

> Ao longo da história, a insuficiência de alternativas de proteção social a pessoas com deficiência, em situação de dependência, abandono, ou com vínculos familiares rompidos, muitas vezes levavam ao acolhimento em unidades totais, sem perspectivas de fortalecimento da convivência familiar e com a própria comunidade de origem. As práticas segregacionistas impostas às pessoas com deficiência institucionalizadas durante a maior parte de suas vidas limitaram a sua participação e inserção comunitária, caracterizando violação de direito humanos. Os avanços da Política Nacional de Assistência Social como direitos de todas as pessoas que dela necessitam buscaram universalizar a cobertura e o acesso aos direitos socioassistenciais, com garantia de respeito e dignidade do cidadão(ã) no território. O reconhecimento das seguranças de acolhida, de convívio familiar, comunitário e social, e de desenvolvimento de autonomia, individual, familiar e social, afiançadas pelo Sistema Único de Assistência Social – SUAS, qualificou a estruturação do Serviço de Acolhimento Institucional em Residência Inclusiva para jovens e adultos com deficiência. A preocupação pelo respeito, promoção e defesa dos direitos das pessoas com deficiência, na organização dos serviços socioassistenciais propostos no Plano Nacional dos Direitos da Pessoa com Deficiência – Plano Viver Sem Limite, dentre eles as Residências Inclusivas, é base fundamental para o bem-estar e qualidade de vida dessas pessoas. As boas práticas, baseadas em novos paradigmas e patamares de qualidade da oferta do serviço, devem ser continuamente assumidas, refletidas e avaliadas, em ambiente de transparência, de confiança, não perdendo de vista o respeito e o cuidado para com a realização pessoal e profissional de todos os dirigentes e colaboradores empenhados no dever de prestar o serviço adequado às pessoas com deficiência e às suas famílias. – grifo nosso.[57]

Neste viés, denota-se que a instituição das residências inclusivas foi um dos passos dados para a mudança de paradigmas dos acolhimentos para pessoas com deficiência. Antes da promulgação da LBI, a resposta que se dava às pessoas com deficiência em estado de vulnerabilidade e risco era a institucionalização. Contudo, atualmente, os esforços convergem para o apoio sociofamiliar e a inclusão do indivíduo nas políticas públicas.[58]

[57] *Ibid.*

[58] BRASIL. Ministério do Desenvolvimento Social. **Orientações sobre o Serviço de Acolhimento Institucional para Jovens e Adultos com Deficiência em Residências**

A residência inclusiva, de acordo com o disposto pelo MDS, tem como propósito o rompimento da prática de isolamento, com a estrutura dos serviços de acolhimento para pessoas com deficiência, em locais adaptados, com boa estrutura física, localizados em áreas residenciais na comunidade.[59] Quanto à sua finalidade, o serviço de acolhimento inclusivo destina-se a propiciar a "construção progressiva da autonomia e do protagonismo no desenvolvimento das atividades da vida diária, a participação social e comunitária e o fortalecimento dos vínculos familiares com vistas à reintegração e/ou convivência."[60]

Atualmente, a jurisprudência tem caminhado no sentido de compelir os entes federativos a implementar as residências inclusivas nos municípios, pois, infelizmente, há casos de jovens que cresceram em ambiente de instituição de acolhimento destinadas a crianças e adolescente que, pela falta de uma moradia adequada, permanecem na entidade mesmo atingindo a maioridade. Isso desvirtua totalmente o propósito do acolhimento institucional infanto-juvenil, previsto na Lei 8.069/1990 (ECA), além de constituir flagrante violação aos direitos da pessoa com deficiência.

> Constitucional e processual civil procedimento comum – obrigação de fazer fornecimento de vaga em residência inclusiva – lei nº 13.146/15 pessoa com deficiência direito à inclusão social e cidadania. 1. A pessoa com deficiência tem direito à moradia digna, no seio da família natural ou substituta, com seu cônjuge ou companheiro ou desacompanhada, ou em moradia para a vida independente, ou, ainda, em residência inclusiva, quando não dispuser de autossuficiência para manutenção de uma vida independente. 2. Pretensão condenatória em obrigação de fazer consistente no fornecimento de vaga em residência inclusiva a pessoa com deficiência. Admissibilidade. Pessoa com deficiência, vínculos familiares fragilizados e sem condições de autossuficiência. 3. É cabível a imposição de multa diária, ou astreintes, a ente público para compeli-lo a fornecer medicamentos, e por extensão insumos e tratamentos, à pessoa desprovida de recursos financeiros (Tema nº 98 do

Inclusivas: Perguntas e Respostas, 2014. Disponível em: http://www.mds.gov.br/webarquivos/publicacao/assistencia_social/Cadernos/caderno_residencias_inclusivas_perguntas_respostas_maio2016.pdf. Acesso em: 24 fev. 2021.

[59] *Ibid.*

[60] *Ibid.*

STJ). Necessidade de redução do seu valor. Pedido procedente. Reexame necessário, provido, em parte. Recurso desprovido.[61]

No âmbito do Estado do Paraná, na cidade de Londrina, a título de exemplo, após determinação judicial,[62] foi anunciada a criação de três residências inclusivas com capacidade para acolher até 30 pessoas. O objetivo é que essas pessoas, com o passar do tempo, passem a exercer sua autonomia.[63] No ano de 2018 foi realizado no Estado o II Encontro de Residências Inclusivas no Paraná. Até o ano de 2016 havia seis dessas residências no Estado. Elas buscam fortalecer e manter os vínculos com as famílias – 50% dos acolhidos mantém contato com seus entes. Após o desacolhimento, a pessoa é acompanhada pela equipe até seu desligamento, seja pela independência, seja pela reintegração familiar.[64]

[61] BRASIL. Tribunal de Justiça do Estado de São Paulo (9ª Câmara de Direito Público). **Apelação Cível / Remessa Necessária n. 1002007-63.2019.8.26.0007**. Recorrente: J. E. O. Apelante: P. M. DE S. P.. Apelado: M. P. DO E. de S. P. Relator: Des. Décio Notarangelli, 30 de junho de 2020. Disponível em: https://esaj.tjsp.jus.br/cjsg/getArquivo.do?conversationId=&cdAcordao=13705960&cdForo=0&uuidCaptcha=sajcaptcha_ae5ead35a7c44abb82132c2628b4c1c4&g-recaptcha-response=03AGdBq24R8FHO5MPkeRh-ht54gQ3jPYur85PgCEo9r-jFJQf-UEwcxvQ3MWT4EsCNdiSflKGAavTXUocHTbu-FayTsgBBykjKhV6yVoKUjw6pEd0vJFJlzFwklMl2CWijFB25iou7_o29cMRVH0YIPp87N-fc2b50QA1ot236z1UI-ZU_eny6jccAymUaa_zmFVtXIUVhgh2AX8GyRJyB_yi0tSHFE-aFhaDEkFk5vE3sHYVvu2MOv4hihY8GFkRhLXJce9Mh9besMdHaihTtOyWX1or-p5PfLO9AcO6VhHrkuA4UFkiUA0qrFHo5Sw54BdqtFT5in60-GD1V_ukshXXv_R94Urrno7NXQYH3Z0FG7avAc2t1QVn1Nv_bSqVH0QUY2DlU23YVhET6AW6WE-QgJ4K9kqgoesOXGILR42_BAdwI_L7oe3c_VSyziOJrVeVW0RXwTr8tXEMzsb. Acesso em: 7 fev. 2021.

[62] BRASIL. Tribunal de Justiça do Estado do Paraná (5ª Câmara Cível). **Apelação Cível / Remessa Necessária n. 0071263-68.2019.8.16.0014.** Recorrente: Município de Londrina. Recorrido: M.P.-.1.P.D.J.D.L. Relator: Des. Luiz Mateus de Lima, 8 de dezembro de 2020. Disponível em: https://portal.tjpr.jus.br/jurisprudencia/j/4100000014750011/Ac%C3%B3rd%C3%A3o-0071263-68.2019.8.16.0014. Acesso em: 10 mar. 2021.

[63] MARCONI, Pedro. Londrina terá residências para deficientes físicos. **Folhadelondrina.com.br**, Londrina, 13 jan. 2021. Disponível em: https://www.folhadelondrina.com.br/cidades/londrina-tera-residencias-inclusivas-para-deficientes-fisicos-3053741e.html. Acesso em: 5 mar. 2021.

[64] SANTOS, Juliany Souza (Coord.). **Relatório II Encontro de Residências Inclusivas e Centros-Dia do Estado do Paraná.** Disponível em: http://www.justica.pr.gov.br/sites/default/arquivos_restritos/files/migrados/File/Capacitacao/IIEncontroRI/

Assim, a proteção jurídica dada à pessoa com deficiência passou de inexistente a inclusiva, sendo que a LBI visou à efetivação do modelo social de deficiência, determinando a busca de mecanismos para viabilizar a plena participação da pessoa com deficiência em sociedade.

Com a previsão e execução de residências inclusivas no ordenamento jurídico brasileiro, pode-se afirmar que a legislação tem convergido no sentido de garantir a proteção e promoção do direito a convivência familiar da pessoa com deficiência, por meio de políticas públicas que visam o fortalecimento e o apoio dos núcleos familiares.

Conclusões

Ante as premissas expostas, conclui-se que a proteção jurídica ofertada à pessoa com deficiência era inexistente no ordenamento brasileiro e "evoluiu" para inclusiva, atravessando o estágio de institucionalização e está, na prática, em um momento de integração, uma vez que a Constituição Federal de 1988 passou a proteger de maneira mais abrangente a pessoa com deficiência.

Ademais, a LBI visou à implementação do modelo biopsicossocial de deficiência, o qual determina a busca de mecanismos para viabilizar a plena participação desses cidadãos com necessidades especiais em sociedade, e isso trouxe mais força à proteção de seus direitos.

Quanto à convivência familiar e comunitária da pessoa com deficiência, conclui-se que tal direito é uma garantia fundamental prevista constitucionalmente e na legislação infraconstitucional, já que o crescimento e a permanência no âmbito familiar é uma necessidade vital dos seres humanos.

A pessoa com deficiência, independentemente da sua idade, em especial a que apresenta comprometimento mental ou físico que geram dependência e vulnerabilidade, possui o direito de crescer e conviver junto à família.

Portanto, cabe ao Estado promover meios de garantir a efetivação dos direitos existenciais da pessoa com deficiência que se encontra em estado de vulnerabilidade e dependência, mediante políticas públicas que concedam o apoio necessário às famílias.

Relatorio_Final_-_II_Encontro_de_Residencias_Inclusivas_e_Centros-Dia_do_Estado_do_Parana.pdf. Acesso em: 5 mar. 2021.

Neste viés, a LBI estabelece como um dos meios de efetivação do direito à moradia, e por consequência, do direito à convivência familiar e comunitária, a implantação, pelo Poder Público, de residências inclusivas, que possam dar apoio e suporte à pessoa com deficiência a fim de que ela possa alcançar a sua autonomia e independência. Outro objetivo do serviço de acolhimento é fomentar e fortalecer os vínculos da pessoa com deficiência junto à sua família de origem e à comunidade, de modo que possa conviver, de forma igual e sem discriminação, junto à sociedade.

Todavia, a execução prática do Serviço de Acolhimento Institucional em Residência Inclusiva no Brasil ocorre a passos lentos, sendo que boa parte dos entes públicos são impulsionados a cumprir tal política pública através de ordem o Poder Judiciário, que tem proferido decisões no sentido de compelir Estados e Municípios a acatar a obrigação estabelecida em Lei.

Dessa forma, enquanto não há local específico para acolhimento desta parcela da população, a sociedade e a comunidade se mobilizam, através de uma rede de solidariedade, de forma a garantir os cuidados e proteção da pessoa com deficiência, bem como promover sua emancipação e autonomia. Neste aspecto, conforme abordado, surgem as famílias solidárias, que, apesar da inexistência de previsão legal expressa, têm por base o princípio da solidariedade. São condizentes com o exercício das liberdades e ao direito à convivência familiar da pessoa com deficiência, que tem a finalidade de reduzir a condição de vulnerabilidade através de uma rede de solidariedade e cuidado.

À vista do exposto, com a previsão e efetivação de residências inclusivas no ordenamento jurídico brasileiro, e com o crescente reconhecimento das famílias solidárias pela jurisprudência nacional, conclui-se que a legislação brasileira tem convergido no sentido de garantir a proteção e promoção do direito à convivência familiar da pessoa com deficiência, por meio de políticas públicas que visam o fortalecimento e o apoio dos núcleos familiares, confirmando a hipótese norteadora da pesquisa.

Referências

ABREU, Célia Abreu. Título I: Disposições Preliminares. Capítulo II: Da Igualdade e da Não Discriminação. *In*: MARTINS, Guilherme Magalhães; HOUAISS, Lívia Pitelli Zamarian (Coord.). **Estatuto da Pessoa com Deficiência:** comentários à Lei 13.146/2015. Indaiatuba: Foco, 2019.

ALMEIDA, Vitor. **A capacidade civil das pessoas com deficiência e os perfis da curatela.** Belo Horizonte: Fórum, 2019.

ARAÚJO. Luíz Alberto David. **A proteção constitucional das pessoas portadoras de deficiência. Brasília.** 1994. 140f. Tese (Doutorado em Direito Constitucional). – Pontifícia Universidade Católica, São Paulo, 1994.

BRASIL. [Constituição (1988)]. **Constituição da República Federativa do Brasil.** Brasília, DF: Presidência da República, [2016]. Disponível em: http://www.planalto.gov.br/ccivil_03/constituicao/ConstituicaoCompilado.htm. Acesso em: 10 fev. 2021.

______. [Constituição (1934)]. **Constituição da República Dos Estados Unidos do Brasil.** Rio de Janeiro, RJ: Presidência da República. Disponível em: http://www.planalto.gov.br/ccivil_03/constituicao/constituicao34.htm. Acesso em: 10 fev. 2021.

______. [Constituição (1967)]. **Emenda Constitucional nº 12, de 17 de outubro de 1978.** Brasília, DF: Presidência da República. Disponível em: http://www.planalto.gov.br/ccivil_03/constituicao/emendas/emc_anterior1988/emc12-78.htm. Acesso em: 10 fev. 2021.

______. [Constituição (1967)]. **Emenda Constitucional nº 1, de 17 de outubro de 1969.** Brasília, DF: Presidência da República. Disponível em: http://www.planalto.gov.br/ccivil_03/constituicao/Emendas/Emc_anterior1988/emc01-69.htm. Acesso em: 10 fev. 2021.

______. Lei nº 7.853, de 24 de outubro de 1989. **Dispõe sobre o apoio às pessoas portadoras de deficiência, sua integração social, sobre a Coordenadoria Nacional para Integração da Pessoa Portadora de Deficiência** – Corde. Brasília, DF: Presidência da República. Disponível em: http://www.planalto.gov.br/ccivil_03/leis/l7853.htm. Acesso em: 10 fev. 2021.

______. Lei nº 8.069, de 13 de julho de 1990. **Dispõe sobre o Estatuto da Criança e do Adolescente e dá outras providências**. Brasília, DF: Presidência da República [2019]. Disponível em: http://www.planalto.gov.br/ccivil_03/leis/l8069.htm. Acesso em: 15 fev. 2021.

______. Lei nº 10.406 de 10 de janeiro de 2002. **Institui o Código Civil.** Disponível em: http://www.planalto.gov.br/ccivil_03/leis/2002/l10406compilada.htm. Acesso em: 5 mar. 2021.

______. Lei nº 13.146, de 06 de julho de 2015. **Institui a Lei Brasileira de Inclusão da Pessoa com Deficiência (Estatuto da Pessoa com Deficiência).** Brasília, DF: Presidência da República. Disponível em: http://www.planalto.gov.br/ccivil_03/_ato2015-2018/2015/lei/l13146.htm. Acesso em: 10 fev. 2021.

______. Decreto nº 3.298 de 20 de dezembro de 1999. **Regulamenta a Lei nº 7.853, de 24 de outubro de 1989, dispõe sobre a Política Nacional para a Integração da Pessoa Portadora de Deficiência, consolida as normas de proteção, e dá**

outras providências. Brasília, DF: Presidência da República. Disponível em: http://www.planalto.gov.br/ccivil_03/decreto/d3298.htm. Acesso em: 10 fev. 2021.

______. Decreto nº 6.949 de 25 de agosto de 2009. **Promulga a Convenção Internacional sobre os Direitos das Pessoas com Deficiência e seu Protocolo Facultativo, assinados em Nova York, em 30 de março de 2017.** Disponível em: http://www.planalto.gov.br/ccivil_03/_ato2007-2010/2009/decreto/d6949.htm. Acesso em: 15 fev. 2021.

______. Ministério da Cidadania. **Serviço de Acolhimento para Pessoas com Deficiência.** Disponível em: https://www.gov.br/cidadania/pt-br/acoes-e-programas/assistencia-social/unidades-de-atendimento/servico-de--acolhimento-para-pessoas-com-deficiencia. Acesso em: 26 fev. 2021.

______. Ministério da Mulher, da Família e dos Direitos Humanos. Disque 100 recebe mais de 11 mil denúncias de violações contra pessoas com deficiência. **Gov.br**, Brasília, 24 de junho de 2019. Disponível em: https://www.gov.br/mdh/pt-br/assuntos/noticias/2019/junho/disque-100-recebe-mais-de-11-mil-denuncias-de--violacoes-contra-pessoas-com-deficiencia. Acesso em: 5 mar. 2021.

______. Ministério do Desenvolvimento Social. **Orientações sobre o Serviço de Acolhimento Institucional para Jovens e Adultos com Deficiência em Residências Inclusivas: Perguntas e Respostas**, 2014. Disponível em: http://www.mds.gov.br/webarquivos/publicacao/assistencia_social/Cadernos/caderno_residencias_inclusivas_perguntas_respostas_maio2016.pdf. Acesso em: 24 fev. 2021.

______. Tribunal de Justiça do Estado de São Paulo (9ª Câmara de Direito Público). **Apelação Cível / Remessa Necessária n. 1002007-63.2019.8.26.0007.** Recorrente: J. E. O. Apelante: P. M. DE S. P.. Apelado: M. P. DO E. de S. P.. Relator: Des. Décio Notarangelli, 30 de junho de 2020. Disponível em: https://esaj.tjsp.jus.br/cjsg/getArquivo.do?conversationId=&cdAcordao=13705960&cdForo=0&uuidCaptcha=sajcaptcha_ae5ead35a7c44abb82132c2628b4c1c4&g-recaptcha-response=03AGdBq24R8FHO5MPkeRhht54gQ3jPYur-85PgCEo9r-jFJQf-UEwcxvQ3MWT4EsCNdiSflKGAavTXUocHTbu-FayTsgBBykjKhV6yVoKUjw6pEd0vJFJlzFwklMl2CWijFB25iou7_o29cMR-VH0YIPp87Nfc2b50QA1ot236z1UI-ZU_eny6jccAymUaa_zmFVtXIUVhgh2A-X8GyRJyB_yi0tSHFEaFhaDEkFk5vE3sHYVvu2MOv4hihY8GFkRhLXJce9Mh-9besMdHaihTtOyWX1orp5PfLO9AcO6VhHrkuA4UFkiUA0qrFHo5Sw54B-dqtFT5in60-GD1V_ukshXXv_R94Urrno7NXQYH3Z0FG7avAc2t1QVn1Nv_bSqVH0QUY2DlU23YVhET6AW6WEQgJ4K9kqgoesOXGILR42_BAdwI_L7oe3c_VSyziOJrVeVW0RXwTr8tXEMzsb. Acesso em: 7 fev. 2021.

______. Tribunal de Justiça do Estado do Paraná (5ª Câmara Cível). **Apelação Cível / Remessa Necessária n. 0071263-68.2019.8.16.0014**. Recorrente: Município de Londrina. Recorrido: M.P.-.1.P.D.J.D.L. Relator: Des. Luiz Mateus de Lima, 8 de dezembro de 2020. Disponível em: https://portal.tjpr.jus.br/jurisprudencia/j/4100000014750011/Ac%C3%B3rd%C3%A3o-0071263-. Acesso em: 7 fev. 2021.

CORREA, Cláudia Franco; SETA, Cristina Gomes Campos de. Título II: Dos Direitos Fundamentais. Capítulo V: Do Direito à Moradia. *In*: MARTINS, Guilherme Magalhães; HOUAISS, Lívia Pitelli Zamarian (Coord.). **Estatuto da Pessoa com Deficiência:** comentários à Lei 13.146/2015. Indaiatuba: Foco, 2019.

DIAS, Maria Berenice. **Manual de direito das famílias**. 11. ed. São Paulo: Revista dos Tribunais, 2016.

KALOUSTIAN, Sílvio Manoug (Org.). **Família brasileira:** a base de tudo. 9. ed. São Paulo: Cortez, 2010.

LÔBO, Paulo. **Direito Civil:** Famílias. 4. ed. São Paulo: Saraiva, 2011.

MACIEL, Kátia Regina Ferreira Lobo Andrade. Direito fundamental à convivência familiar. *In:* MACIEL, Kátia Regina Ferreira Lobo Andrade (Coord.). **Curso de direito da criança e do adolescente.** 11. ed. São Paulo: Saraiva Educação, 2018.

MADRUGA, Sidney. **Pessoas com deficiência e direitos humanos**: ótica da diferença e ações afirmativas. 2 ed. São Paulo: Saraiva, 2016.

MARCONI, Pedro. Londrina terá residências para deficientes físicos. **Folha delondrina.com.br**, Londrina, 13 jan. 2021. Disponível em: https://www.folhadelondrina.com.br/cidades/londrina-tera-residencias-inclusivas-para-deficientes-fisicos-3053741e.html. Acesso em: 5 mar. 2021.

MORAES, Maria Celina Bodin de. A nova família, de novo: Estruturas e função das famílias contemporâneas. Fortaleza: **Revista Pensar**, v. 18, n. 2, p. 587-628, mai./ago. 2013. Disponível em: http://ojs.unifor.br/index.php/rpen/article/view/2705. Acesso em: 8 mar. 2021.

NASCIUTTI, Jacyara C. Rochael. A Instituição como Via de Acesso à Comunidade. *In*: CAMPOS, Regina Helena de Freitas (Org.). **Psicologia Social Comunitária**: da Solidariedade à Autonomia. Petrópolis: Vozes, 1996.

OLIVEIRA, J. M. Leoni de; OLIVEIRA, Rachel Delmás Leoni de. Título I: Disposições Preliminares. Capítulo II: Da Igualdade e da Não Discriminação. *In*: MARTINS, Guilherme Magalhães; HOUAISS, Lívia Pitelli Zamarian (Coord.). **Estatuto da Pessoa com Deficiência:** comentários à Lei 13.146/2015. Indaiatuba: Foco, 2019.

PEREIRA, Jacqueline Lopes. Direito à convivência familiar de pessoas com deficiência: reconhecimento, cuidado e emancipação pela via da família solidária. *In*: **Revista OAB/RJ** – edição especial – Direito Civil. Rio de Janeiro, 2016. Disponível em: https://revistaeletronica.oabrj.org.br/?artigo=direito-a-convivencia-familiar-de-pessoas-com-deficiencia-reconhecimento-cuidado-e-emancipacao-pela-via-da-familia-solidaria. Acesso em: 6 de mar. de 2021.

PERINI, Júlia Mariana; PAIANO, Daniela Braga. Programa de Acolhimento Familiar: uma alternativa à efetivação do direito à convivência familiar e comunitária. *In:* MEZACASA, Douglas Santos (Org.). **Participação e Efetivação do Direito na Sociedade Contemporânea 2.** Ponta Grossa: Atena, 2020. Doi: 10.22533/at.ed.21320190613.

RIVA, Léia Comar. **O direito de família e as novas determinações do Estatuto da Pessoa com Deficiência.** Disponível em: https://www.rkladvocacia.com/o-direito-de-familia-e-as-novas-determinacoes-do-estatuto-da-pessoa-com-deficiencia/. Acesso em: 6 mar. 2021.

RAMOS, André Carvalho. Reflexões sobre as vitórias do caso Damião Ximenes. **Consultor Jurídico**. 8 set. 2006. Disponível em: https://www.conjur.com.br/2006-set-08/reflexoes_vitorias_damiao_ximenes. Acesso em: 10 mar. 2021.

SANTOS, Juliany Souza (Coord.). **Relatório II Encontro de Residências Inclusivas e Centros-Dia do Estado do Paraná.** Disponível em: http://www.justica.pr.gov.br/sites/default/arquivos_restritos/files/migrados/File/Capacitacao/IIEncontroRI/Relatorio_Final_-_II_Encontro_de_Residencias_Inclusivas_e_Centros-Dia_do_Estado_do_Parana.pdf. Acesso em: 5 mar. 2021

TEIXEIRA, Ana Carolina Brochardo; LEAL, Livia Teixeira. Controle valorativo dos atos de autonomia praticados por pessoas com deficiência intelectual ou psíquica. **Pensar,** Fortaleza, v. 25, n. 4, p. 1-13, out./dez. 2020. Disponível em: https://periodicos.unifor.br/rpen/article/view/11236/pdf_1. Acesso em: 10 fev. 2021. Doi: 10.5020/2317-2150.2020.11236.

WINNICOTT, Donald Woods. **A família e o desenvolvimento individual.** São Paulo: Martins Fontes, 2005.

4. A VULNERABILIDADE DA PESSOA COM DEFICIÊNCIA COMO FUNDAMENTO PARA UMA TUTELA JURÍDICA DIFERENCIADA: ANÁLISE DE DISPOSITIVOS DA LEI BRASILEIRA DE INCLUSÃO

Sílvia Pires Volpini

Introdução

A apropriação discursiva da vulnerabilidade extrapolou o circuito acadêmico das ciências humanas e da saúde. Estendeu-se, de maneira ampla e indelével, à linguagem do cotidiano, a ponto de espelhar o espírito de uma época.[1] Seja na literatura científica, seja nos processos comunicativos do dia a dia, a vulnerabilidade é caracterizada pela pluralidade de significados, que, mesmo se apresentando de forma muito esparsa e assistemática,[2] permite a compreensão inicial de que não existem uma, mas várias espécies de vulnerabilidade: social, econômica, existencial, jurídica, educacional, entre outras.

A despeito da pluralidade de evocações do vocábulo – reflexo da ampla gama de fatores que podem constituí-lo –, é possível dizer que todas elas apresentam como pano de fundo a significação "etimológica-conceitual,

[1] Em seus estudos sobre as políticas de proteção e controle das crianças vulneráveis, Kate Brown afirma que vivemos em um *vulnerability zeitgeist*, isto é, que o discurso da vulnerabilidade é uma marca de nossos tempos. BROWN, Kate. Questioning the vulnerability zeitgeist: care and control practices with 'vulnerable' young people. **Social Policy and Society**, v. 13, n. 3, p. 371-387, 2014.

[2] DODDS, Susan. Dependence, care and vulnerability. *In:* MACKENZIE, Catriona; ROGERS; Wendy; DODDS, Susan (Eds.). **Vulnerability**: new essays in ethics and feminist philosophy. Oxford: Oxford University Press, 2014. p. 182-203

originária e radical, do termo": a suscetibilidade de ser ferido.[3] Segundo Martha Fineman, todo ser humano está sujeito a várias formas de danos, feridas, riscos, fragilidades e mudanças em geral, o que faz com que a vulnerabilidade seja entendida como condição humana universal. O que varia, na visão da autora, é a distribuição de recursos de resiliência entre os indivíduos, de modo que poderes e privilégios sejam desigualmente conferidos nas relações dos sujeitos entre si e com as instituições sociais e na produção de identidades.[4] Assim, Fineman propõe que a vulnerabilidade seja assimilada como uma ferramenta conceitual para que o Estado atue responsivamente, por meio de instituições, programas e estruturas, a fim de alcançar a igualdade material.

No campo do direito privado, a produção legislativa evoluiu fortemente nas últimas décadas em direção a um sistema protetivo das pessoas mais vulneráveis. O "novo direito privado"[5] chama a atenção para o reconhecimento das diferenças (ética de alteridade) e a promoção do respeito e da igualdade material entre os indivíduos, por meio de variados métodos, paradigmas e fontes que se complementam na defesa dos mais frágeis na sociedade. Do ponto de vista jurídico, a vulnerabilidade emerge como categoria ensejadora de proteção diferenciada, atendendo "à ordem constitucional que privilegia a pessoa humana, (...) rumo a uma sociedade mais livre, justa e solidária".[6]

Todavia, mesmo que se busque examinar a vulnerabilidade apenas no plano jurídico, deve-se ter em conta que ela se constitui a partir de diferentes fatores, de forma que os mecanismos de proteção também podem variar dependendo das circunstâncias em análise e da pessoa ou grupo envolvido. A título de exemplo, ao tratar das vulnerabilidades jurídicas nos contratos civis, Paulo Lôbo explica que podem ocorrer duas situações distintas: uma vulnerabilidade estrutural, presumida

[3] NEVES, M. Patrão. Sentidos da vulnerabilidade: característica, condição, princípio. **Revista Brasileira de Bioética**, v. 2, n. 2, p. 157-172, 2006.

[4] FINEMAN, Marthaneves Albertson. The vulnerable subject: anchoring equality in the human condition. **Yale Journal of Law & Feminism**, v. 20, n. 1, p. 1-23, 2008.

[5] MARQUES, Cláudia Lima; MIRAGEM, Bruno. **O Novo Direito Privado e a Proteção dos Vulneráveis**. 2. ed. São Paulo: Revista dos Tribunais, 2014.

[6] KONDER, Carlos Nelson. Vulnerabilidade patrimonial e vulnerabilidade existencial: por um sistema diferenciador. **Revista de Direito do Consumidor**, Brasília, v. 99, p. 101-123, mai./jun. 2015.

pelo direito, independentemente das condições reais (o que ocorre nas relações de consumo); e uma vulnerabilidade circunstancial, que se revela em razão de uma conjuntura peculiar na formação do contrato (nos casos em que a base do negócio se altera).[7] Carlos Nelson Konder, por sua vez, parte da inferioridade contratual do consumidor para propor duas outras subcategorias: vulnerabilidade patrimonial e vulnerabilidade existencial. A primeira enseja o reequilíbrio econômico das relações, o que ocorre, por exemplo, quando o contrato se torna excessivamente oneroso para uma das partes, vindo se tornar objeto de revisão. Já a vulnerabilidade existencial, segundo definição sugerida pelo próprio autor, "seria a situação jurídica em que o titular se encontra sob maior suscetibilidade de ser lesionado na sua esfera patrimonial, impondo a aplicação de normas jurídicas de tutela diferenciada para a satisfação do princípio da dignidade da pessoa humana".[8]

Dessa forma, outras vulnerabilidades, como a econômica e a social, podem ter efeitos diretos sobre as relações jurídicas quando colocam em desvantagem uma das partes envolvidas, tornando necessária uma intervenção reequilibradora mediante instrumentos adequados de tutela.[9] Com isso, pode-se afirmar que a noção de vulnerabilidade jurídica está fortemente atrelada à ideia de proteção, a qual, de maneira direta, atua para restabelecer o equilíbrio das relações e, de maneira indireta, representa um mecanismo de justiça social.

Quando se trata de certos grupos minoritários, a condição de vulnerável apresenta-se, muitas vezes, como pressuposto, ainda que a legislação aplicável não expresse de forma clara a existência de uma presunção legal, como o faz o Código de Defesa do Consumidor, por exemplo (art. 4º, I, CDC). É o que se observa no contexto das pessoas com deficiência, que são quase sempre caracterizadas como sujeitos vulneráveis, sem uma problematização prévia a respeito dessa qualificação. Afinal, todas as pessoas com deficiência são vulneráveis para o direito? Em que reside a vulnerabilidade

[7] LÔBO, Paulo. Vulnerabilidade jurídica do contratante. *In:* EHRHARDT JR., Marcos; LOBO, Fabíola (Orgs). **Vulnerabilidade e sua compreensão no direito brasileiro**. Indaiatuba: Foco, 2021. p. 1-15.

[8] KONDER, Carlos Nelson. Vulnerabilidade patrimonial e vulnerabilidade existencial: por um sistema diferenciador. **Revista de Direito do Consumidor**, Brasília, v. 99, p. 101-123, mai./jun. 2015, p. 5.

[9] KONDER, Carlos Nelson. *Ibid.*

da pessoa com deficiência? Essas são algumas das questões que norteiam a pesquisa de mestrado da autora, em desenvolvimento no Programa de Pós-Graduação em Direito da Universidade Federal de Minas Gerais.

1. A Lei Brasileira de Inclusão da Pessoa com Deficiência e as menções à vulnerabilidade

A Lei Brasileira de Inclusão da Pessoa com Deficiência – LBI faz referência direta à ideia de vulnerabilidade em dois artigos principais. O artigo 5º, situado no título I, capítulo II, intitulado "Da igualdade e da não discriminação", enuncia no *caput* que "a pessoa com deficiência será protegida de toda forma de negligência, discriminação, exploração, violência, tortura, crueldade, opressão e tratamento desumano ou degradante". No parágrafo único, o qual mais interessa a este estudo, estabelece que, "para os fins da proteção mencionada no caput deste artigo, são considerados especialmente vulneráveis a criança, o adolescente, a mulher e o idoso, com deficiência".

Outro dispositivo que merece atenção é o artigo 10, situado no capítulo I (Do direito à vida) do título II (Dos direitos fundamentais). O *caput* estabelece que "compete o poder público garantir a dignidade da pessoa com deficiência ao longo de toda a vida". E o parágrafo único dispõe que "em situações de risco, emergência ou estado de calamidade pública, a pessoa com deficiência será considerada vulnerável, devendo o poder público adotar medidas para sua proteção e segurança".

Apesar de a ideia de vulnerabilidade ser frequentemente invocada no tratamento da pessoa com deficiência, os fatores que fundamentam a relação entre ambos não têm contornos muito claros e dificilmente são objetos de discussão na literatura científica. Isso abre espaço para a utilização meramente retórica do predicativo, cujos efeitos para um regime de tutela forte e eficiente são praticamente inócuos.

Ao tratar das modificações que a LBI operou na teoria das incapacidades e no instituto da curatela, Nelson Rosenvald defende que a deficiência, entendida como fato jurídico, pode ser conceituada como uma vulnerabilidade existencial,[10] o que representa a superação da tradição

[10] ROSENVALD, Nelson. A curatela como a terceira margem do rio. ***Revista Brasileira de Direito Civil – RBDCIVIL,*** ano 4, n. 16, p. 105-123, abr./ jun. 2018. Disponível em: https:// www.forumconhecimento.com.br/ periodico/134/21698/68588. Acesso em: 16 mai 2021.

oitocentista que punia a existência de um impedimento de longo prazo com a incapacidade. Segundo o autor, saiu de cena "a arcaica concepção da proteção da sociedade em face do incapaz, substituída por uma moderna proteção do sujeito vulnerável dentro da sociedade".[11] Assim, a vulnerabilidade existencial da pessoa com deficiência seria a regra geral, o primeiro nível de uma escala gradativa, na qual se pressupõe a plena capacidade da pessoa com deficiência, em conformidade com os artigos 6º e 84 da LBI. Eventualmente, quando houver limitação da aptidão decisória, a deficiência poderá ser qualificada pela tomada de decisão apoiada e, excepcionalmente, pela curatela. Em outras palavras, na visão do autor, toda pessoa com deficiência é vulnerável do ponto de vista existencial, a partir da compreensão de que a deficiência é resultado da combinação entre "uma limitação funcional psicofísica e as travas impostas pela ausência de acessibilidade a direitos".[12]

Esse entendimento não é compartilhado por Flávio Tartuce, para quem a LBI "deixa de lado (...) a proteção de tais pessoas como vulneráveis, o que era retirado do sistema anterior".[13] A Lei 13.146/2015, objetivando a plena inclusão da pessoa com deficiência e a tutela de sua dignidade humana, substituiu o antigo sistema ordenado pelo binômio *dignidade--vulnerabilidade* em prol da *dignidade-liberdade*, sendo a reforma nas teorias das incapacidades um dos meios pelos quais o Estatuto consagra a nova vertente norteadora da tutela desses indivíduos.

Observa-se, assim, que até mesmo os renomados autores de direito civil não convergem a respeito do tratamento da vulnerabilidade no contexto da deficiência, o que demonstra a necessidade de se investigar mais a fundo essa relação.

Um caminho possível e inevitável para iniciar a problematização em torno do tema, passa pelo exame dos dispositivos da LBI que, de forma explícita, mencionam a vulnerabilidade (ou termos derivados), o que constitui o objetivo do presente artigo. Para tanto, pretende-se, por meio dos procedimentos jurídico-compreensivo e jurídico-propositivo, apontar uma proposta de interpretação dos artigos da Lei 13.145/2015, no intento

[11] ROSENVALD, Nelson. *Id.* p. 115.

[12] ROSENVALD, Nelson. *Id.* p. 113.

[13] TARTUCE, Flavio. **Manual de Direito Civil**: volume único. 10. ed. Rio de Janeiro: Forense; São Paulo: Método, 2020. p. 135.

de compatibilizá-los entre si e em direção a um sistema protetivo que tutele, ao mesmo tempo, a dignidade, a autonomia e a vulnerabilidade.

Apresentados os dispositivos legais que serão objeto de análise, passa-se, assim, ao exame pormenorizados de cada um deles.

2. A dupla vulnerabilidade do artigo 5º da Lei Brasileira de Inclusão

O parágrafo único do artigo 5º da LBI atribui à criança, ao adolescente, à mulher e ao idoso, com deficiência, uma especial vulnerabilidade, quando se tem em vista a necessidade de proteção contra formas de negligência, discriminação, exploração, violência, tortura, crueldade, opressão e tratamento desumano ou degradante.

Em uma primeira leitura, depreende-se que o referido dispositivo legal trata a vulnerabilidade da pessoa com deficiência como regra geral, que será agravada quando presente alguma condição pessoal relativa ao gênero ou à idade. Surge, assim, uma "uma dupla condição de vulnerabilidade",[14] caracterizada pela reunião de condições subjetivas que potencializam a suscetibilidade de certos indivíduos ao abandono, ao tratamento discriminatório, à exclusão social, enfim, às diferentes formas de opressão.

A vulnerabilidade da criança e do adolescente está atrelada, principalmente, à sua condição peculiar de pessoa em desenvolvimento, de modo que os atos decisórios em geral praticados pelos menores de dezoito anos receberão maior atenção por parte do ordenamento, que somente lhes confere validade com a participação do assistente ou do representante. Isso não significa dizer que a opinião e o interesse da criança e do adolescente serão desconsiderados; pelo contrário, esses indivíduos devem ter sua autonomia valorizada de acordo com sua idade e maturidade, cabendo aos pais ou tutores as funções educativa e protetiva, combinadas com a promoção de condições para se formarem sujeitos autônomos e responsáveis.[15]

O reconhecimento da autonomia da criança e do adolescente foi consagrado na Convenção sobre os Direitos das Pessoas com Deficiência – CDPD, incorporada pelo Brasil por meio do Decreto nº 6.949/2009, com

[14] FARIAS, Cristiano Chaves de. **Estatuto da Pessoa com Deficiência Comentado artigo por artigo**. Salvador: JusPodivm, 2016. p. 41.

[15] STANCIOLI, Brunello. Sobre a capacidade de fato da criança e do adolescente. **Revista Brasileira de Direito de Família**. Instituto Brasileiro de Direito de Família (IBDFAM), p. 37-42, Porto Alegre: Síntese, 1999.

status de emenda constitucional. O artigo 7, que é dedicado às crianças com deficiência, dispõe que os Estados Partes assegurarão a elas "o direito de expressar livremente sua opinião sobre todos os assuntos que lhes disserem respeito, tenham opinião devidamente valorizada (...) e recebam atendimento adequado à sua deficiência e idade, para que possam exercer tal direito".

Na mesma linha, o Estatuto da Criança e do Adolescente – ECA exalta a proteção integral dos menores de 18 anos, compatibilizando a esfera do cuidado e da assistência com o estímulo ao livre desenvolvimento do sujeito. Com efeito, na visão de Tânia da Silva Pereira, os dois estatutos (ECA e LBI) dialogam e se complementam para garantir um sistema de "proteção integral do infante com deficiência, reconhecidas as suas vulnerabilidades específicas em decorrência de sua condição peculiar de pessoa em desenvolvimento e também das limitações e necessidades originadas da situação de deficiência".[16]

A especial proteção da mulher coaduna também com as diretrizes firmadas pela CDPD. Logo no preâmbulo, a Convenção reconhece que "mulheres e meninas com deficiência estão frequentemente expostas a maiores riscos, tanto no lar como fora dele, de sofrer violência, lesões ou abuso, descaso ou tratamento negligente, maus-tratos ou exploração". Dedica, ainda, o artigo 6 ao tratamento específico das mulheres com deficiência, estabelecendo que os Estados Partes "tomarão medidas para assegurar às mulheres e meninas com deficiência o pleno e igual exercício de todos os direitos humanos e liberdades fundamentais". Segundo Feminella e Lopes:

> A dupla vulnerabilidade reconhecida em lei deve apoiar novas estatísticas consolidadas no Brasil que ajudem no diálogo entre as políticas públicas voltadas a mulheres, idosas e meninas com deficiência. O preconceito de gênero somado à subestimação das capacidades em razão de deficiência obstaculariza a escolarização, a profissionalização e outros aspectos da vida social e política, prejudicando sensivelmente suas condições da vida. Cotidianamente também

[16] PEREIRA, Tânia da Silva. Art. 5. *In:* BARBOZA, Heloisa Helena; ALMEIDA, Vitor. **Comentários ao Estatuto da Pessoa com Deficiência à luz da Constituição da República**. Belo Horizonte: Fórum, 2018, p. 54-60. Disponível em: https://www.forumconhecimento.com.br/livro/1751/1803/6490. Acesso em: 16 mai. 2021.

enfrentam as barreiras de uma cultura que oprime as mulheres em relação às identidades de gênero que podem assumir.[17]

Quando as dificuldades vivenciadas pela pessoa com deficiência se somam às questões de gênero, as experiências de discriminação, violência e exclusão tornam-se mais prováveis. De acordo com informações da Base de Dados da Pessoa com Deficiência, organizada pela Secretaria de Estado dos Direitos da Pessoa com Deficiência de São Paulo, na comparação entre os anos de 2019 e 2020, houve crescimento significativo nos registros de violência contra mulheres com deficiência, embora a pandemia do Covid-19 seja apontada como fator de diminuição das denúncias.[18] Em 2019, o coletivo feminista Helen Keller, formado por mulheres com deficiência, editou um manifesto em favor da construção de uma agenda política pautada no reconhecimento da deficiência como um marcador de desigualdade social, que deve ser enfrentado mediante políticas de acessibilidade, saúde, educação e diminuição das barreiras sociais e estruturais impostas. Conforme pontuado no manifesto, uma em cada quatro mulheres possui algum tipo de deficiência e, mesmo assim, esse grupo continua invisível na sociedade, com menos acesso ao mercado de trabalho e ao sistema de saúde e mais risco de ser submetido a situações de violência e opressão. Daí porque o manifesto declara a importância de "compreender o impacto do sistema capitalista sobre nossos corpos, já que esse sistema não nos compreende como rentáveis/exploráveis (...), negando nossa existência através de barreiras ao mercado de trabalho, educação, saúde e demais direitos fundamentais".[19]

[17] FEMINELLA, Anna Paula; LOPES, Laís Figueirêdo. Capítulo 1 – Disposições gerais / Da igualdade e da não discriminação. FAYAN, Regiane Alves Costa; SETUBAL, Joyce Marquezin (Orgs.). **Lei Brasileira de Inclusão da Pessoa com Deficiência – Comentada**. Campinas: Fundação FEAC, 2016, p. 25. Disponível em: https://www.feac.org.br/wp-content/uploads/2017/05/Lei-brasileira-de-inclusao-comentada.pdf. Acesso em: 16 mai. 2021.

[18] Foi contabilizado crescimento de 67,9% no número de denúncias de lesão corporal e de 34,2% nas notificações de ameaça envolvendo vítimas mulheres com deficiência. Cf: VENTURA, Luiz Alexandre Souza. **Cresce violência contra mulheres com deficiência, mas pandemia dificulta registros**. O Estado de S. Paulo, São Paulo, 25 de março de 2021. Disponível em: https://brasil.estadao.com.br/blogs/vencer-limites/cresce-violencia-contra-mulheres-com-deficiencia-mas-pandemia-dificulta-registros/. Acesso em: 29 mai. 2021.

[19] **Manifesto Coletivo Feminista Helen Keller**. 2019. Disponível em: https://coletivofeministahelenkeller.blog spot.com/2019/09/manifesto-coletivo-feminista-helen.html. Acesso em: 29 mai. 2021.

Não se pode deixar de destacar, ainda, a notória participação das mulheres na segunda geração do chamado modelo social da deficiência,[20] cuja abordagem influenciou sobremaneira a elaboração do conceito de deficiência adotado na Lei 13.146/2015. Nessa linha de raciocínio, pode-se dizer que as perspectivas de gênero as teorias feministas foram fundamentais para a evolução nos estudos da deficiência, assim compreendida também nas interseções com as ideias de cuidado e de interdependência.

A LBI se preocupa, igualmente, com a tutela jurídica especial direcionada ao idoso com deficiência. O tratamento diferenciado e prioritário da pessoa idosa dialoga com a legislação específica voltada à sua proteção, o Estatuto do Idoso. Para Heloisa Helena Barboza, a vulnerabilidade é inerente ao idoso, e poderá ser exacerbada em face de determinadas circunstâncias.[21] A deficiência seria uma delas, considerando a ampliação das situações de risco e a suscetibilidade ainda maior a danos de natureza física, psicológica, patrimonial, etc. O processo de envelhecimento, por si só, promove um declínio físico e mental merecedor de cuidado e atenção, o que justificou a criação de sistema protetivo diferenciado, a fim de assegurar, "por lei ou por outros meios, todas as oportunidades e facilidades, para preservação de sua saúde física e mental e seu aperfeiçoamento moral, intelectual, espiritual e social, em condições de liberdade e dignidade" (art.2º do Estatuto do Idoso). Assim, quando a pessoa idosa, exposta a diversos fatores de risco e discriminação, convive ainda com a

[20] A compreensão da deficiência pela sociedade pode ser dividida em fases, passando de alvo de rejeição e eliminação, ao tratamento jocoso e pueril, chegando ao modelo médico, que compreende a deficiência como consequência natural da lesão no corpo, fadado a uma vida repleta de limitações e cuidados terapêuticos. A partir da década de 1970, a deficiência começou a ser tratada como questão eminentemente social, não sendo resultado da lesão em si, mas da interação com barreiras sociais desfavoráveis à diversidade. Existe, ainda, uma subdivisão dentro do modelo social da deficiência, provocada pela teoria feminista contrária à vertente da primeira geração. Segundo a crítica feminista, mesmo com a superação das barreiras, é preciso levar em conta a experiência da dor em corpo doente ou lesado, o que traz a discussão de outros conceitos moralmente relevantes, como cuidado e dependência. Cf: DINIZ, Débora. **O que é deficiência?** São Paulo: Brasiliense, 2007; SILVA, Otto Marques. **A Epopeia Ignorada**: a pessoa deficiente na história do mundo de ontem e de hoje. São Paulo: CEDAS, 1987.

[21] BARBOZA, Heloisa Helena. O princípio do melhor interesse da pessoa idosa: efetividade e desafios. *In*: ALMEIDA, Vitor; BARLETTA, Fabiana Rodrigues. **A tutela jurídica da pessoa idosa**: 15 anos do Estatuto do Idoso. Indaiatuba: Foco, 2020.

experiência da deficiência, há uma potencialização das contingências que representam obstáculos no acesso a direitos, havendo maior probabilidade de se tornarem vítimas de algum dano.

Em arremate, observa-se que a interpretação comum do parágrafo único do artigo 5º da LBI leva ao entendimento de que certos grupos experimentam uma vulnerabilidade acentuada, ou uma dupla vulnerabilidade, em face de condições subjetivas especiais que merecem uma atenção diferenciada. Pode-se, assim, fazer um paralelo entre a previsão contida no artigo da referida Lei e o sujeito hipervulnerável, figura amplamente conhecida no direito do consumidor e em relação à qual se reivindica o recrudescimento da rede protetiva existente no mercado de consumo. Assim, parece ser semelhante o objetivo do legislador ao destacar, entre as pessoas com deficiência, certos grupos como especialmente vulneráveis, exaltando a necessidade de uma proteção adequada e compatível com as peculiaridades desses indivíduos.

3. O artigo 10 e o rol de situações que geram vulnerabilidade

O *caput* do artigo 10 da LBI confere ao poder público o dever de "garantir a dignidade da pessoa com deficiência ao longo de toda a vida". O parágrafo único do dispositivo ressalta que a pessoa com deficiência será considerada vulnerável "em situações de risco, emergência ou estado de calamidade pública, (...) devendo o poder público adotar medidas para sua proteção e segurança".

Conforme explica Cristiano Chaves de Farias,[22] a definição legal de situação de emergência está estampada no artigo 2º, III, do Decreto 7.257/2010, que a distingue como uma "situação anormal, provocada por desastres, causando danos e prejuízos que impliquem o comprometimento parcial da capacidade de resposta do poder público do ente atingido". O estado de calamidade pública, conceituado no inciso IV do mesmo artigo, é uma "situação anormal, provocada por desastres, causando danos e prejuízos que impliquem o comprometimento substancial da capacidade de resposta do poder público do ente atingido". A situação de risco, por sua vez, não possui uma definição legal.

[22] FARIAS, Cristiano Chaves de. **Estatuto da Pessoa com Deficiência Comentado artigo por artigo**. Salvador: JusPodivm, 2016.

Para o autor, o dispositivo da LBI apresenta uma verdadeira redundância, uma vez que, nas situações ali mencionadas, qualquer pessoa, e não apenas a pessoa com deficiência, pode ser considerada vulnerável. Ademais, situações de emergência e de calamidade pública encerram, a toda evidência, situações de risco, já que a ausência de definição legal torna o conceito aberto à subsunção de diferentes conjunturas do mundo jurídico.

De fato, a crítica tem fundamento, sobretudo considerando a acepção ontológica da vulnerabilidade. Todavia, o questionamento principal decorrente da leitura do mencionado artigo não se limita à redundância das hipóteses geradoras de vulnerabilidade, mas se existiria uma opção do legislador em considerar a pessoa com deficiência vulnerável apenas nas situações especificadas (risco, emergência e calamidade pública).

Farias rechaça essa possibilidade, destacando que o rol de situações previstas no parágrafo único do artigo 10 é meramente exemplificativo. Assim, "em toda e qualquer hipótese na qual a deficiência se mostre como fator justificador de proteção diferenciada, é possível considerar a pessoa como vulnerável".[23]

Em sua interpretação do dispositivo legal, Paula Pereira vai além, afirmando que a vulnerabilidade é inerente à pessoa com deficiência, em razão de suas condições pessoais, o que induz à aplicação do princípio da igualdade substancial e à aplicação de medidas diferenciadas. Para a autora, nas situações destacadas pelo parágrafo único do artigo 10, a vulnerabilidade da pessoa com deficiência será potencializada, ensejando atuações mais direcionadas por parte do poder público:

> Em situações de riscos, emergência ou estado de calamidade pública essa vulnerabilidade se intensifica, pois demanda cuidados especiais, diferenciados e muitas vezes prioritários, o que impõe a adoção pelo poder público de medidas diferenciadas e efetivas de socorro, proteção, como já previsto no artigo 9º, I, deste Estatuto e artigo 11 da Convenção Internacional sobre os Direitos das Pessoas com Deficiência.[24]

[23] FARIAS, Cristiano Chaves de. *Id.* p. 62.

[24] PEREIRA, Paula M. F. L. Art. 10. *In:* BARBOZA, Heloisa Helena; ALMEIDA, Vitor. **Comentários ao Estatuto da Pessoa com Deficiência à luz da Constituição da República.**

Essa visão não é compartilhada por Fernando Rodrigues Martins, para quem a LBI "reduziu o impacto da vulnerabilidade, admitindo-a somente em casos específicos, diferentemente do que ocorre no Código de Defesa do Consumidor",[25] no qual ela aparece de forma expressa e abrangente, reconhecendo a desvantagem do consumidor em qualquer situação no mercado de consumo. Na visão do autor, ao propor uma vulnerabilidade situada da pessoa com deficiência, o legislador quis afastar ao máximo a intervenção de terceiros ou do Estado na formação da vontade desses indivíduos, na direção de uma tendência inarredável de promoção da autonomia, verificada, especialmente, na reforma da teoria das incapacidades e na emergência de um "novo sujeito emancipado".[26]

Em cotejo com a noção de vulnerabilidade desenvolvida no âmbito do direito do consumidor, Martins defende que a pessoa com deficiência não desfruta do mesmo tratamento, e o art. 4º, §2º, da LBI validaria essa interpretação, uma vez que o diploma legal faculta à pessoa com deficiência a fruição dos benefícios decorrentes de ações afirmativas. Assim, segundo o autor, o legislador teve o cuidado de "não traçar de forma geral e abstrata a vulnerabilidade como assim faz o CDC. Regulou-a diante o caso concreto, o que demonstra nova espécie de vulnerabilidade: 'situada' à especificidade do fato e própria à pessoa com deficiência".[27]

Como se vê, as interpretações do parágrafo único do art. 10 da LBI não são unânimes na literatura especializada. Observa-se que a corrente mais forte é aquela que vislumbra o rol de situações geradoras de vulnerabilidade, estampado no dispositivo legal, como meramente exemplificativo. Todavia, há quem entenda que o legislador fez uma opção clara em especificar as circunstâncias nas quais a pessoa com deficiência será considerada vulnerável, não havendo espaço para uma leitura ampliativa. Qual seria, então, o entendimento mais adequado? É possível compatibilizar a

Belo Horizonte: Fórum, 2018, p. 91. Disponível em: https://www.forumconhecimento.com.br/livro/1751/1803/6490. Acesso em: 16 mai. 2021.

[25] MARTINS, Fernando Rodrigues. A adequação do princípio da vulnerabilidade e o livre desenvolvimento da personalidade da pessoa com deficiência: novos desafios da hermenêutica jurídica. **Revista Jurídica Luso-brasileira**, a. 5, n. 2, p. 1189-1217, 2019.

[26] MARTINS, Fernando Rodrigues. *Ibid.*

[27] MARTINS, Fernando Rodrigues. *Id.* p. 1212.

ideia de vulnerabilidade inserta nos parágrafos únicos dos artigos 5º e 10 da LBI?

A seguir, lança-se uma proposta de compreensão conjunta dos dois dispositivos legais, levando em consideração, ainda, os princípios que regem a LBI.

4. Como conciliar os artigos 5º e 10 da Lei Brasileira de Inclusão?

Uma leitura apressada dos dispositivos em análise poderia cogitar da existência de uma contradição: enquanto o artigo 5º, parágrafo único, da LBI qualifica toda pessoa com deficiência como vulnerável – entendendo que há um agravamento dessa condição em determinados grupos (mulheres, idosos e crianças e adolescentes) –, o artigo 10, parágrafo único, estabelece que a vulnerabilidade da pessoa com deficiência seria observada apenas em situações específicas de risco, emergência e calamidade pública.

O conflito, todavia, é apenas aparente e pode ser solucionado com base na compreensão fundamental de que a vulnerabilidade se apresenta em diferentes planos e se constitui a partir de diversos fatores. Ora, a vulnerabilidade do art. 5º está ligada, principalmente, a condições subjetivas, tangenciando um plano existencial, o que justifica, por exemplo, a ideia de inerência defendida por tantos autores quando analisada no contexto da deficiência. O parágrafo único do artigo 10, diferentemente, invoca a caracterização da vulnerabilidade a partir de situações objetivas, extraídas do ambiente exterior, as quais, inclusive, poderiam vulnerar qualquer pessoa, não somente a pessoa com deficiência.

O raciocínio que se extrai disso corresponde, em grande medida, à metáfora das capas,[28] introduzida por Florencia Luna inicialmente no âmbito da bioética. A autora propõe a compreensão do conceito de vulnerabilidade a partir da ideia de camadas ou capas, símbolos que captam o aspecto dinâmico, flexível e contextual do conceito, apoiando-se no pressuposto de que não existe uma vulnerabilidade sólida e única, mas diferentes vulnerabilidades operando conjuntamente. A vantagem da proposta, defende Luna, é entender a vulnerabilidade de maneira

[28] LUNA, Florencia. La Declaración de la Unesco y la vulnerabilidad: la importancia de la metáfora de las capas. *In*: CASADO, María (Coord.). **Sobre la dignidad y los principios**: análisis de la Declaración Universal sobre Bioética y Derechos Humanos UNESCO. Madrid: Civitas, 2009. p. 255-266.

mais sutil, afastada de um enquadramento conceitual baseado no "tudo ou nada", evitando, assim, a perpetuação de estereótipos e estigmas. Nas palavras da autora:

> O conceito de vulnerabilidade, pensado dessa maneira, se transforma em uma ferramenta conceitual interessante e útil, já que permite identificar diferentes camadas e, além disso, mostra como elas se manifestam e interagem com o contexto. Ajuda a realizar uma análise mais sofisticada da situação e representa uma melhor ferramenta para minimizar e tentar evitar as vulnerabilidades.[29]

Em outros termos, partindo do princípio de que existem diferentes fundamentos para caracterizar um indivíduo como vulnerável, é possível dizer que o conteúdo da vulnerabilidade se distingue de pessoa para pessoa, o que, inclusive, permite uma análise mais refinada visando ao emprego das medidas de proteção. Ou seja, "a diversidade de formas de vulnerabilidade explica a existência de diferentes mecanismos de proteção".[30] Ilustrativamente, a modulação da curatela, nos casos de diferentes deficiências mentais ou intelectuais, seria, assim, uma forma de adequar e compatibilizar o instrumento protetivo com a vulnerabilidade da pessoa.

Nessa linha de raciocínio, o fato de uma mulher com deficiência estar mais sujeita à violência sexual é uma forma de vulnerabilidade. De igual maneira, se essa mesma pessoa está submetida a uma situação de risco – a um contrato bancário que compromete grande parte de seus rendimentos, por exemplo –, surge uma outra camada de vulnerabilidade.

Com efeito, é possível harmonizar a interpretação dos artigos 5º e 10 da LBI entendendo que a vulnerabilidade não é uma condição rígida e categórica, manifestando-se, no interior das relações jurídicas, através de diferentes processos estruturais e sociais. Compreender essa faceta

[29] LUNA, Florencia. *Id.* p. 265. (Tradução nossa).

[30] BARBOZA, Heloisa Helena; ALMEIDA, Vitor. A tutela das vulnerabilidades na legalidade constitucional. *In:* TEPEDINO, Gustavo; TEIXEIRA, Ana Carolina Brochado; ALMEIDA, Vitor (Coord.). ***Da Dogmática à Efetividade do Direito Civil***: Anais do Congresso Internacional de Direito Civil Constitucional – IV Congresso do Ibdcivil. Belo Horizonte: Fórum, 2019. 41-55. Disponível em: https://www.forumconhecimento. com.br/livro/1495/1873/19576. Acesso em: 30 mai. 2021.

dinâmica e relacional da vulnerabilidade é necessário para que se promova a tão defendida tutela diferenciada, satisfazendo, assim, a igualdade substancial pretendida pelo Estatuto, que se traduz na clássica fórmula aristotélica de tratar os desiguais na medida de sua desigualdade.

Conclusões

No presente artigo, buscou-se enfrentar o tema da vulnerabilidade no contexto da deficiência, constituindo objeto de estudo os preceitos contidos no artigo 5º, parágrafo único, e no artigo 10, parágrafo único, da LBI e as diferentes interpretações possíveis extraídas desses dispositivos legais.

Inicialmente, examinou-se o conteúdo do artigo 5º, parágrafo único, da LBI, extraindo dali a possibilidade de caracterização de uma dupla vulnerabilidade, encerrada na interseção entre a vulnerabilidade da pessoa com deficiência e a vulnerabilidade da mulher, da criança e do adolescente, e do idoso. Buscou-se compreender, assim, por que o legislador sublinhou alguns grupos minoritários, ressaltando a sua condição de especialmente vulneráveis.

Em seguida, passou-se à análise do artigo 10, parágrafo único, identificando-se a existência de correntes divergentes a respeito de sua interpretação. Enquanto para alguns autores o rol mencionado no dispositivo seria apenas exemplificativo, há quem defenda que a LBI inaugurou uma nova concepção de vulnerabilidade 'situada', que somente apareceria nas circunstâncias admitidas em lei.

Por fim, apresentou-se uma proposta de conciliação das disposições legais analisadas, a partir da teoria das camadas, de Florencia Luna. Sustentou-se que a compreensão da vulnerabilidade como fenômeno multifacetado, dinâmico e relacional é uma saída possível para enxergar os artigos em comento de forma harmônica e sistemática, revelando-se necessária, ainda, para a consolidação de uma verdadeira tutela jurídica diferenciada da pessoa com deficiência.

Referências

BARBOZA, Heloisa Helena; ALMEIDA, Vitor. A tutela das vulnerabilidades na legalidade constitucional. *In:* TEPEDINO, Gustavo; TEIXEIRA, Ana Carolina Brochado; ALMEIDA, Vitor (Coord.). ***Da Dogmática à Efetividade do Direito Civil***: Anais do Congresso Internacional de Direito Civil Constitucional – IV Congresso do Ibdcivil. Belo Horizonte: Fórum, 2019. 41-55. Disponível em: https://www.forumconhecimento.com.br/livro/1495 /1873/19576. Acesso em: 30 maio 2021.

______. O princípio do melhor interesse da pessoa idosa: efetividade e desafios. *In*: ALMEIDA, Vitor; BARLETTA, Fabiana Rodrigues. **A tutela jurídica da pessoa idosa**: 15 anos do Estatuto do Idoso. Indaiatuba: Foco, 2020.

BROWN, Kate. Questioning the vulnerability zeitgeist: care and control practices with 'vulnerable' young people. **Social Policy and Society**, v. 13, n. 3, p. 371-387, 2014.

DINIZ, Débora. **O que é deficiência?** São Paulo: Brasiliense, 2007.

DODDS, Susan. Dependence, care and vulnerability. *In*: MACKENZIE, Catriona; ROGERS; Wendy; DODDS, Susan (Eds.). **Vulnerability**: new essays in ethics and feminist philosophy. Oxford: Oxford University Press, 2014, p. 182-203.

FARIAS, Cristiano Chaves de. **Estatuto da Pessoa com Deficiência Comentado artigo por artigo**. Salvador: JusPodivm, 2016, p. 62.

FEMINELLA, Anna Paula; LOPES, Laís Figueirêdo. Capítulo 1 – Disposições gerais / Da igualdade e da não discriminação. FAYAN, Regiane Alves Costa; SETUBAL, Joyce Marquezin (Orgs.). **Lei Brasileira de Inclusão da Pessoa com Deficiência – Comentada**. Campinas: Fundação FEAC, 2016, p. 25. Disponível em: https://www.feac.org.br/wp-content/uploads/2017/05/Lei-brasileira-de-inclusao-comentada.pdf. Acesso em: 16 mai. 2021.

FINEMAN, Martha Albertson. The vulnerable subject: anchoring equality in the human condition. **Yale Journal of Law & Feminism**, v. 20, n. 1, p. 1-23, 2008.

KONDER, Carlos Nelson. Vulnerabilidade patrimonial e vulnerabilidade existencial: por um sistema diferenciador. **Revista de Direito do Consumidor**, Brasília, v. 99, p. 101-123, mai./jun. 2015.

LÔBO, Paulo. Vulnerabilidade jurídica do contratante. *In*: EHRHARDT JR., Marcos; LOBO, Fabíola (Orgs). **Vulnerabilidade e sua compreensão no direito brasileiro**. Indaiatuba: Foco, 2021, p. 1-15.

LUNA, Florencia. La Declaración de la Unesco y la vulnerabilidad: la importancia de la metáfora de las capas. *In*: CASADO, María (Coord.). **Sobre la dignidad y los principios**: análisis de la Declaración Universal sobre Bioética y Derechos Humanos UNESCO. Madrid: Civitas, 2009. p. 255-266.

MARQUES, Cláudia Lima; MIRAGEM, Bruno. **O Novo Direito Privado e a Proteção dos Vulneráveis**. 2. ed. São Paulo: Revista dos Tribunais, 2014.

MARTINS, Fernando Rodrigues. A adequação do princípio da vulnerabilidade e o livre desenvolvimento da personalidade da pessoa com deficiência: novos desafios da hermenêutica jurídica. **Revista Jurídica Luso-brasileira**, a. 5, n. 2, p. 1189-1217, 2019.

Manifesto Coletivo Feminista Helen Keller. 2019. Disponível em: https://coletivofeminist ahelenkeller.blog spot.com/2019/09/manifesto-coletivo-feminista-helen.html. Acesso em: 29 mai. 2021.

NEVES, M. Patrão. Sentidos da vulnerabilidade: característica, condição, princípio. **Revista Brasileira de Bioética**, v. 2, n. 2, p. 157-172, 2006.

PEREIRA, Paula M. F. L. Art. 10. *In:* BARBOZA, Heloisa Helena; ALMEIDA, Vitor. **Comentários ao Estatuto da Pessoa com Deficiência à luz da Constituição da República**. Belo Horizonte: Fórum, 2018, p. 91. Disponível em: https://www.forumconhecimento.com.br /livro/1751/1803/6490. Acesso em: 16 mai. 2021.

PEREIRA, Tânia da Silva. Art. 5. *In:* BARBOZA, Heloisa Helena; ALMEIDA, Vitor. **Comentários ao Estatuto da Pessoa com Deficiência à luz da Constituição da República**. Belo Horizonte: Fórum, 2018, p. 54-60. Disponível em: https://www.forumconhecimento.com .br/livro/1751/1803/6490. Acesso em: 16 mai. 2021.

ROSENVALD, Nelson. A curatela como a terceira margem do rio. ***Revista Brasileira de Direito Civil – RBDCIVIL***, ano 4, n. 16, p. 105-123, abr./ jun. 2018. Disponível em: https://www.forumconhecimento.com.br/ periodico/134/21698/68588. Acesso em: 16. mai 2021.

SILVA, Otto Marques. **A Epopeia Ignorada**: a pessoa deficiente na história do mundo de ontem e de hoje. São Paulo: CEDAS, 1987.

STANCIOLI, Brunello. Sobre a capacidade de fato da criança e do adolescente. **Revista Brasileira de Direito de Família**. Instituto Brasileiro de Direito de Família (IBDFAM), p. 37-42, Porto Alegre: Síntese, 1999.

TARTUCE, Flavio. **Manual de Direito Civil**: volume único. 10. ed. Rio de Janeiro: Forense; São Paulo: Método, 2020.

VENTURA, Luiz Alexandre Souza. **Cresce violência contra mulheres com deficiência, mas pandemia dificulta registros**. O Estado de S. Paulo, São Paulo, 25 de março de 2021. Disponível em: https://brasil.estadao.com.br/blogs/vencer-limites/cresce-violencia-contra-mulheres-com-deficiencia-mas-pandemia-dificulta-registros/. Acesso em: 29 mai. 2021.

5. AUTONOMIA DA PESSOA COM DEFICIÊNCIA MENTAL/ INTELECTUAL: OBTENÇÃO DO CONSENTIMENTO LIVRE E ESCLARECIDO EM TRATAMENTOS MÉDICOS

Rita de Cássia Resquetti Tarifa Espolador
Alessandra Cristina Furlan
Melissa Mayumi Suyama Ferrari

Introdução

Como instrumento de tutela plena da pessoa humana, o princípio da dignidade, apesar de configurar cláusula aberta, não é impugnado pela autonomia, mas materializado por ela. Assim, como fundamento do Estado Democrático de Direito, tal postulado máximo inaugurou uma nova ordem jurídica, pautada no reconhecimento das individualidades de cada pessoa, assegurando a cada qual, o exercício livre de seu projeto de vida.

Em observância à nova conjuntura, na seara protetiva das pessoas com deficiência – com enfoque especial para as pessoas com deficiência mental/ intelectual –, o regime das incapacidades fora substituído pela presunção de capacidade plena. Em regra, essas pessoas são capazes de exercer, *per se,* os atos da vida civil. Diante desse contexto, o direito de participação das escolhas existenciais está garantido às pessoas com deficiência, cabendo ponderações com relação ao consentimento livre e esclarecido, expresso nos procedimentos médicos.[1]

[1] Diplomas internacionais e documentos nacionais diferem no uso da expressão que traduz a aquiescência da pessoa a uma proposta de ação biomédica relativa ao seu estado de saúde. Às vezes, aparece "consentimento informado", às vezes "consentimento livre e esclarecido" e até "consentimento livre e esclarecido informado". Cumpre esclarecer que a literatura científica emprega, preferencialmente, a terminologia "consentimento livre e esclarecido" quando se trata da pesquisa e "consentimento informado" se a prática médica já se encontra

O problema do estudo centra-se no exercício da autonomia existencial por parte da pessoa com deficiência, elidindo, para tanto, resquícios do paternalismo médico, mas assegurando proteção especial ante a vulnerabilidade como condição para o gozo pleno da dignidade. Objetiva-se demonstrar a primordialidade da participação da pessoa com deficiência intelectual ou com doença mental no processo de tomada de decisões sobre sua saúde, partindo da valoração dos institutos da *capacidade* e *competência* para aferição das habilidades de compreender, discernir e manifestar a decisão. Nesse mister, o estudo se justifica como um instrumento de debate e reflexão sobre a efetiva inclusão da pessoa com deficiência no estrato social, sobretudo no plano das escolhas existenciais.

A relevância do tema foi ainda mais acentuada no cenário da pandemia de COVID-19. A prescrição de determinados medicamentos deve decorrer de decisão compartilhada com o paciente, após os devidos esclarecimentos e a obtenção do consentimento livre e esclarecido do próprio doente ou dos seus familiares, quando for o caso.

À vista disso, emprega-se o método dedutivo, partindo de premissas gerais afetas à dignidade da pessoa humana e à autonomia bioética, aplicando-as na hipótese da obtenção do consentimento livre e esclarecido da pessoa com deficiência mental/intelectual, ao passo que os procedimentos metodológicos baseiam-se no exame legislativo e de resolução/recomendação do Conselho Federal de Medicina, bem como na análise de obras de Direito Civil-Constitucional, Biodireito, Bioética e Direito Negocial, tendo como aportes teóricos Maria Celina Bodin de Moraes, Luís Roberto Barroso, Ana Cláudia Corrêa Zuin Mattos do Amaral, Éverton Willian Pona e Judith Martins-Costa.

1. Teor bioético do conceito polissêmico de autonomia

Sustentada no terreno da dignidade da pessoa humana, a autonomia converge em conceito polissêmico, remetendo a uma condição humana de liberdade, de deliberar, *per se,* sobre a condução – patrimonial ou existencial – de sua vida e sobre aspectos fundamentais para a construção da personalidade.

consolidada. No entanto, para manter coerência com a Lei Brasileira de Inclusão, fez-se a opção pelo vocábulo "consentimento livre e esclarecido".

Com a desconstrução do sujeito de direitos abstrato e a valorização da pessoa humana, as vulnerabilidades ganharam destaque, de modo que se adotou uma visão mais realista e multifacetada das pessoas: semelhantes e, simultaneamente, diferentes entre si. Essa mudança paradigmática,

> [...] que, de fato, tem marcado a experiência jurídica mais recente, não se explica tanto pelo significado jurídico das expressões empregadas [...]. O cerne da aludida transformação encontra-se, isso sim, no reconhecimento da insuficiência de uma tutela jurídica dirigida a um destinatário inteiramente abstrato, à luz de valores como a igualdade material e a solidariedade social – valores que as experiências jurídicas contemporâneas elegem como diretrizes fundamentais e se comprometem a realizar.[2]

A Constituição Federal de 1988,[3] ao fundamentar as bases na dignidade da pessoa humana – art. 1º, inciso III –, cravou a posição de centralidade ocupada pelos indivíduos, atestando, por conseguinte, que a esses seria conferido o direito de escolher o projeto de vida, garantindo, ainda, que tal projeto eleito fosse respeitado.

Nesse ínterim, corresponde a autonomia a uma necessidade precípua do ser humano,[4] de sorte que "a satisfação desta necessidade é a forma de a pessoa se realizar e construir seu bem-estar."[5] Não obstante alguns doutrinadores[6] apontarem a dignidade humana como limite/restrição ao

[2] NEVARES, Ana Luiza Maia. SCHREIBER, Anderson. Do sujeito à pessoa: uma análise da incapacidade civil. *In:* TEPEDINO, Gustavo; TEIXEIRA, Ana Carolina Brochado; ALMEIDA, Vitor (Coord.). **O Direito Civil entre o sujeito e a pessoa:** Estudos em homenagem ao professor Stefano Rodotà. Belo Horizonte: Fórum, 2016. p. 39-40.

[3] BRASIL. [Constituição (1988)]. Constituição da República Federativa do Brasil de 1988. Brasília, DF: Presidência da República, [2016]. Disponível em: http://www.planalto.gov.br/ccivil_03/Constituicao/Constituicao.htm. Acesso em: 19 fev. 2021.

[4] GUSTIN, Miracy. **Das necessidades humanas aos direitos***:* ensaio de sociologia e filosofia do direito. Belo Horizonte: Del Rey, 1999. p. 19.

[5] TEIXEIRA, Ana Carolina Brochado. Autonomia Existencial. **Revista Brasileira de Direito Civil – RBDCivil**. Belo Horizonte, v. 16, p. 75-104, abr./jun. 2018. p. 79. Disponível em: https://rbdcivil.ibdcivil.org.br/rbdc/article/view/232. Acesso em: 20 fev. 2021.

[6] A exemplo de Edilson Pereira Nobre Júnior, segundo o qual os direitos da personalidade, por exprimirem características de intransmissibilidade e irrenunciabilidade, obstam que a vontade do titular legitime afronta à condição humana.
NOBRE JÚNIOR, Edilson Pereira. O direito brasileiro e o princípio da dignidade da pessoa humana. **Revista de Direito Administrativo**. Rio de Janeiro, v. 219, p. 237/251, jan./mar.

exercício da autonomia, evidencia-se que ambos os preceitos – autonomia e dignidade – complementam-se: a autonomia como um dos elementos primordiais para a realização plena da dignidade. Nas palavras de Ana Carolina Brochado Teixeira:[7]

> [...] concretizar a dignidade é atribuir a cada pessoa a ampla liberdade para que ela construa a própria vida, realize suas necessidades, faça suas escolhas e "adone-se" de sua existência, dirigindo-a da forma como entender que lhe traga maior realização, pois as concepções de cada um devem ser consideradas, uma vez que todos os valores são possíveis no Estado Democrático de Direito, que, como visto, tem o pluralismo como um dos pilares fundamentais. Embora a Constituição brasileira não seja direta quanto à tutela do direito ao livre desenvolvimento da personalidade, protege-o indiretamente ao resguardar a dignidade humana.

Nessa linha, a autonomia compõe um dos elementos essenciais da dignidade, mais precisamente, o seu elemento ético. Assim, enquanto autonomia, a dignidade suscita, preliminarmente, a capacidade de autodeterminação do indivíduo, expondo o direito de deliberar sobre os caminhos da sua vida, no desenvolvimento livre da personalidade. Implica, portanto, no "poder de fazer valorações morais e escolhas existenciais sem imposições externas indevidas",[8] uma vez que não se pode subtrair da pessoa as decisões envolvendo sua saúde, por exemplo, sem que a dignidade seja violada.

2000. p. 244-246. Disponível em: 47505-Texto do Artigo-93312-1-10-20150320.pdf. Acesso em: 20 fev. 2021.

[7] TEIXEIRA, Ana Carolina Brochado. *Id.* p. 80-81.

[8] De acordo com Luís Roberto Barroso, no que toca o conteúdo mínimo da ideia de dignidade da pessoa humana, esta seria composta por três elementos essenciais, a saber: valor intrínseco da pessoa humana, autonomia da vontade e valor comunitário, cada qual representando, respectivamente, o elemento ontológico, ético e social da dignidade.
Com relação aos princípios não abordados, ou seja, valor intrínseco e valor comunitário, tem-se, de forma sintetizada, que o valor intrínseco representa o elemento inerente à pessoa humana, que a distingue dos demais seres vivos. O valor comunitário, por sua vez, representa o "indivíduo em relação ao grupo".
BARROSO, Luís Roberto. **A dignidade da pessoa humana no direito constitucional contemporâneo**: natureza jurídica, conteúdos mínimos e critérios de aplicação. Disponível em: https://luisrobertobarroso.com.br/wp-content/uploads/2016/06/Dignidade_texto-base_11dez2010.pdf. Acesso em: 22 fev. 2021. p. 24.

Maria Celina Bodin de Moraes, por seu turno, corrobora com o entendimento de Luís Roberto Barroso no sentido de que a autonomia auxilia na composição da materialidade da dignidade humana, contudo, propõe uma visão um pouco diferente da dignidade. A partir da observância de quatro princípios – igualdade, integridade psicofísica, liberdade e solidariedade – se construiria o núcleo referencial da dignidade humana.[9]

Nesse mister, faz-se um recorte para analisar os princípios da integridade psicofísica e da liberdade. À luz do fundamento da integridade psicofísica, estaria assegurado o exercício dos direitos da personalidade, constituindo um amplo "direito à saúde", entendido como "completo bem-estar psicofísico e social".[10]

A liberdade, por seu turno, atrela-se à privacidade, intimidade e exercício livre da vida privada, a fim de representar "cada vez mais, poder realizar sem interferências de qualquer gênero, as próprias escolhas individuais – mais: o próprio projeto de vida, exercendo-o como melhor convier."[11]

O direito de escolher a forma como conduzir a própria vida – fundamento da liberdade –, e nesse campo, de se autodeterminar sobre as escolhas afetas à saúde – fundamento da integridade psicofísica –, representa de forma bem clara a intersecção entre a dignidade e a autonomia. As pessoas são o fim em si próprias, e possuem como direito inato viver com dignidade. A vida digna seria alcançada, nesse aspecto, quando cada sujeito participa das escolhas que afetam sua personalidade, sua existência.

Repisa-se, então, a polissemia ligada à palavra "autonomia". Isto porque, como elemento fundamental para o exercício da dignidade, tal instituto opera-se nos mais variados campos da ordem jurídica,[12] não sendo diferente na seara médica. Feitas as considerações acerca da autonomia "*lato sensu*", passa-se à análise da autonomia no campo da bioética.

[9] MORAES, Maria Celina Bodin de. **Na medida da pessoa humana**: estudos de direito civil. Rio de Janeiro: Renovar, 2010. p. 86.

[10] MORAES, Maria Celina Bodin de. *Id*, p. 96.

[11] MORAES, Maria Celina Bodin de. *Id*. p. 108.

[12] Diante do conteúdo polissêmico, a autonomia pode ser empregada nos mais variados ramos da ordem jurídica, a exemplo do campo negocial: autonomia da vontade, autonomia privada (por vezes utilizada como sinônimo de autonomia negocial) e autodeterminação. No campo da medicina, ou seja, dos procedimentos e intervenções médicas, fala-se em autonomia bioética.

Como referencial bioético, a autonomia foi veiculada pela primeira vez em 1978, sob a denominação de "princípio do respeito às pessoas", no *Belmont Report*,[13] sendo reiterada como princípio bioético em 1979, por Tom L. Beauchamp e James F. Childress, na obra *Principles of Biomedical Ethics*, em companhia com a justiça, beneficência e não maleficência.[14]

Consoante com a redação do Relatório de Belmont, o princípio da autonomia consagrava duas convicções: os indivíduos deveriam ser tratados como agentes autônomos, ao passo que as pessoas com autonomia diminuída teriam direito à proteção. O respeito às pessoas deveria ser interpretado, pois, de forma dúplice, ora como requisito de reconhecimento da autonomia, ora como requisito de proteção daqueles com autonomia diminuída.[15]

Em termos objetivos, partindo das premissas elencadas, conferir peso à autonomia bioética de um sujeito significa respeitar suas deliberações, permitindo que o paciente aja conforme seus julgamentos, aceitando ou recusando um tratamento, cabendo ao profissional da medicina abster-se de interferências ou obstruções, salvo se as decisões tomadas pelo paciente implicarem em evidentes prejuízos à própria saúde.

Nessa lógica, o exercício da autonomia "pressupõe que os pacientes sejam adequadamente informados e suficientemente esclarecidos sobre tais medidas e procedimentos, para que possam ter bases seguras para a sua tomada de decisão",[16] vinculando-se, então, ao consentimento livre e esclarecido destes.

[13] AMARAL, Ana Cláudia Corrêa Zuin Mattos do; PONA, Éverton Willian. Fragmentos da autonomia e respeito à pessoa: um referencial de múltiplas fontes. *In:* ARAUJO JUNIOR, Miguel Etinger; AMARAL, Ana Cláudia Corrêa Zuin Mattos do (Org.). **Estudos em direito negocial**: relações privadas e direitos humanos. São Paulo: Boreal, 2015. p. 62.

[14] TROCA, Silvana Fátima. A interpretação dos negócios biojurídicos à luz dos referenciais bioéticos: uma análise crítica. *In:* PAIANO, Daniela Braga; ESPOLADOR, Rita de Cássia Resquetti Tarifa (Org.). **Questões atuais dos negócios jurídicos à luz do biodireito**: discussões sobre negócios biojurídicos. Londrina: Thoth, 2019. p. 130.

[15] BELMONT REPORT (1979). Ethical Principles and Guidelines for the Protection of Human Subjects of Research. The National Commission for the Protection of Human Subjects of Biomedical and Behavioral Research. 18 abr. 1979. Disponível em: https://www.hhs.gov/ohrp/regulations-and-policy/belmont-report/read-the-belmont-report/index.html#xrespect. Acesso em: 23 fev. 2021.

[16] TROCA, Silvana Fátima. *Id.* p. 134.

Consentimento é sinônimo de concordância, aquiescência, aceitação. Em contexto amplo, Maria do Céu Patrão Neves define consentimento (esclarecido ou informado) como "a anuência explícita de um indivíduo a uma proposta de acção biomédica relativa ao seu estado de saúde, adquirindo diferentes especificações conforme se reporta ao âmbito da investigação médica ou da prática clínica". O ato de consentimento, enquanto tal, é considerado consciente, esclarecido e voluntário.[17]

O consentimento livre e esclarecido exige, portanto, a manifestação de vontade desprendida de qualquer coação ou engano, sendo antecedida por informações satisfatoriamente claras, necessárias e inteligíveis à compreensão dos benefícios pretendidos e dos eventuais riscos diante de procedimentos médicos.

O consentimento materializa elementos essenciais da dignidade humana, retomando os substratos da integridade psicofísica e da liberdade. Outrossim, salienta a boa-fé objetiva dos profissionais da saúde, no que tange ao dever de informação. Como afirma Rachel Sztajn, o médico zela pelo bem-estar do paciente vulnerável e, por isso, atua com o máximo de boa-fé em benefício desse mesmo paciente, cujos interesses respeitará e os promoverá com lealdade.[18]

À vista da complexidade típica do modelo pós-moderno de sociedade, o arquétipo paternalista[19] foi gradativamente cedendo espaço para um

[17] "O acto de consentimento, enquanto tal, será consciente (a pessoa é competente do ponto de vista psíquico, e também jurídico, para o aspecto preciso, concreto e singular a que se refere aquela sua autorização), esclarecido (a pessoa compreendeu devidamente a informação prestada sobre o procedimento em si e seus eventuais efeitos secundários) e voluntário (a pessoa é totalmente livre de dar ou recusar o seu consentimento em qualquer momento do processo em causa)" (NEVES, Maria do Céu Patrão. Contexto cultural e consentimento: uma perspectiva antropológica. *In:* GARRAFA, Volnei; PESSINI, Leocir (Org). **Bioética:** poder e injustiça. 2. ed. São Paulo: Centro São Camilo: Edições Loyola, 2004. p. 487-498. p. 488).

[18] SZTAJN, Rachel. Reflexões sobre o consentimento informado. *In*: AZEVEDO, Álvaro Villaça; LIGIERA, Wilson Ricardo. **Direitos do paciente.** São Paulo: Saraiva, 2012. p. 173-190. p. 178.

[19] A respeito do paternalismo, insta salientar as palavras de Rachel Sztajn: "o paternalismo se baseia na premissa de que os médicos, tal como os magos, exercem o poder divinatório de curar, pelo que lhes é concedida a faculdade para não apenas diagnosticar a moléstia, mas, sobretudo, para determinar a conduta terapêutica a ser observada pelo paciente. As determinações dos médicos são mandamentos a serem observados sem discussão pelos

modelo contratual da relação médico-paciente,[20] no qual os médicos não possuem mais a faculdade de determinar a conduta terapêutica, ignorando as escolhas do paciente, devendo, em contrapartida, prestar esclarecimentos suficientes para que o paciente, por si só, delibere.[21]

Irradiando-se como um dos deveres anexos da boa-fé objetiva,[22] em sua função integrativa de criação de deveres de conduta, o dever de informação ou esclarecimento,[23] comumente, obriga as partes a se informarem mutuamente sobre os "aspectos atinentes ao vínculo, em todas as etapas, seja nas tratativas negociais, na execução do contrato, seja na etapa pós-contratual, no que se refere a todas as consequências que da execução contratual possam advir."[24]

Inquestionável a natureza negocial, a relação médico-paciente – pautada na boa-fé objetiva – decorre de uma necessidade real,[25] ou seja,

pacientes, ignorando-se que têm e podem exercer direitos, como seres capazes e autônomos, para aceitar ou rejeitar o que lhes fora recomendado, nada obstante o tom ditatorial da recomendação."
SZTAJN, Rachel. **Autonomia privada e direito de morrer:** eutanásia e suicídio assistido. São Paulo: Cultural Paulista, 2002. p. 9.

[20] AMARAL, Ana Cláudia Corrêa Zuin Mattos do; PONA, Éverton Willian. *Id.* p. 65-66.

[21] Comenta Nestor Duarte que o direito à vida é indisponível e, por essa razão, o médico acha-se autorizado a realizar os procedimentos para a recuperação do paciente, independentemente de aquiescência. Se, porém, a cirurgia ou o tratamento oferece risco, deverá obter o consentimento do enfermo ou de seu representante (DUARTE, Netor. *In:* PELUSO, Cezar (Coord.). **Código civil comentado:** doutrina e jurisprudência: Lei n. 10.406, de 10.01.2002: contém o Código civil de 1916. 6. ed., rev. e atual. Barueri, SP: Manole, 2012. p. 32)

[22] O médico encerra uma série de deveres, cuja definição é importante para investigar a culpa do médico e a configuração da sua responsabilidade. Segundo José de Aguiar Dias (**Da responsabilidade civil**. 12. ed. Rio de Janeiro: Lumen Juris, 2012. p. 285), são implícitos no contrato médico os seguintes deveres: conselhos, cuidados, obtenção do consentimento, abstenção de abuso ou desvio de poder, dever de sigilo.

[23] CORDEIRO, António Manuel da Rocha e Menezes. **Da boa-fé no direito civil.** Coimbra: Almedina, 1984. p. 604.

[24] LÊDO, Ana Paula Silveira; MARQUESI, Roberto Wagner. O princípio da boa-fé objetiva como densificador da dignidade humana nas relações negociais. **Scientia Iuris**, Londrina, v. 21, n. 3, p.248-286, nov. 2017. DOI: 10.5433/2178-8189.2017v21n3p248. ISSN: 2178-8189. Disponível em: http://www.uel.br/revistas/uel/index.php/iuris/article/view/30759. Acesso em: 13 mar. 2021. p. 269.

[25] GARCIA, Leonardo de Medeiros. Deveres de consideração nas relações contratuais. **Revista Unifacs**, n. 176, p. 1-20, fev./2015. Disponível em: http://revistas.unifacs.br/index.php/redu/article/view/3466/2482. Acesso em: 24 fev. 2021.

de um *déficit* de informações, em que uma pessoa a possui e a outra a necessita.[26] O dever de informação se estende para a área da saúde e, isto posto, mostra-se imperioso delinear os contornos desse dever e da correlata autonomia do paciente.

A Resolução nº 2.217/2018 do Conselho Federal de Medicina – Código de Ética Médica –, prevê o respeito para com as escolhas dos pacientes relativas aos procedimentos e diagnósticos ou terapêuticos, como um dos princípios fundamentais ao exercício da medicina, desde que "adequadas ao caso e cientificamente reconhecidas."[27]

A medicina traduz-se como "profissão a serviço da saúde do ser humano e da coletividade"[28] e, assim sendo, apesar da autonomia profissional ter como princípio fundamental garantir ao médico o direito de indicar o procedimento mais apropriado, segundo sua avaliação e convicção,[29] é concomitantemente vedado desconsiderar as deliberações do paciente ou de seu representante legal, salvo em caso de iminente risco de morte, nos termos do art. 31 da Resolução nº 2.217/2018.[30]

A respeito do assunto, explica Álvaro Villaça Azevedo que haverá situações em que será impossível esclarecer ao paciente o procedimento,

[26] ROSENVALD, Nelson. **Dignidade da pessoa humana e boa-fé objetiva.** São Paulo: Saraiva, 2005. p. 108-109.

[27] CONSELHO FEDERAL DE MEDICINA. **Resolução n. 2.217, de 01 de novembro de 2018**. Aprova o Código de Ética Médica. Brasília: Conselho Federal de Medicina, 2018. Disponível em: http://sistemas.cfm.org.br/normas/visualizar/resolucoes/BR/2018/2217. Acesso em: 26 fev. 2021.

Capítulo I: Princípios Fundamentais. XXI – No processo de tomada de decisões profissionais, de acordo com seus ditames de consciência e as previsões legais, o médico aceitará as escolhas de seus pacientes relativas aos procedimentos diagnósticos e terapêuticos por eles expressos, desde que adequadas ao caso e cientificamente reconhecidas.

[28] CONSELHO FEDERAL DE MEDICINA. *Ibid.* Capítulo I: Princípios Fundamentais. I – A medicina é uma profissão a serviço da saúde do ser humano e da coletividade e será exercida sem discriminação de nenhuma natureza.

[29] CONSELHO FEDERAL DE MEDICINA. *Ibid.* Capítulo II. Direitos dos Médicos. É direito do médico. II – Indicar o procedimento adequado ao paciente, observadas as práticas cientificamente reconhecidas e respeitada a legislação vigente..

[30] CONSELHO FEDERAL DE MEDICINA. *Ibid.* Capítulo V. Relação com pacientes e familiares. É vedado ao médico: Art. 31. Desrespeitar o direito do paciente ou de seu representante legal de decidir livremente sobre a execução de práticas diagnósticas ou terapêuticas, salvo em caso de iminente risco de morte.

tampouco obter o seu consentimento. "É o que ocorre, por exemplo, nas situações emergenciais em que o paciente se encontra inconsciente, não possui um representante legal ou um documento que expresse suas diretrizes quanto a tratamentos médicos". Nesses casos, surge a figura do consentimento presumido e, por razões óbvias, o médico terá o dever ético de agir.[31]

Carlos Alberto Dabus Maluf e Adriana Caldas do Rego Freitas Dabus Maluf ensinam que, em tratamentos médicos, o consentimento só pode ser afastado nas hipóteses de impossibilidade de fornecimento ou risco concreto à vida, à integridade física ou à saúde, em caso de atendimento emergencial dos profissionais da área da saúde a pacientes impossibilitados de externar a vontade.[32] São exceções ao dever de obtenção da manifestação de vontade do interessado.

Pela exegese dos arts. 34 e 24 da Resolução, respectivamente, é dever do médico informar o "diagnóstico, o prognóstico, os riscos e os objetivos do tratamento",[33] para que o paciente possa então exercer seu "direito de decidir livremente sobre sua pessoa, ou seu bem-estar".[34]

Insta, contudo, ponderar acerca dos limites do exercício da autonomia do paciente. Apesar de ser vedado ao profissional deixar de informar ou de obter o consentimento deste, bem como utilizar de sua autoridade para impor determinado tratamento, o dever de esclarecimento é flexibilizado

[31] AZEVEDO, Álvaro Villaça. Autonomia do paciente e direito de escolha de tratamento médico sem transfusão de sangue. *In:* AZEVEDO, Álvaro Villaça; LIGIERA, Wilson Ricardo. **Direitos do paciente.** São Paulo: Saraiva, 2012. p. 287.

[32] MALUF, Carlos Alberto Dabus Maluf; MALUF, Adriana Caldas do Rego Freitas Dabus Maluf. A responsabilidade civil na relação dos profissionais da área da saúde e paciente. *In:* AZEVEDO, Álvaro Villaça; LIGIERA, Wilson Ricardo. **Direitos do paciente.** São Paulo: Saraiva, 2012. p. 516.

[33] CONSELHO FEDERAL DE MEDICINA. *Ibid.* Capítulo V. Relação com pacientes e familiares. É vedado ao médico: Art. 34. Deixar de informar ao paciente o diagnóstico, o prognóstico, os riscos e os objetivos do tratamento, salvo quando a comunicação direta possa lhe provocar dano, devendo, nesse caso, fazer a comunicação a seu representante legal.

[34] CONSELHO FEDERAL DE MEDICINA. *Ibid.* Capítulo IV. Direitos Humanos. É vedado ao médico: Art. 24. Deixar de garantir ao paciente o exercício do direito de decidir livremente sobre sua pessoa ou seu bem-estar, bem como exercer sua autoridade para limitá-lo.

em caso de iminente risco de morte – art. 22, Resolução nº 2.217/2018 CFM –,[35] ou quando a comunicação direta dos riscos, por exemplo, importar dano – art. 34, Resolução nº 2.217/2018 CFM.[36]

Exatamente sobre a ausência de informação, o denominado privilégio terapêutico pode ser entendido como "a prerrogativa do profissional de saúde de não revelar ao doente certas informações que podem prejudicá-lo". Defendida a sua licitude por alguns, abrange uma exceção ao dever de informar. Porém, Guy Durant, citando Pauline Lesage-Jarjoura, afirma que tal prerrogativa é aplicada restritivamente e uma das condições limitativas é que a intervenção ou o tratamento não seja experimental, visto que, neste caso, nenhuma dissimulação se justifica.[37]

Ainda no tocante ao dever de informar, afirma Gilberto Bergstein que a inadimplência parcial ou total do dever de informação gerará um consentimento eivado de anulabilidade, visto que a falta da correta, completa e inelegível informação impede que o consentimento seja qualificado, como seria necessário, pela cabal compreensão do conteúdo transmitido pelo profissional.[38]

Com efeito, relaciona-se diretamente o dever de informação à obtenção do consentimento. Isto porque se o paciente não foi suficientemente esclarecido sobre os riscos e as circunstâncias principais do tratamento ou da cirurgia, o consentimento não apresenta validade e o médico responde pelos danos, mesmo que não haja qualquer outro "erro médico" ou falha na técnica (imperícia) médica do serviço. Cláudia Lima Marques explica que a informação é um dever em si dos médicos e demais fornecedores de

[35] CONSELHO FEDERAL DE MEDICINA. *Ibid.* Capítulo IV. Direitos Humanos. É vedado ao médico: Art. 22. Deixar de obter consentimento do paciente ou de seu representante legal após esclarecê-lo sobre o procedimento a ser realizado, salvo em caso de risco iminente de morte..

[36] *Ibid.*

[37] DURAND, Guy. **Introdução geral à bioética:** história, conceito e instrumentos. Tradução Nicolás Nyimi Campanário. 2.ed. São Paulo: Edições Loyola, 2007. 431 p. 187. Material disponível em: <https://books.google.com.br>. Acesso em: 24 out. 2017.

[38] BERGSTEIN, Gilberto. **Os limites do dever de informação na relação médico-paciente e sua prova.** 2012. 271f. Tese (Doutorado em Direito Civil) – Faculdade de Direito da Universidade de São Paulo, São Paulo. p. 227.

serviços de saúde, entre eles o hospital e a clínica, e que seu descumprimento causa dano *per se*.[39]

Pode, pois, ocorrer de o profissional agir corretamente em todos os procedimentos, ou seja, agir com perícia, prudência e diligência e ocorrer um dano ao paciente. O dano seria consequência da cirurgia feita. Embora o médico tenha agido de forma consciente e técnica durante o procedimento cirúrgico, deixou de informar ao paciente sobre os possíveis riscos da intervenção. Não houve culpa do médico no tratamento, mas, sim, uma falta do dever de informar e ele poderá ser responsabilizado por isso.[40] O mesmo pode ser aplicado à ausência de consentimento.

Em suma, a outorga do consentimento livre e esclarecido sobre determinado tratamento associa-se à prestação de informações médicas compatíveis ao nível cultural e intelectual do paciente. Em outras palavras, à medida que a complexidade do tratamento ou diagnóstico aumenta, maior deverá ser o esclarecimento a ser prestado pelo profissional,[41] eis que para o exercício da autonomia, é fundamental "[...] a adequada compreensão de todas as circunstâncias que permeiam a situação na qual se exige a tomada de decisão."[42]

Ante às previsões do Código de Ética Médica, nos termos da Recomendação n.º 1/2016, o Conselho Federal de Medicina elucida que, embora a colheita do consentimento do paciente se dê de forma livre, admitindo-se, inclusive, a verbal, sugere-se a obtenção pela via escrita, por meio de Termo de Consentimento Livre e Esclarecido, comumente

[39] MARQUES, Claudia Lima. A responsabilidade dos médicos e do hospital por falha no dever de informar o consumidor. **Revista dos Tribunais**, São Paulo, v. 827, ano 93, p. 11-48, set. 2004.

[40] Recurso Especial. Violação ao art. 535 do CPC/1973. Não ocorrência. Responsabilidade civil do médico por inadimplemento do dever de informação. Necessidade de especialização da informação e de consentimento específico. Ofensa ao direito à autodeterminação. Valorização do sujeito de direito. Dano extrapatrimonial configurado. Inadimplemento contratual. Boa-fé objetiva. Ônus da prova do médico (...). (STJ, Resp 1540580/Df, Rel. Ministro Lázaro Guimarães (Desembargador convocado do TRF 5ª Região), Rel. P/ Acórdão Ministro Luis Felipe Salomão, Quarta Turma, Julgado em 02/08/2018, DJE 04/09/2018).

[41] DINIZ, Maria Helena. **O estado atual do biodireito.** 10. ed. São Paulo: Saraiva, 2017. p. 846.

[42] AMARAL, Ana Cláudia Corrêa Zuin Mattos do; PONA, Éverton Willian. *Id.* p. 66.

conhecido como TCLE.[43] Sugere Miguel Kfouri Neto que o consentimento seja colhido preferencialmente por escrito.[44]

Apesar de não obrigatória a utilização do instrumento, quando operado deverá abrigar certos requisitos, dentre os quais se enfatiza a linguagem acessível; a descrição dos benefícios esperados; eventuais riscos da realização do procedimento e consequências da sua não realização; declaração do paciente de que foi devidamente informado e esclarecido, bem como declaração do médico de que explicou, de modo claro, todo o procedimento.[45]

Por todo exposto, o exercício da autonomia bioética resulta como garantia da própria dignidade da pessoa humana. O dever médico informacional empreende, de fato, função precípua para a válida, livre e esclarecida manifestação do consentimento do paciente, ato volitivo que legitima a conduta médica. A compulsoriedade da colheita do consentimento tem, portanto, fito de endossar a dignidade humana nos procedimentos médicos e, nessa linha, a flexibilização dessa obrigatoriedade em caso de urgência/risco de morte apenas reforça o argumento.

2. Regime das capacidades e "competência" para consentir

O regime das incapacidades foi inserido na ordem jurídica sob o fundamento histórico de proteger o patrimônio de pessoas incapazes contra possíveis dilapidações, privando o sujeito de deliberar livre e esclarecidamente sobre atos da vida civil, estando, pois, condicionado à representação e assistência materializada pelo instituto da curatela.

De acordo com Stefano Rodotà, "consentir equivale a ser",[46] logo, sem poder expressar a vontade por meio do consentimento, as pessoas com deficiência eram generalizadamente qualificadas como incapazes,

[43] CONSELHO FEDERAL DE MEDICINA. **Recomendação CFM n. 1/2016**. Dispõe sobre o processo de obtenção de consentimento livre e esclarecido na assistência médica. Brasília: Conselho Federal de Medicina, 2016. Disponível em: http://portalmedicohsr.com.br/wp-content/uploads/2017/05/Recomenda%C3%A7%C3%A3o-Termo-de-consentimento.pdf. Acesso em: 1 mar. 2021.

[44] KFOURI NETO, Miguel. **Responsabilidade civil do médico.** 6. ed. rev., atual. e ampl. com novas especialidades: implantodontia, oftalmologia, ortopedia, otorrinolaringologia e psiquiatria. São Paulo: Editora Revista dos Tribunais, 2007. p. 42.

[45] CONSELHO FEDERAL DE MEDICINA. *Id.*

[46] RODOTÀ, Stefano. **Dal soggetto alla persona**. Napoli: Editoriale Scientifica, 2007. item 5.

ao passo que a validade e eficácia das próprias "escolhas" dependiam da participação e convalidação de um terceiro.[47]

Nesse cenário, ante a um regime abstrato e geral, as pessoas com deficiência eram indistintamente tolhidas de parcela da autonomia. O modelo abstrato, baseado no regime das incapacidades, a pretexto de proteger as pessoas vulneráveis, converteu-se em "instrumento de uma abordagem excludente".[48] Assim,

> Na prática, vê-se que o regime de incapacidade jurídica, desenhado de modo geral e abstrato para proteger o incapaz, acaba por mutilar sua autonomia e, consequentemente, sua dignidade. Impõe-se uma autêntica *personalização* do regime de incapacidades de modo a permitir a modulação dos seus efeitos, seja no tocante à sua intensidade, seja no tocante à sua amplitude.[49]

A capacidade tornou-se exceção; logo, a abordagem excludente deve-se à presunção de incapacidade que permeava, até então, as pessoas com deficiência, as quais, em regra, não possuíam condições de deliberar sobre sua vida. A inclusão encontrava-se cada vez mais distante e, por intermédio de um "padrão", determinou-se que pessoas com deficiência não eram capazes de decidir por si próprias. Se não eram capazes de acompanhar esse "padrão", eram julgadas como incapazes, "não sendo reconhecida sua vontade, nem seus anseios, porque destoavam da razão e da moral socialmente aceitáveis."[50]

A fim de reverter referida conjuntura e promover a igualdade material e dignidade das pessoas com deficiência, em 2006 foi celebrada a CDPD, a partir da qual, os países signatários comprometeram-se a

[47] NEVARES, Ana Luiza Maia. SCHREIBER, Anderson. *Id.* p. 39-41.

[48] NEVARES, Ana Luiza Maia. SCHREIBER, Anderson. *Ibid.*

[49] NEVARES, Ana Luiza Maia. SCHREIBER, Anderson . *Id.* p. 41.

[50] CARDOSO, Kelly; FERREIRA, Jussara Suzi Assis Borges Nasser. A análise da (in)competência de pessoas com deficiência mental e intelectual para o exercício de direitos existenciais. **Revista de Biodireito e Direito dos Animais.** Belém, v.5, n.2, p. 01-22, jul./dez. 2019. ISSN: 2525-9695. Disponível em: https://indexlaw.org/index.php/revistarbda/article/view/5775/0. Acesso em: 2 mar. 2021. p. 2.

alterar as legislações internas[51] a fim de promover uma legítima e efetiva inclusão.[52]

Destarte, em substituição ao regime das incapacidades, emergiu um modelo social, em que a capacidade tornou-se regra.[53] Assim sendo,

> Puede afirmarse, sin temor a errar, que es unánime la consideración de que dicho Tratado internacional ha sido crucial en materia de derechos humanos por su enorme impacto, marcando un antes y un después en la evolución de los derechos de las personas diversamente capaces. Su aplicación ha supuesto, sin duda, avances importantísimos, destacadamente, la visibilización de las personas con discapacidad (con independencia del tipo deficiencia y de si tienen o no modificada su capacidad) poniendo el acento retos por alcanzar en su interpretación, grado de cumplimiento y desarrollo normativo. Lamentablemente, persisten numerosos escollos tanto de hecho como jurídicos; se siguen produciendo, sistemáticamente, vulneraciones de derechos.[54]

[51] O Brasil, como país signatário, promulgou em 6 de julho de 2015, a Lei nº 13.146, instituindo a Lei Brasileira de Inclusão da Pessoa com Deficiência (Estatuto da Pessoa com Deficiência).

[52] TESÓN, Inmaculada Vivas. Capacidad jurídica y sistema de apoyos tras la convención ONU de los derechos de las personas con discapacidad. *In:* TEPEDINO, Gustavo; MENEZES, Joyceane Bezerra de (Coord.). **Autonomia privada, liberdade existencial e direitos fundamentais.** Belo Horizonte: Fórum, 2019. p. 59-64.

[53] Em virtude da alteração do regime de incapacidades na legislação civil, o Código Civil sofreu alteração em seus arts. 3º e 4º, restringindo a incapacidade absoluta apenas aos menores de 16 anos. Veja-se:

Art. 3 º São absolutamente incapazes de exercer pessoalmente os atos da vida civil os menores de 16 (dezesseis) anos.

Art. 4 º São incapazes, relativamente a certos atos ou à maneira de os exercer:

I – os maiores de dezesseis e menores de dezoito anos;

II – os ébrios habituais e os viciados em tóxico;

III – aqueles que, por causa transitória ou permanente, não puderem exprimir sua vontade;

IV – os pródigos.

Parágrafo único. A capacidade dos indígenas será regulada por legislação especial.

BRASIL. **Lei nº 10.406, de 10 de janeiro de 2002.** Institui o Código Civil. Brasília: Congresso Nacional, [2018]. Disponível em: http://www.planalto.gov.br/ccivil_03/LEIS/2002/L10406.htm. Acesso em: 8 mar. 2021.

[54] Tradução livre: Pode-se afirmar, sem medo de errar, que é unânime que dito tratado internacional tem sido crucial em matéria de direitos humanos devido ao seu enorme impacto, marcando um antes e um depois na evolução dos direitos das pessoas com

Há que se ponderar que, apesar do regime jurídico ter sido alterado, considerar uma pessoa com deficiência plena e juridicamente capaz não importa no abandono da condição de vulnerável, merecendo, ainda, proteção mais rigorosa por parte do legislador.[55] Em outras palavras, considerar a pessoa com deficiência capaz para exercer os atos da vida civil não o retira do rol de sujeitos vulneráveis.

Contudo, ao tratar a respeito da compreensão da pessoa com deficiência sobre determinado procedimento médico e a consequente externalização do consentimento livre e esclarecido, transpõe-se o regime de incapacidade/capacidade, sendo necessária a análise da *competência* para tomada de uma decisão. Isto porque o conceito de capacidade não é hábil quando se trata de direitos existenciais, sobretudo os afetos à saúde.[56]

O vocábulo "competência" avulta-se como matriz mais adequada para examinar o discernimento da pessoa com deficiência mental/intelectual para a tomada de decisões médicas, sendo utilizado amplamente na medicina e na bioética.[57] Isto porque falar em discernimento implica na análise da competência, vez que é por intermédio dela que o profissional da área médica verifica se o paciente apresenta ou não habilidades para consentir o tratamento, eis que "não se pode considerar 'informada' pelo médico a pessoa que não tem condições pessoais de intelecção e autodeterminação".[58]

diferentes capacidades. A sua aplicação implicou, sem dúvida, avanços muito importantes, nomeadamente na visibilidade das pessoas com deficiência (independentemente do tipo de deficiência e se a sua capacidade foi alterada ou não), destacando desafios a serem alcançados na sua interpretação, grau de cumprimento e desenvolvimento normativo. Infelizmente, muitas armadilhas jurídicas e factuais persistem; as violações de direitos continuam a ocorrer sistematicamente.
TESÓN, 2019. p. 59.

[55] CARDOSO, Kelly; FERREIRA, Jussara Suzi Assis Borges Nasser. *Id.* p. 2.

[56] MARTINS-COSTA, Judith. Capacidade para consentir e esterilização de mulheres tornadas incapazes pelo uso de drogas: notas para uma aproximação entre a técnica jurídica e a reflexão bioética. *In:* MARTINS-COSTA, Judith; MÖLLER, Letícia Ludwing (Org.). **Bioética e responsabilidade.** Rio de Janeiro: Forense, 2009. p. 324-328.

[57] CARDOSO, Kelly; FERREIRA, Jussara Suzi Assis Borges Nasser. *Id.* p. 6.

[58] MARTINS-COSTA, Judith. *Id.* p. 328.

O discernimento não corresponde a "fator determinante do reconhecimento da capacidade de agir",[59] contudo, é precípuo para a obtenção do consentimento livre e esclarecido. Diferenciam-se entre si, vez que

> Enquanto a capacidade é o critério legal que autoriza a pessoa capaz a tomar decisões autônomas e válidas, a competência traduz um conceito clínico de possuir habilidade para a tomada de decisões válidas em relação ao tratamento. A capacidade exprime um significado estático. Ela está ou não presente em todas as circunstâncias e exprime um prejulgamento do ordenamento jurídico sobre a viabilidade do consentimento da pessoa ser tido como relevante. A outro lado, o conceito de competência utilizado pelos profissionais de saúde é dinâmico e mutável, pois inclui fatores adicionais de extrema importância no julgamento clínico, como a consistência na expressão das decisões durante o tempo e a comparação entre a personalidade antes da doença e o estado emocional atual no impacto no processo da tomada de decisões.[60]

A dinamicidade refletida pela competência contrapõe-se à estaticidade da capacidade, reiterando-se, assim, a maior adequação daquela quando diante de diagnósticos e prognósticos médicos, justamente pela fluidez e extemporaneidade que caracterizam as reações do corpo humano. À luz da bioética, a competência corresponderia a um dos três elementos fundamentais para a exteriorização do consentimento, em conjunto com o dever médico de prestar informações adequadas e a vedação à coação do paciente.[61]

[59] LIMA, Taisa Maria Macena de; SÁ, Maria de Fátima Freire de. Estatuto da pessoa com deficiência e questões médicas. *In:* SÁ, Maria de Fátima Freire de; LIMA, Taísa Maria Macena de; MOREIRA, Diogo Luna (Org.). **Autonomia e vulnerabilidade.** Belo Horizonte: Arraes Editores, 2017. p. 123.

[60] ROSENVALD, Nelson. A necessária revisão da teoria das incapacidades. *In:* NEVES, Thiago Ferreira Cardoso (Coord.). **Direito & justiça social:** por uma sociedade mais justa, livre e solidária. Estudos em homenagem ao professor Sylvio Capanema de Souza. São Paulo: Atlas, 2013. p. 155.

[61] Especificamente, para que o consentimento ou rejeição de um paciente a um tratamento sugerido seja considerado válido, três critérios devem ser satisfeitos: 1. O paciente deve receber do médico informação adequada sobre o tratamento sugerido. Como mínimo, isso deve incluir os possíveis danos e benefícios que o tratamento poderá trazer. Além do mais, o

Insta salientar que a análise da competência não se restringe ao campo de deliberação das pessoas com deficiência. Isto porque, conforme pontuado, a habilidade de discernir sobre diagnósticos e prognósticos não tem relação com a capacidade ou incapacidade civil de um sujeito. A competência, então, não é universal, de tal forma que uma pessoa pode ter condições de tomar decisão em um determinado momento, mas ser incapaz de tomar a mesma decisão em circunstâncias diferentes. Logo, uma pessoa com deficiência poderá ser competente para consentir sobre um tratamento, enquanto que uma pessoa que não apresenta deficiência poderá não ser hábil a realizar tal discernimento, e vice-versa.[62]

Feitas as ponderações acerca dos institutos da capacidade e competência, sobretudo com relação às pessoas com deficiência mental/intelectual, faz-se mister retomar o estudo sobre o exercício da autonomia bioética, a fim de verificar se a pessoa com deficiência intelectual/mental possui discernimento para decidir sobre direitos existenciais, especificamente, no que toca os tratamentos de saúde.

paciente deve ser informado dos possíveis danos significativos e benefícios associados com qualquer outro tratamento que possa razoavelmente ser utilizado nas presentes circunstâncias para poder comparar as duas condutas. Finalmente, o paciente deve ser informado do provável curso a ser seguido pela sua doença, se ele eleger não receber qualquer tipo de tratamento. 2. O paciente não deve ser coagido a consentir. Certamente o paciente também não deve ser coagido a rejeitar o tratamento, porém isso que raramente ocorre. [...] 3 O paciente deve ser totalmente competente para consentir ou rejeitar um tratamento [...]

CULVER, Charles M. Relação médico-paciente: b) competência do paciente. Tradução de Patrícia Roffo de Nelson. *In:* SEGRE, Marco; COHEN, Claudio (Org.). **Bioética.** 3. ed. São Paulo: EDUSP, 2002. p. 95-96.

[62] Para Kelly Cardoso e Jussara Suzi Assis Borges Nasser Ferreira (*Id.* p. 19), a partir da interdisciplinaridade é possível "agregar o conceito e a utilização da 'competência' que pretende uma avaliação mais adequada das habilidades e das máximas para obter então o consentimento [...]. " Nessa linha, concluem que "diversamente da avaliação da capacidade, a avaliação da competência (termo médico) para o exercício de questões existenciais coaduna a autodeterminação da pessoa com deficiência mental e intelectual e sua proteção. A avaliação pela competência não interfere na declaração de capacidade da pessoa com deficiência mental e intelectual, mas apenas no exercício da tomada de decisões médicas que requerem o consentimento informado. Constatando-se a incompetência da pessoa para aquela situação específica poderá outra pessoa decidir em prol do bem-estar do paciente. Não se trata de um paternalismo, mas de um ajuste na solução de situações fáticas específicas."

3. Consentimento livre e esclarecido da pessoa com deficiência mental/intelectual

De fato, a manifestação do consentimento livre e esclarecido materializa o exercício da autonomia dos pacientes nos procedimentos médicos, na medida que é assegurada a participação do sujeito no processo de informação e compreensão da terapia sugerida. Munido de informações e esclarecimentos médicos de qualidade, o paciente deve possuir *discernimento* para a tomada de decisão, enfatizando, contudo, que a *competência* – instituto atrelado ao discernimento com relação aos tratamentos de saúde –, apesar de sofrer influências do instituto da *capacidade*, com ela não se confunde, tampouco se subordina.

Conforme já pontuado, a relação médico-paciente nem sempre possuiu os contornos contemporâneos, perpetuando, por muito tempo, uma relação assimétrica, na qual o paciente era levado a tratamentos sem que lhe fosse oportunizada qualquer manifestação. Daí decorre a relevância do trinômio informação-autonomia-consentimento, eis que tal expressão

> [...] se transforma em fórmula-base para as relações entre os profissionais da saúde e pacientes, uma vez que o exercício da autonomia para fins de saúde e integridade psicofísica depende da informação adequada para um consentimento efetivamente livre e esclarecido. Ao passo que o dever de informar se torna um padrão de conduta exigido nas relações entre médicos e pacientes.[63]

Por esse ângulo, imperioso se faz o resgate da Recomendação n.º 1/2016 do Conselho Federal de Medicina, que prevê como funções do consentimento livre e esclarecido o respeito aos princípios da autonomia, da dignidade, da liberdade de escolha e da igualdade do paciente, a aproximação da relação de colaboração entre médico e paciente e a definição dos parâmetros de atuação do profissional da saúde.[64]

[63] SCHULMAN, Gabriel; ALMEIDA, Vitor. Novos olhares sobre a responsabilidade civil na saúde: autonomia, informação e desafios do consentimento na relação médico-paciente. *In:* ROSENVALD, Nelson; MENEZES, Joyceane Bezerra de; DADALTO, Luciana (Coord.). **Responsabilidade civil e medicina.** Indaiatuba: Foco, 2020. p. 24.

[64] CONSELHO FEDERAL DE MEDICINA. *Id.*

Assim, nos termos da Recomendação, a obtenção do consentimento estaria vinculada à presença de certos elementos, quais sejam: (a) elementos iniciais; (b) elementos informativos; e (c) compreensão da informação. Para que o paciente possa manifestar seu consentimento, portanto, é fundamental a efetivação da liberdade para adotar uma decisão. Na sequência, requer a exposição da informação material, com a explicação da situação e das recomendações diagnósticas e terapêuticas. Por fim, munido dos elementos informativos e, possuindo condições de discernir, passa-se à efetiva decisão/escolha do paciente.[65]

Com relação ao consentimento livre e esclarecido da pessoa com deficiência intelectual/mental, vital enfatizar o direcionamento conferido por esse documento. Em suma, pessoas consideradas capazes manifestam consentimento, ao passo que indivíduos incapazes exaram assentimento. Sucede que, independentemente da qualificação – capaz ou incapaz –, assegura-se, pela Recomendação, a máxima participação do paciente na tomada de decisão sobre os procedimentos e terapias aos quais será submetido, ainda que excepcionalmente incapaz.[66]

A despeito da capacidade das pessoas com deficiência mental/intelectual para o exercício dos direitos na ordem civil, é fundamental o exame da competência para consentir a ser conduzido por um profissional médico. Logo,

> [...] em se tratando de deficiência intelectual, o médico deve informar o paciente em linguagem adequada e compatível com as limitações do paciente, evitando o emprego de termos técnicos rebuscados, de modo que permite a compreensão de todos os dados relevantes. Para aferir se a pessoa com deficiência possui capacidade para consentir sobre cuidados de saúde, recomenda-se a verificação das seguintes habilidades: (I) para compreender informações; (II) para autorreferenciar informações; (III) para manipular a informação relevante para a tomada de decisão; e (IV) para comunicar uma decisão.[67]

[65] CONSELHO FEDERAL DE MEDICINA.*Ibid.*

[66] CONSELHO FEDERAL DE MEDICINA. *Ibid.*

[67] LUSTOSA, Paulo Franco. Título II: Dos direitos fundamentais. Capítulo I: Do direito à vida. *In:* MARTINS, Guilherme Magalhães; HOUAISS, Lívia Pitelli Zamarian (Coord.). **Estatuto da Pessoa com Deficiência:** comentários à Lei n. 13.146/2015. Indaiatuba: Foco, 2019. p. 57.

Melhor dizendo, nas hipóteses de deficiência intelectual ou mental, ainda que constatada a incompetência da pessoa para a tomada de decisões sobre a própria saúde, é dever do médico, além de prestar todas as informações e esclarecimentos, proceder a verificação cautelosa das habilidades do paciente de compreender e autorreferenciar informações, permitindo que, mesmo assim, contribua com a decisão.

Perfazendo um breve resgate histórico, o *Belmont Report*[68] já se dedicava ao princípio do respeito às pessoas ao particularizar os indivíduos com autonomia diminuída. Por via da terminologia "capacidade de autodeterminação", o documento faz menção à *competência* para discernir sobre tratamentos médicos.

Reconhecendo que nem todas as pessoas possuíam condições de se autodeterminar, o Relatório pontuava a necessidade de reavaliação periódica da "capacidade de autodeterminação", eis que em razão da inconstância, seria passível de amadurecimento, durante a vida de um indivíduo, ou de ser perdida, total ou parcialmente.[69]

Transportando essa previsão para a atualidade, é certo que, caso seja atestada a ausência de competência da pessoa com deficiência mental/intelectual para tomada de decisões com relação à sua saúde, essa "condição" deverá ser reavaliada de tempos em tempos, não sendo interpretada como permanente.

A respeito, a CDPD, promulgada pelo Decreto nº 6.949, de 25 de agosto de 2009 –, com intuito de proteger e garantir o exercício pleno e equitativo por todas as pessoas com deficiência, prevê como princípios gerais "o respeito pela dignidade inerente, a autonomia individual, inclusive a liberdade de fazer as próprias escolhas, e a independência das pessoas" – art. 3º.[70]

Vedada qualquer discriminação baseada na deficiência, os Estados signatários se comprometem com o combate de estereótipos, preconceitos

[68] BELMONT REPORT. *Id.*

[69] *Ibid.*

[70] BRASIL. **Decreto nº 6.949, de 25 de agosto de 2009**. Promulga a Convenção Internacional sobre os Direitos das Pessoas com Deficiência e seu Protocolo Facultativo, assinados em Nova York, em 30 de março de 2007. Congresso Nacional: Brasília, 25 ago. 2009. Disponível em: http://www.planalto.gov.br/ccivil_03/_ato2007-2010/2009/decreto/d6949.htm. Acesso em: 15 mar. 2021.

e práticas nocivas – artigo 5º c/c artigo 8º.[71] Assim, reafirma-se o direito das pessoas com deficiência de serem reconhecidas como "pessoas perante a lei", desfrutando "de capacidade legal em igualdade de condições com as demais pessoas em todos os aspectos da vida" – artigo 12.[72]

Propriamente com relação aos procedimentos médicos, tal Convenção reconhece expressamente, por meio de seu artigo 15, a importância da obtenção do consentimento livre e esclarecido de pessoas com deficiência, assegurando, em conjunto com os artigos 17 e 25 o respeito à integridade física e mental, vedando a subordinação a tratamentos médicos experimentais ou científicos sem o livre consentimento.[73]

Ante o compromisso assumido pelo Brasil de combater as formas de discriminação, promover a inclusão das pessoas com deficiência e garantir o exercício máximo de sua dignidade, passa-se para a análise conferida pela Lei Brasileira de Inclusão da Pessoa com Deficiência – LBI. Nos termos do art. 6º, desta Lei, o regime da plena capacidade civil foi instituído como regra geral; logo a pessoa com deficiência é capaz de exercer atos existenciais, a exemplo da conservação da fertilidade.[74]

Quanto ao consentimento, o art. 11, *caput,* da LBI dispõe "[...] a pessoa com deficiência não poderá ser obrigada a se submeter a intervenção clínica ou cirúrgica, a tratamento ou a institucionalização forçada", de modo que "o consentimento prévio, livre e esclarecido da pessoa com deficiência é indispensável para a realização de tratamento, procedimento, hospitalização e pesquisa científica" – art. 12, *caput,* da LBI.[75]

O Estatuto normatizou o teor da Recomendação CFM n.º 1/2016, especificando-o com relação às pessoas com deficiência. Portanto, a obtenção do consentimento é obrigatória, salvo "em situações de risco, emergência ou estado de calamidade pública" – parágrafo único do art. 10, da LBI.[76]

[71] BRASIL. **Decreto nº 6.949, de 25 de agosto de 2009.** *Ibid.*

[72] BRASIL. **Decreto nº 6.949, de 25 de agosto de 2009.** *Ibid.*

[73] BRASIL. **Decreto nº 6.949, de 25 de agosto de 2009.** *Ibid.*

[74] BRASIL. **Lei nº 13.146, de 6 de julho de 2015**. Institui a Lei Brasileira de Inclusão da Pessoa com Deficiência (Estatuto da Pessoa com Deficiência). Congresso Nacional: Brasília, 6 jul. 2015. Disponível em: http://www.planalto.gov.br/ccivil_03/_ato2015-2018/2015/lei/l13146.htm. Acesso em: 16 mar. 2021.

[75] BRASIL. **Lei nº 13.146, de 6 de julho de 2015**. *Ibid.*

[76] BRASIL. **Lei nº 13.146, de 6 de julho de 2015**. *Ibid.*

Relativamente ~~a~~ à tomada de decisão apoiada – art. 1.783-A, do Código Civil de 2002 – inseriu-se na ordem jurídica um instituto de "apoio" à pessoa com deficiência, na tomada de decisão sobre os atos da vida civil, viabilizando os elementos e informações necessários ao exercício da capacidade plena. Porém, como destaca Eduardo Tomasevicius Filho, resta saber de que maneira as pessoas com deficiência mental terão o necessário discernimento para lavrar o termo de 'tomada de decisão assistida' para os atos da vida civil.[77]

Pontua-se que a tomada de decisão apoiada não serviu para extinção da curatela – art. 1.767 a 1.783, do Código Civil. Assim, no que toca à curatela, apesar de remetida exclusivamente aos direitos de natureza negocial e patrimonial pelo *caput* do art. 85 da LBI, surte influência na prática de atos existenciais, de modo que a obtenção do consentimento da pessoa curatelada poderá ser suprida – parágrafo único do art. 11, da LBI.

Estando diante do modelo de Estado Democrático de Direito, consagrado pela Carta Constitucional, irrazoável se faz a interpretação isolada dos dispositivos infraconstitucionais. Partindo de uma leitura conjunta dos arts. 11, 6º, e 85 da LBI, rechaça-se a primeira impressão de que a curatela seria incompatível com os atos personalíssimos. Então,

> [...] o consentimento da pessoa com deficiência em situação de curatela somente será suprimido, como medida extrema, quando a mesma se encontrar completamente exaurida da possibilidade de autodeterminar. Em sendo possível colher a vontade da pessoa com deficiência mental em situação de curatela, sua autonomia existencial deverá ser respeitada na maior medida possível.[78]

Ante o exposto, curatela e tomada de decisão apoiada, embora digam respeito à *capacidade*, podem vir a gerar reflexos no consentimento – *competência* – da pessoa com deficiência mental/intelectual. Uma vez constatada a inabilidade para discernir/consentir, em último caso, o consentimento poderá ser complementado.

[77] TOMASEVICIUS FILHO, Eduardo. O Código Civil brasileiro na disciplina da pesquisa com seres humanos. **Revista de direito sanitário,** São Paulo, v. 16, n. 2, p. 116-146. jul./ out. 2015. p. 131.

[78] LUSTOSA, Paulo Franco. *Id.* p. 54-55.

Entretanto, repisa-se que mesmo diante da *incompetência* para tomada de decisões com relação à sua saúde, deve ser assegurada a participação da pessoa com deficiência, "no maior grau possível, para obtenção de consentimento" – §1º, art. 12, da LBI, uma vez que "a subordinação ao consenso transforma a ação orientada por considerações egocêntricas em ação comunicativa."[79]

Em síntese, o exercício livre e esclarecido do consentimento por uma pessoa com deficiência intelectual é consagrado como expressão da sua própria dignidade, com fundamento nos substratos da integridade psicofísica e da autonomia – a liberdade. Desse modo, garante-se normativamente o respeito a autonomia existencial, ao prever a participação máxima da pessoa com deficiência na tomada de decisão, quando constatada a sua *incompetência.* Visa-se, portanto, a salvaguarda de sua vulnerabilidade, sem essa tutela implique em qualquer espécie de discriminação.

Conclusões

Diante do exposto, pôde-se observar os contornos da autonomia da pessoa com deficiência mental ou intelectual. A análise foi proposta à luz do Direito Civil Constitucional e dos referenciais Bioéticos.

Percebe-se que a temática "autonomia" adquiriu grande destaque quando a dignidade da pessoa humana se converteu em um dos fundamentos da Constituição Federal de 1988. Assim, o ser humano passou a ser valorizado e as vulnerabilidades, como as deficiências, tornaram-se o centro de todo o ordenamento jurídico.

Contudo, para exercer a autonomia no campo médico, é necessário que a pessoa esteja plenamente consciente e esclarecida sobre os procedimentos e tratamentos médicos a que irá se submeter. Dessa forma, o profissional da saúde deve fornecer as informações médicas ao paciente para que esse exercite a sua autonomia. Entretanto, deve-se frisar que a autonomia do paciente não é absoluta, podendo ser flexibilizada em caso de iminente risco de morte.

Especificamente no tocante às pessoas com deficiência, o regime jurídico das capacidades passou por uma grande mudança nos últimos

[79] HABERMAS, Jürgen. **O futuro da Natureza Humana:** a caminho de uma eugenia liberal? Tradução de Karina Jannini: revisão da tradução Eurides Acance de Souza. São Paulo: Martins Fontes, 2004. p. 73.

anos. Primeiramente, o ordenamento jurídico brasileiro as consideravam como incapazes, mas isso se alterou com a CDPD e a LBI. A partir de então, estes indivíduos são vistos como plena e juridicamente capazes para exercer atos da vida civil.

Questiona-se neste trabalho se tal autonomia da pessoa com deficiência se estende para os atos médicos, e para responder a tal indagação deve-se observar se aquela pessoa apresenta competência para a tomada de decisão. Neste contexto, tem-se que o profissional de saúde deve informar o paciente sobre o procedimento e verificar, de forma cautelosa, as habilidades daquele de compreender as informações que foram repassadas.

É essencial que o paciente deficiente intelectual, assim como os demais, seja plenamente esclarecido e possa exercer o seu consentimento, porque isso é baseado no princípio da dignidade da pessoa humana. É possível, em caso de incompetência, que o indivíduo tenha um tomador de decisões ou um curador, conforme previsto na legislação brasileira. Todavia, é essencial que a manifestação de vontade do paciente seja considerada e respeitada, garantindo a sua máxima participação no processo de tomada de decisão.

Referências

AMARAL, Ana Cláudia Corrêa Zuin Mattos do; PONA, Éverton Willian. Fragmentos da autonomia e respeito à pessoa: um referencial de múltiplas fontes. *In:* ARAUJO JUNIOR, Miguel Etinger; AMARAL, Ana Cláudia Corrêa Zuin Mattos do (Org.). **Estudos em direito negocial**: relações privadas e direitos humanos. São Paulo: Boreal, 2015.

AZEVEDO, Álvaro Villaça. Autonomia do paciente e direito de escolha de tratamento médico sem transfusão de sangue. *In*: AZEVEDO, Álvaro Villaça; LIGIERA, Wilson Ricardo. **Direitos do paciente.** São Paulo: Saraiva, 2012.

BARROSO, Luís Roberto. **A dignidade da pessoa humana no direito constitucional contemporâneo**: natureza jurídica, conteúdos mínimos e critérios de aplicação. Disponível em: https://luisrobertobarroso.com.br/wp-content/uploads/2016/06/Dignidade_textobase_11dez 2010.pdf. Acesso em: 22 fev. 2021.

BELMONT REPORT. Ethical Principles and Guidelines for the Protection of Human Subjects of Research. The National Commission for the Protection of Human Subjects of Biomedical and Behavioral Research. 18 abr. 1979. Disponível em: https://www.hhs.gov/ohrp/regulations-and-policy/belmont-report/read-the--belmontreport/ index.html#xrespect. Acesso em: 23 fev. 2021.

BERGSTEIN, Gilberto. **Os limites do dever de informação na relação médico-paciente e sua prova.** 2012. 271 f. Tese (Doutorado em Direito Civil) – Faculdade de Direito da Universidade de São Paulo, São Paulo.

BRASIL. [Constituição (1988)]. Constituição da República Federativa do Brasil de 1988. Brasília, DF: Presidência da República, [2016]. Disponível em: http://www.planalto.gov.br/ccivil_03/Constituicao/Constituicao.htm. Acesso em: 19 fev. 2021.

______. **Decreto nº 6.949, de 25 de agosto de 2009**. Promulga a Convenção Internacional sobre os Direitos das Pessoas com Deficiência e seu Protocolo Facultativo, assinados em Nova York, em 30 de março de 2007. Congresso Nacional: Brasília, 25 ago. 2009. Disponível em: http://www.planalto.gov.br/ccivil_03/_ato2007-2010/2009/decreto/d6949.htm. Acesso em: 15 mar. 2021.

______. **Lei nº 10.406, de 10 de janeiro de 2002**. Institui o Código Civil. Brasília: Congresso Nacional, [2018]. Disponível em: http://www.planalto.gov.br/ccivil_03/LEIS/2002/L10406.htm. Acesso em: 8 mar. 2021.

______. **Lei nº 13.146, de 6 de julho de 2015**. Institui a Lei Brasileira de Inclusão da Pessoa com Deficiência (Estatuto da Pessoa com Deficiência). Congresso Nacional: Brasília, 6 jul. 2015. Disponível em: http://www.planalto.gov.br/ccivil_03/_ato2015-2018/2015/lei/l13146.htm. Acesso em: 16 mar. 2021.

CARDOSO, Kelly; FERREIRA, Jussara Suzi Assis Borges Nasser. A análise da (in) competência de pessoas com deficiência mental e intelectual para o exercício de direitos existenciais. **Revista de Biodireito e Direito dos Animais.** Belém, v.5, n.2, p. 01-22, jul./dez. 2019. ISSN: 2525-9695. Disponível em: https://indexlaw.org/index.php/revistarbda/article/view/5775/0. Acesso em: 2 mar. 2021.

CONSELHO FEDERAL DE MEDICINA. **Recomendação CFM nº 1/2016.** Dispõe sobre o processo de obtenção de consentimento livre e esclarecido na assistência médica. Brasília: Conselho Federal de Medicina, 2016. Disponível em: http://portalmedicohsr.com.br/wp-content/uploads/2017/05/Recomenda%C3%A7%C3%A3o-Termo-de-consentimento.pdf. Acesso em: 1 mar. 2021.

______. **Resolução nº 2.217, de 01 de novembro de 2018**. Aprova o Código de Ética Médica. Brasília: Conselho Federal de Medicina, 2018. Disponível em: http://sistemas.cfm.org.br/normas/visualizar/resolucoes/BR/2018/2217. Acesso em: 26 fev. 2021.

CORDEIRO, António Manuel da Rocha e Menezes. **Da boa-fé no direito civil.** Coimbra: Almedina, 1984.

CULVER, Charles M. Relação médico-paciente: b) competência do paciente. Tradução de Patrícia Roffo de Nelson. *In:* SEGRE, Marco; COHEN, Claudio (Org.). **Bioética.** 3. ed. São Paulo: EDUSP, 2002.

DIAS, José de Aguiar. **Da responsabilidade civil.** 12. ed. Rio de Janeiro: Lumen Juris, 2012.

DINIZ, Maria Helena. **O estado atual do biodireito.** 10. ed. São Paulo: Saraiva, 2017.

DUARTE, Netor. *In:* PELUSO, Cezar (Coord.). **Código civil comentado:** doutrina e jurisprudência: Lei n. 10.406, de 10.01.2002: contém o Código civil de 1916. 6. ed., rev. e atual. Barueri, SP: Manole, 2012.

DURAND, Guy. **Introdução geral à bioética:** história, conceito e instrumentos. Tradução Nicolás Nyimi Campanário. 2.ed. São Paulo: Edições Loyola, 2007. 431 p. 187. Material disponível em: <https://books.google.com.br>. Acesso em: 24 out. 2017.

GARCIA, Leonardo de Medeiros. Deveres de consideração nas relações contratuais. **Revista Unifacs**, n. 176, p. 1-20, fev./2015. Disponível em: http://revistas.unifacs.br/index.php/redu/article/view/3466/2482. Acesso em: 24 fev. 2021.

GUSTIN, Miracy. **Das necessidades humanas aos direitos***:* ensaio de sociologia e filosofia do direito. Belo Horizonte: Del Rey, 1999.

HABERMAS, Jürgen. **O futuro da Natureza Humana:** a caminho de uma eugenia liberal? Tradução de Karina Jannini: revisão da tradução Eurides Acance de Souza. São Paulo: Martins Fontes, 2004.

KFOURI NETO, Miguel. **Responsabilidade civil do médico.** 6. ed. rev., atual. e ampl. com novas especialidades: implantodontia, oftalmologia, ortopedia, otorrinolaringologia e psiquiatria. São Paulo: Editora Revista dos Tribunais, 2007.

LÊDO, Ana Paula Silveira; MARQUESI, Roberto Wagner. O princípio da boa-fé objetiva como densificador da dignidade humana nas relações negociais. **Scientia Iuris**, Londrina, v. 21, n. 3, p.248-286, nov. 2017. DOI: 10.5433/2178-8189.2017v21n3p248. ISSN: 2178-8189. Disponível em: http://www.uel.br/revistas/uel/index.php/iuris/article/view/30759. Acesso em: 13 mar. 2021

LIMA, Taisa Maria Macena de; SÁ, Maria de Fátima Freire de. Estatuto da pessoa com deficiência e questões médicas. *In:* SÁ, Maria de Fátima Freire de; LIMA, Taísa Maria Macena de; MOREIRA, Diogo Luna (Org.). **Autonomia e vulnerabilidade.** Belo Horizonte: Arraes Editores, 2017.

LUSTOSA, Paulo Franco. Título II: Dos direitos fundamentais. Capítulo I: Do direito à vida. *In:* MARTINS, Guilherme Magalhães; HOUAISS, Lívia Pitelli Zamarian (Coord.). **Estatuto da Pessoa com Deficiência:** comentários à Lei n. 13.146/2015. Indaiatuba: Foco, 2019.

MALUF, Carlos Alberto Dabus Maluf; MALUF, Adriana Caldas do Rego Freitas Dabus Maluf. A responsabilidade civil na relação dos profissionais da área da saúde e paciente. *In*: AZEVEDO, Álvaro Villaça; LIGIERA, Wilson Ricardo. **Direitos do paciente.** São Paulo: Saraiva, 2012. p. 511-551.

MARQUES, Claudia Lima. A responsabilidade dos médicos e do hospital por falha no dever de informar o consumidor. **Revista dos Tribunais**, São Paulo, v. 827, ano 93, p. 11-48, set. 2004.

MARTINS-COSTA, Judith. Capacidade para consentir e esterilização de mulheres tornadas incapazes pelo uso de drogas: notas para uma aproximação entre a técnica jurídica e a reflexão bioética. *In:* MARTINS-COSTA, Judith; MÖLLER, Letícia Ludwing (Org.). **Bioética e responsabilidade.** Rio de Janeiro: Forense, 2009.

MORAES, Maria Celina Bodin de. **Na medida da pessoa humana**: estudos de direito civil. Rio de Janeiro: Renovar, 2010.

NEVARES, Ana Luiza Maia. SCHREIBER, Anderson. Do sujeito à pessoa: uma análise da incapacidade civil. *In:* TEPEDINO, Gustavo; TEIXEIRA, Ana Carolina Brochado; ALMEIDA, Vitor (Coord.). **O Direito Civil entre o sujeito e a pessoa:** Estudos em homenagem ao professor Stefano Rodotà. Belo Horizonte: Fórum, 2016.

NEVES, Maria do Céu Patrão. Contexto cultural e consentimento: uma perspectiva antropológica. *In:* GARRAFA, Volnei; PESSINI, Leocir (Org). **Bioética: poder e injustiça.** 2. ed. São Paulo: Centro São Camilo: Edições Loyola, 2004. p. 487-498.

NOBRE JÚNIOR, Edilson Pereira. O direito brasileiro e o princípio da dignidade da pessoa humana. **Revista de Direito Administrativo**. Rio de Janeiro, v. 219, p. 237/251, jan./mar. 2000. p. 244-246. Disponível em: 47505-Texto do Artigo-93312-1-10-20150320.pdf. Acesso em: 20 fev. 2021.

RODOTÀ, Stefano. **Dal soggetto alla persona**. Napoli: Editoriale Scientifica, 2007. item 5.

ROSENVALD, Nelson. A necessária revisão da teoria das incapacidades. *In:* NEVES, Thiago Ferreira Cardoso (Coord.). **Direito & justiça social:** por uma sociedade mais justa, livre e solidária. Estudos em homenagem ao professor Sylvio Capanema de Souza. São Paulo: Atlas, 2013.

______. **Dignidade da pessoa humana e boa-fé objetiva.** São Paulo: Saraiva, 2005.

SCHULMAN, Gabriel; ALMEIDA, Vitor. Novos olhares sobre a responsabilidade civil na saúde: autonomia, informação e desafios do consentimento na relação médico-paciente. *In:* ROSENVALD, Nelson; MENEZES, Joyceane Bezerra de; DADALTO, Luciana (Coord.). **Responsabilidade civil e medicina.** Indaiatuba: Foco, 2020.

SZTAJN, Rachel. **Autonomia privada e direito de morrer:** eutanásia e suicídio assistido. São Paulo: Cultural Paulista, 2002.

______. Reflexões sobre o consentimento informado. *In:* AZEVEDO, Álvaro Villaça; LIGIERA, Wilson Ricardo. **Direitos do paciente.** São Paulo: Saraiva, 2012. p. 173-190.

TEIXEIRA, Ana Carolina Brochado. Autonomia Existencial. **Revista Brasileira de Direito Civil – RBDCivil**. Belo Horizonte, v. 16, p. 75-104, abr./jun. 2018. p. 79. Disponível em: https://rbdcivil.ibdcivil.org.br/rbdc/article/view/232. Acesso em: 20 fev. 2021.

TESÓN, Inmaculada Vivas. Capacidad jurídica y sistema de apoyos tras la convención ONU de los derechos de las personas con discapacidad. *In:* TEPEDINO, Gustavo; MENEZES, Joyceane Bezerra de (Coord.). **Autonomia privada, liberdade existencial e direitos fundamentais.** Belo Horizonte: Fórum, 2019.

TOMASEVICIUS FILHO, Eduardo. O Código Civil brasileiro na disciplina da pesquisa com seres humanos. **Revista de direito sanitário,** São Paulo, v. 16, n. 2, p. 116-146. jul.-out. 2015.

TROCA, Silvana Fátima. A interpretação dos negócios biojurídicos à luz dos referenciais bioéticos: uma análise crítica. *In:* PAIANO, Daniela Braga; ESPOLADOR, Rita de Cássia Resquetti Tarifa (Org.). **Questões atuais dos negócios jurídicos à luz do biodireito**: discussões sobre negócios biojurídicos. Londrina: Thoth, 2019.

6. CASAMENTO DA PESSOA COM DEFICIÊNCIA

Luíza Souto Nogueira

Introdução

Em que pese o Brasil, por meio do Decreto Legislativo n.º 186/2008, ter aprovado o texto da Convenção sobre os Direitos das Pessoas com Deficiência - CDPD e de seu Protocolo Facultativo, assinados em Nova Iorque, em 30 de março de 2007, foi com a Lei Brasileira de Inclusão da Pessoa com Deficiência - LBI, que o tema acerca dos direitos da pessoa com deficiência ganhou a atenção dos operadores do direito.

Isso porque, com a entrada em vigor da LBI, houve significativa modificação na teoria das incapacidades e, com isso, as pessoas com deficiência - de natureza física, mental, intelectual ou sensorial - passaram a não mais se enquadrar no rol dos absoluta ou relativamente incapazes tão somente em razão da deficiência, deixando a deficiência de ser sinônimo de incapacidade.

Ao prever expressamente que a deficiência não afeta a plena capacidade civil da pessoa, a LBI elencou, nos incisos do artigo 6º, um rol de direitos que não podem mais ser negados a essas pessoas, antes privadas de muitos deles. Dentre esses direitos está o de se casar, objeto do presente estudo.

Hoje, pela leitura da LBI e do Código Civil, é possível perceber que a deficiência não é mais causa de incapacidade para o casamento, bem como também deixou de ser hipótese de nulidade e causa de erro essencial sobre a pessoa do cônjuge. Pela interpretação sistemática dos dispositivos que dispõem sobre o tema a conclusão a que se chega é que para fins de casamento basta a livre manifestação de vontade da pessoa maior de dezesseis anos - exigindo autorização dos pais ou responsáveis somente se ainda não tiver atingido dezoito anos.

Entretanto, mesmo com as alterações promovidas pela LBI no Código Civil, ainda há dispositivos que ensejam dúvidas quanto a real liberdade de pessoas com deficiência se casarem, bem como há questionamentos feitos por aqueles que entendem que muitas das alterações implicaram em uma desproteção dessas pessoas.

O objetivo do presente trabalho foi, portanto, realizar uma análise acerca da capacidade da pessoa com deficiência para o casamento, quais os questionamentos mais recorrentes nesse assunto e, a partir de uma pesquisa da jurisprudência notarial e registral de São Paulo e do Tribunal de Justiça do Estado de São Paulo, verificar como tem sido a aplicação prática dessa normativa que já vige há mais de cinco anos.

1. Casamento

1.1. Conceito e natureza jurídica

Casamento, de acordo com o artigo 1.511 do Código Civil, é o instituto de Direito de Família que "estabelece comunhão plena de vida, com base na igualdade de direitos e deveres dos cônjuges". O conceito de casamento, entretanto, é diverso e varia conforme o entendimento do jurista que o estiver conceituando acerca da sua natureza.

Para Clóvis Beviláqua, o casamento é um contrato bilateral e solene pelo qual o homem e a mulher se unem de maneira definitiva (indissolúvel) para estabelecer comunhão de vida e de interesses e se comprometendo à criação da prole eventual.[1]

No entender de Rolf Madaleno, trata-se de um ato complexo que depende da livre manifestação de vontade dos nubentes a aderir a um conjunto de regras predeterminadas.[2]

Paulo Lôbo, por sua vez, o vê como um "ato jurídico negocial solene, público e complexo, mediante o qual o casal constitui família, pela livre manifestação de vontade e pelo reconhecimento do Estado".[3]

A partir da análise dessas conceituações, pode-se perceber que não há consenso doutrinário acerca de qual seja a natureza jurídica do casamento. Pelo contrário, existem, atualmente, três principais correntes apresentadas

[1] BEVILÁQUA, Clóvis. **Direito da família**. 8. ed. atual. por Isaías Beviláqua. Rio de Janeiro: ed. livr. Freitas Bastos. p. 34.

[2] MADALENO, Rolf. **Direito de Família**. 10. ed. Rio de Janeiro: Forense, 2020. p. 104.

[3] LÔBO, Paulo. **Direito civil**: famílias. 11. ed. São Paulo: Saraiva Educação, 2021. p. 44.

pela doutrina: a institucionalista, a contratualista e a mista, também chamada de eclética.

Para a corrente institucionalista, o casamento é "o conjunto de normas imperativas, cujo objetivo é colocar a família como uma organização social e moral",[4] ou seja, é uma instituição social "cujas regras e quadros se acham preestabelecidos pelo legislador, com vistas à organização social da união dos sexos".[5] Justamente por ter essa função de regulação social da união entre duas pessoas, para os adeptos a essa corrente não há espaço para negociação entre os nubentes acerca de como irão regular a união, pois a manifestação da vontade em se casar nada mais é do que a concordância com essas normas preestabelecidas[6]. É a explicação de Maria Helena Diniz:

> A *concepção institucionalista* vê no matrimônio um estado em que os nubentes ingressam. O casamento é tido como uma grande *instituição social*, refletindo uma situação jurídica que surge da vontade dos contraentes, mas cujas normas, efeitos e forma encontram-se preestabelecidos pela lei. [...] O estado matrimonial é, portanto, um estatuto imperativo preestabelecido, ao qual os nubentes aderem.[7]

Tal posição, apesar de destacar o caráter imperativo das normas relativas ao casamento, entende não haver qualquer autonomia para os cônjuges, sendo sua vontade submissa às imposições legais.

Ocorre, entretanto, que, apesar de ser regulamentado por uma série de normas cogentes, o casamento é palco de exercício da autonomia privada, ainda que limitada, razão pela qual a corrente institucionalista não é a mais adequada para explicar sua natureza jurídica.

[4] PEREIRA, Rodrigo da Cunha. **Direito das Famílias**. 2. ed. Rio de Janeiro: Forense, 2021. p. 109.

[5] PEREIRA, Caio Mário da Silva. **Instituições de direito civil**: direito de família – vol. V. 28. ed., revista e atualizada por Tânia da Silva Pereira. Rio de Janeiro: Forense, 2020. p. 88.

[6] AZEVEDO, Álvaro Villaça. **Curso de direito civil**: direito de família. 2. ed. São Paulo: Saraiva Educação, 2019. p. 75-76.

[7] DINIZ, Maria Helena. **Curso de direito civil brasileiro, volume 5**: direito de família. 27. ed. São Paulo: Saraiva, 2012. p. 55.

A segunda corrente é a contratualista, que, originada no Direito Canônico[8] e com respaldo no Código Civil Português[9], entende o casamento como um contrato civil, cuja formação depende da livre manifestação de vontade das partes. Para seus adeptos, não há como negar a natureza negocial, pois depende, para sua formação, da livre manifestação de vontade das partes.[10] É o entendimento de Álvaro Villaça Azevedo:

> O tema sobre a natureza jurídica do casamento é dos mais controvertidos, tendo firmado minha posição de compreendê-lo com natureza contratual específica, no âmbito delicado do organismo da família, onde os direitos e deveres entre os seus membros nascem de relações não só patrimoniais, mas ainda extrapatrimoniais. Patrimoniais com o regime de bens entre os cônjuges, extrapatrimoniais como o exercício do poder familiar.[11]

A terceira corrente formulada com o intento de definir a natureza jurídica do casamento é a mista ou eclética, assim denominada, pois conjuga as ideias trazidas pelas duas correntes anteriores e, com isso, entende que quanto ao seu conteúdo o casamento é uma instituição, e quanto à sua formação é um contrato,[12] sendo, portanto, "um negócio jurídico bilateral *sui generis*".[13] É o que explica Rodrigo da Cunha Pereira:

> [...] podemos dizer que a natureza jurídica do casamento é negocial, ou seja, contratual. Mas vai um pouco além disto, pois há regras no casamento que não podem ser discutidas, ou mudadas, como por exemplo, mudar a forma de celebração ou deixar de atender requisitos da habilitação. [...] O casamento tem em sua essência natureza contratual, pois é de livre escolha, mas traz

[8] "Cânon 1.012: Christus Dominus ad sacramenti dignitatem evexit ipsum contractum matrimonialem inter baptizatos". *In*: PEREIRA, Caio Mário da Silva. *Id*. p. 88.

[9] Artigo 1577º: Casamento é o contrato celebrado entre duas pessoas de sexo diferente que pretendem constituir família mediante uma plena comunhão de vida, nos termos das disposições deste Código.

[10] PEREIRA, Rodrigo da Cunha. *Id*. p. 109-110.

[11] AZEVEDO, Álvaro Villaça. **Curso de direito civil**: direito de família. 2. ed. São Paulo: Saraiva Educação, 2019. p. 75.

[12] HIRONAKA, Giselda Maria Fernandes Novaes. Casamento. **Revista de Direito Civil, Imobiliário, Agrário e Empresarial**, v. 54, p. 7-22, 1990. p. 10

[13] PEREIRA, Caio Mário da Silva. *Id*. p. 88.

consigo também a necessidade do reconhecimento do Estado, pois há regras de ordem pública às quais não se pode negociar, mas apenas aderir.[14]

É essa terceira corrente, que vê o casamento como um negócio jurídico com regras especiais, a que parece ser mais adequada. Isso porque, conforme se depreende da lição de Antônio Junqueira de Azevedo, negócio jurídico nada mais é do que uma "declaração de vontade, a que o ordenamento jurídico atribui os efeitos designados como queridos, respeitados os pressupostos de existência, validade e eficácia impostos pela norma jurídica que sobre ele incide".[15]

O que caracteriza o negócio jurídico não é tão somente a presença de uma vontade destinada à produção de determinados efeitos, mas o fato de essa vontade ser qualificada pelas circunstâncias negociais, ou seja, pelas circunstâncias que fazem com que tal manifestação volitiva seja vista pela sociedade como destinada à produção de efeitos jurídicos.[16]

O casamento nada mais é do que uma declaração de vontade que visa à produção dos efeitos previstos para essa categoria jurídica. Sendo qualificada a vontade pela declaração negocial, ela é entendida em nossa sociedade como voltada à constituição de família e à aceitação de todos os direitos e deveres que decorrem do matrimônio.

Justamente em razão desses efeitos jurídicos não serem somente os escolhidos pelas partes, mas serem, em sua maioria, decorrentes das normas legais que regulam o casamento, é que se vê pertinente entendê-lo como um negócio jurídico *sui generis*, ou seja, como um negócio jurídico de Direito de Família, que se forma pelo preenchimento dos requisitos do artigo 104 do Código Civil,[17] mas cujo conteúdo não pode ser livremente disposto pelas partes, pois, em alguns pontos, exige-se a obediência às normas cogentes que regulamentam essa relação.

Percebe-se que, assim como ocorre nos demais negócios jurídicos, também no casamento as partes negociam acerca de seus direitos e deveres

[14] PEREIRA, Rodrigo da Cunha. *Id.* p. 110

[15] AZEVEDO, Antonio Junqueira de. **Negócio jurídico: existência, validade e eficácia**. 4. ed. 5. tir. São Paulo: Saraiva, 2007. p. 16.

[16] AZEVEDO, Antonio Junqueira de. *Id.* p. 17.

[17] Código Civil, art. 104. A validade do negócio jurídico requer: I – agente capaz; II – objeto lícito, possível, determinado ou determinável; III – forma prescrita ou não defesa em lei.

e o modo como irão exercê-los. Cabe aos cônjuges, portanto, decidir como organizarão sua vida familiar, os deveres de cada um dentro do lar conjugal, quais as responsabilidades que serão atribuídas a eles, seja individualmente, seja em regime de colaboração.

Ou seja, em que pese estejam sujeitos a algumas normas indisponíveis, tais como as regras para sua celebração, a determinação da capacidade para casar e os impedimentos matrimoniais, os nubentes têm liberdade para, em conjunto, negociar as condições da vida em comum.

Essa liberdade, inclusive, tem encontrado cada vez mais espaço de atuação e reconhecimento jurídico. Hoje o casamento é dissolúvel, podendo, inclusive, na ausência de menores incapazes, ser formalizado o divórcio de maneira extrajudicial, dispensado a atuação do Judiciário;[18] embora o Código Civil se refira à união entre homem e mulher, é permitido o casamento entre pessoas do mesmo sexo;[19] e cada vez mais é discutida a possibilidade de uniões matrimoniais entre mais de duas pessoas, ao pleitear-se o reconhecimento jurídico de famílias pluriafetivas.[20]

1.2. Requisitos de validade e eficácia

Compreendido o casamento como um negócio jurídico, é fácil entender que, como tal, para ser válido deve preencher os requisitos do artigo 104 do Código Civil: agente capaz, objeto lícito, possível, determinado ou determinável e forma prescrita ou não defesa em lei.

[18] Código de Processo Civil, art. 733, *caput*: O divórcio consensual, a separação consensual e a extinção consensual de união estável, não havendo nascituro ou filhos incapazes e observados os requisitos legais, poderão ser realizados por escritura pública, da qual constarão as disposições de que trata o art. 731.

[19] Resolução CNJ nº 175, de 14/05/2013.

[20] Nesse sentido é a lição de Giselda Hironaka: "Hoje, consideradas as evoluções mais recentes na matéria, já se admitem ainda mais entidades familiares, como aquela formada pela união de pessoas do mesmo sexo e a que resulta do reconhecimento da dupla paternidade. Isso revela uma tendência de flexibilização dos critérios para a caracterização de uma entidade como sendo familiar, e essa tendência não tem indícios de parar. Nesse sentido, já se fala em reconhecimento das famílias pluriafetivas, por exemplo". *In*: HIRONAKA, Giselda Maria Fernandes Novaes. Direito de Família no tempo do Código Civil de 1916 ao de 20002 e além. *In*: HIRONAKA, Giselda Maria Fernandes Novaes; SANTOS, Romualdo Baptista dos (Org.). **Direito Civil: estudos – coletânea do XV Encontro dos Grupos de Pesquisa – IBDCivil**. São Paulo: Blucher, 2018. p. 364.

O objeto do casamento é lícito e a forma prescrita em lei nos artigos 1.533 e seguintes do Código Civil. O que interessa para o presente trabalho é a capacidade do agente, que sofreu mudanças com a entrada em vigor da LBI.

A exigência de uma capacidade específica se prende à ideia de que o ato a ser praticado não é qualquer declaração de vontade, mas uma manifestação volitiva que permitirá o ingresso do agente no estado de casado, com a finalidade de estabelecer uma comunhão plena de vida e, também, como em regra acontece, de procriação, manutenção e educação da prole eventual.

A aptidão para o casamento, como explica Dimas Messias de Carvalho, pressupõe que a pessoa tenha atingido um nível de desenvolvimento fisiológico de modo a já estar com seus órgãos aptos à procriação, além de um grau de desenvolvimento psíquico que o torne apto para entender os efeitos do casamento e as responsabilidades dele advindas.[21] Sendo tal aptidão difícil de ser constatada em cada indivíduo, os sistemas jurídicos preferem presumir a sua existência em todos aqueles que atingem certo limite de idade.[22]

Isso porque, conforme destaca Caio Mário da Silva Pereira, essa capacidade foi determinada com base em duas ideias: a de que as normas de Direito de Família não são as mesmas que regem os demais atos da vida civil; e a de que o que se analisa não é somente a capacidade de livre manifestação de vontade, mas a aptidão para "a procriação, a manutenção e a educação da prole".[23]

Pelo fato de que, durante muitos anos, o casamento era visto como ato voltando à legitimação das relações sexuais e à procriação, e tendo em vista que a mulher, por muito tempo, foi vista como parte de menor importância na relação, a quem incumbia somente o cuidado do lar e a criação dos filhos, a capacidade do homem e da mulher para tal ato eram

[21] CARVALHO, Dimas Messias de. **Direito das famílias.** 8. ed. São Paulo: Saraiva Educação, 2020. p. 189.

[22] Leciona Paulo Lôbo (*Id.* p. 102): "A idade núbil varia de país a país, de acordo com suas culturas tradicionais e costumes. É uma opção do legislador, tendo em conta que biologicamente a aptidão para procriar varia de indivíduo a indivíduo, do homem para a mulher, normalmente durante a adolescência".

[23] PEREIRA, Caio Mário da Silva. *Id.* p. 103.

diferentes, sendo a desta, atingida com menor idade do que a daquele.[24] Tal distinção, entretanto, violava o princípio da igualdade entre os cônjuges preconizado pela Constituição Federal em seu artigo 226, §5º, razão pela qual foi abolida com a entrada em vigor do Código Civil de 2002.[25]

Atualmente, a capacidade para o casamento está regulamentada no artigo 1.517 do Código Civil, que dispõe: "O homem e a mulher com dezesseis anos podem casar-se, exigindo-se autorização de ambos os pais, ou de seus representantes legais, enquanto não atingida a maioridade civil". Vê-se que a idade núbil é inferior à idade estabelecida pelo próprio Código Civil para a plena capacidade civil, que somente é atingida aos dezoito anos, o que se deve ao fato de o desenvolvimento fisiológico – puberdade – ocorrer antes do pleno amadurecimento do indivíduo.[26]

Isso não implica, entretanto, uma exceção à maioridade civil: se pessoas com dezesseis ou dezessete anos optarem por se casar, vão precisar, além da sua manifestação de vontade, da autorização dos seus pais ou responsáveis, conforme determina o Código Civil na parte final do artigo acima transcrito.

A escolha, entretanto, se deu porque, apesar de relativamente incapazes, as pessoas entre dezesseis e dezoito anos, além de em sua maioria já terem atingido a puberdade, também já possuem condições de manifestarem livremente a sua vontade, sendo que esta exige apenas a autorização dos representantes legais para aperfeiçoar a realização de negócios jurídicos.[27]

Ocorre que, conforme será analisado a seguir, a LBI alterou os artigos do Código Civil que regulamentam a capacidade civil e, com isso, impactou na capacidade para o casamento dessas pessoas.

2. O casamento da pessoa com deficiência

O Brasil, por meio do Decreto Legislativo n.º 186/2008, aprovou o texto da CDPD e de seu Protocolo Facultativo, assinados em Nova Iorque, em 30 de

[24] Explica Álvaro Villaça Azevedo (*Id.* p. 91): "No direito anterior, havia tratamento desigual ante a idade nupcial. Antes do Decreto n. 181, de 1890, a capacidade matrimonial do homem era aos 14 e da mulher aos 12 anos de idade; na vigência desse mesmo Decreto era de 16 anos para o homem e 14 para a mulher. o Código Civil de 1916 elevou essa capacidade nupcial para 18 anos para o homem e 16 anos para a mulher".

[25] CARVALHO, Dimas Messias de. *Id.* p. 189.

[26] PEREIRA, Caio Mário da Silva. *Id.* p. 103.

[27] MADALENO, Rolf. *Id.* p. 109.

março de 2007; com isso, se obrigou a adotar todas as medidas necessárias para a concretização dos direitos assegurados na Convenção.

Em 6 de julho de 2015 foi promulgada a Lei Brasileira de Inclusão da Pessoa com Deficiência, visando promover uma alteração no tratamento jurídico conferido a esses indivíduos, de modo a diminuir a exclusão social por eles sofrida.

Seu artigo 1º consigna que tem essa norma por objetivo "assegurar e a promover, em condições de igualdade, o exercício dos direitos e das liberdades fundamentais por pessoa com deficiência, visando à sua inclusão social e cidadania"; o 2º conceitua pessoa com deficiência como "aquela que tem impedimento de longo prazo de natureza física, mental, intelectual ou sensorial, o qual, em interação com uma ou mais barreiras, pode obstruir sua participação plena e efetiva na sociedade em igualdade de condições com as demais pessoas"; e o 6º estabelece que a deficiência não afeta a plena capacidade civil da pessoa.

Por consequência, a LBI revogou expressamente os incisos I, II e III do artigo 3º do Código Civil, bem como alterou a redação dos incisos II e III do artigo 4º desse diploma legal, o que, no entender de Mariana Alves Lara, implicou uma reformulação de toda a teoria das incapacidades.[28]

Em sua redação original, os art. 3º e 4º do Código Civil contavam com a seguinte redação:

> Art. 3º. São absolutamente incapazes de exercer pessoalmente os atos da vida civil: I – os menores de dezesseis anos. II – os que, por enfermidade ou deficiência mental, não tiverem o necessário discernimento para a prática desses atos; III – os que, mesmo por causa transitória, não puderem exprimir sua vontade.

> Art. 4º São incapazes, relativamente a certos atos, ou à maneira de os exercer: I – os maiores de dezesseis e menores de dezoito anos; II – os ébrios habituais, os viciados em tóxicos, e os que, por deficiência mental, tenham o discernimento reduzido; III – os excepcionais, sem desenvolvimento mental completo; IV – os pródigos. Parágrafo único. A capacidade dos índios será regulada por legislação especial.

[28] LARA, Mariana Alves. **Capacidade civil e deficiência**: entre autonomia e proteção. Belo Horizonte: Editora D'Plácido, 2020. p. 90-91.

Assim, a pessoa com deficiência, independente da sua idade, era considerada absoluta ou relativamente incapaz conforme o grau da doença ou da deficiência mental ou intelectual e o impacto que essas tivessem na redução ou supressão do seu discernimento.[29]

Tal regulamentação, quando comparada com o Código Civil de 1916, representou grande evolução no tratamento dispensado às pessoas com deficiência, uma vez que, no rol das pessoas que eram consideradas pelo art. 5º como absolutamente incapazes para o exercício de atos da vida civil, estavam os "loucos de todo gênero", expressão que foi escolhida para simbolizar todos aqueles que não tinham o que posteriormente veio a ser chamado de discernimento, de modo que se enquadravam nessa categoria tanto as pessoas acometidas de doenças mentais, como as pessoas com deficiências mentais e/ou intelectuais.[30]

Hoje, entretanto, de acordo com a legislação civil, somente são considerados como absolutamente incapazes os menores de dezesseis anos. Estão enquadrados no rol dos relativamente incapazes os menores entre dezesseis e dezoito anos, os ébrios habituais, os viciados em tóxico e aqueles que, por causa transitória ou permanente, não puderem exprimir a sua vontade e os pródigos.[31] Não há mais espaço, portanto, para análise da ausência ou redução do discernimento com vistas a entender pela incapacidade do indivíduo.[32]

[29] *Id.* p. 83.

[30] PEREIRA, Caio Mário da Silva. **Instituições de Direito Civil**: introdução ao direito civil: teoria geral de direito civil; [revisão e atualização] Maria Celina Bodin de Moraes. 33. ed. Rio de Janeiro: Forense, 2020. p. 233.

[31] Art. 3º. São absolutamente incapazes de exercer pessoalmente os atos da vida civil os menores de 16 (dezesseis) anos. Art. 4º. São incapazes, relativamente a certos atos ou à maneira de os exercer: I – os maiores de dezesseis e menores de dezoito anos; II – os ébrios habituais e os viciados em tóxico; III – aqueles que, por causa transitória ou permanente, não puderem exprimir sua vontade; IV – os pródigos. Parágrafo único. A capacidade dos indígenas será regulada por legislação especial.

[32] Explica Mariana Alves Lara: "[...] por força do caráter estrito do regime de incapacidades, a partir das alterações implementadas pelo Estatuto da Pessoa com Deficiência, torna-se necessário reconhecer a impossibilidade de considerar qualquer tipo de deficiência ou enfermidade, mesmo que acompanhada da redução de discernimento, como hipótese de incapacidade de fato. Essa conclusão é reforçada pela redação do art. 6º do Estatuto, que estabelece que "a deficiência não afeta a plena capacidade civil da pessoa". (**Capacidade**

Por consequência, resultou alterada, também, a definição sobre quem é o agente capaz para o casamento, pois, sendo relativamente capaz toda pessoa maior de dezesseis anos, tem-se que todo aquele que tenha atingido essa idade, seja pessoa com ou sem deficiência, terá atingido também a idade núbil e, se desejar e for autorizado por seus pais ou responsáveis, poderá se casar.

Essa alteração refletiu a adoção do direito garantido pela CDPD em seu artigo 23, 1, "a"[33] – casar-se e estabelecer família –, direito esse que veio previsto no inciso I do artigo 6º da LBI, que estabelece, expressamente, que a deficiência não afeta a plena capacidade civil da pessoa inclusive para casar-se e constituir união estável.

O objetivo, portanto, foi acabar com a discriminação sofrida pelas pessoas com deficiência, notadamente, aqui, as pessoas com deficiências mentais e intelectuais que, no sistema jurídico anterior, eram impedidas de se casar, independentemente do grau de sua deficiência e da vontade que tivessem em contrair matrimônio.

Isso porque, anteriormente à entrada em vigor do Estatuto, por estarem as pessoas com deficiência mental ou intelectual enquadradas dentre as pessoas absoluta ou relativamente incapazes, conforme o grau e do tipo de deficiência, não preenchiam o requisito de validade do casamento referente ao agente capaz; e, caso viessem a conseguir se casar, acabariam por se enquadrar nas hipóteses de nulidade ou anulabilidade do casamento dos artigos 1.548, I,[34] e 1.550, III e IV.[35] Além de não ser reconhecida a capacidade para o casamento, também era a deficiência do cônjuge

civil e deficiência: entre autonomia e proteção. Belo Horizonte: Editora D'Plácido, 2020. p. 91).

33 1. Os Estados Partes tomarão medidas efetivas e apropriadas para eliminar a discriminação contra pessoas com deficiência, em todos os aspectos relativos a casamento, família, paternidade e relacionamentos, em igualdade de condições com as demais pessoas, de modo a assegurar que: a) Seja reconhecido o direito das pessoas com deficiência, em idade de contrair matrimônio, de casar-se e estabelecer família, com base no livre e pleno consentimento dos pretendentes.

34 Veja-se a redação original do Código Civil: "Art. 1.548 É nulo o casamento contraído: I – pelo enfermo mental sem o necessário discernimento para os atos da vida civil".

35 Veja-se a redação original do Código Civil: "Art. 1.550 É anulável o casamento: [...] III – por vício da vontade, nos termos dos arts. 1.556 a 1.558; IV – do incapaz de consentir ou manifestar, de modo inequívoco, o consentimento".

um dos motivos de anulação do casamento por vício essencial quanto à pessoa.[36]

A LBI revogou o inciso I do artigo 1.548 do Código Civil, alterou a redação do inciso III do artigo 1.557 e revogou seu inciso IV, de modo que a deficiência física ou intelectual do cônjuge deixou de ser causa de nulidade do casamento e hipótese de erro essencial.[37] Assim, desde 2015 a deficiência não é mais empecilho ao casamento.

Para muitos, entretanto, as mudanças não foram positivas, pois acabaram por desamparar essas pessoas que, em razão de suas deficiências, necessitam de um olhar mais protetivo. É o que aponta Iara Antunes de Souza:

> A preocupação que se apresenta é justamente no sentido de que o modelo de inclusão não pode abandonar a proteção. Perquire-se: quem é a pessoa responsável por aferir a capacidade para o exercício da autonomia privada? É o oficial da serventia extrajudicial? Se ele tiver dúvida deve suscitá-la ao juízo? Seria o juízo da vara de registros públicos competentes para determinar ou confirmar a capacidade para o casamento, ou seja, o discernimento para casar?[38]

[36] Veja-se a redação original do Código Civil: "Art. 1.557 Considera-se erro essencial sobre a pessoa do outro cônjuge: [...] II – a ignorância, anterior ao casamento, de defeito físico irremediável, ou de moléstia grave e transmissível, pelo contágio ou herança, capaz de pôr em risco a saúde do outro cônjuge ou de sua descendência; IV – a ignorância, anterior ao casamento, de doença mental grave que, por sua natureza, torne insuportável a vida em comum ao cônjuge enganado".

[37] Explicam Ana Carolina Brochado Teixeira e Joyceane Bezerra de Menezes: "Uma vez que o EPD revogou as hipóteses de invalidade do casamento associadas à incapacidade, atualmente o casamento não é nulo quando contraído por pessoa com deficiência mental ou intelectual [...]. O mesmo ocorreu com as hipóteses de anulabilidade do casamento (art. 1550 CC), notadamente quanto ao erro essencial sobre a pessoa do cônjuge. Neste aspecto, o EPD (i) modificou a redação do inciso III do art. 1.557 CC e desatrelo o erro essencial da deficiência [...] e revogou o inciso IV, do mesmo art. 1.557 CC, que caracterizava como erro essencial a ignorância anterior ao casamento de moléstia mental grave que, por sua natureza, tornasse insuportável a vida em comum ao cônjuge enganado". (TEIXEIRA, Ana Carolina Brochado; MENEZES, Joyceane Bezerra de. Casamento da pessoa com deficiência intelectual e psíquica. *In*: TEPEDINO, Gustavo; MENEZES, Joyceane Bezerra de (Org.). **Autonomia privada, liberdade existencial e direitos fundamentais.** Belo Horizonte: Fórum, 2019. p. 394).

[38] SOUZA, Iara Antunes de. Reflexões sobre os impactos do Estatuto da Pessoa com Deficiência no direito das famílias: curatela e casamento. *In*: PEREIRA, Fabio Queiroz;

O que nos parece, entretanto, é que esses questionamentos sobre aferição da capacidade ou do discernimento no momento da celebração do casamento já estão respondidas pela própria LBI quando estabelece que a deficiência não altera a plena capacidade civil da pessoa para se casar: não deve haver um juízo de valor diante de cada pessoa com deficiência que ingresse no cartório para dar entrada no processo de habilitação para o casamento, pois, se ela manifestar a vontade de realizar tal negócio jurídico, não poderá ser impedida.

Tanto é assim que outra alteração promovida pelo Estatuto com vistas à emancipação da pessoa com deficiência na seara do casamento foi a previsão contida no art. 85, *in verbis*:

> Art. 85. A curatela afetará tão somente os atos relacionados aos direitos de natureza patrimonial e negocial.
>
> § 1º A definição da curatela não alcança o direito ao próprio corpo, à sexualidade, ao matrimônio, à privacidade, à educação, à saúde, ao trabalho e ao voto.

Isso significa que a pessoa com deficiência que esteja sob curatela continua mantendo sua plena capacidade para o casamento, de modo que ao eventual curador competirá, se for o caso, atuar nas decisões de cunho patrimonial, não podendo decidir sobre o matrimônio em si, cabendo essa decisão tão somente à pessoa com deficiência.

Entretanto o art. 1.550 do Código Civil traz previsão que pode ser contrária às alterações trazidas pela LBI no que tange à capacidade para o casamento da pessoa com deficiência e da pessoa com deficiência que esteja sob curatela:

> Art. 1.550. [...]
>
> § 2º A pessoa com deficiência mental ou intelectual em idade núbia poderá contrair matrimônio, expressando sua vontade diretamente ou por meio de seu responsável ou curador.

MORAIS, Luísa Cristina de Carvalho; LARA, Mariana Alves (Org.). **A teoria das incapacidades e o estatuto da pessoa com deficiência.** Belo Horizonte: Editora D'Plácido, 2018. p. 212.

O problema que se identifica no artigo 1.550 é a previsão do parágrafo segundo quanto a possibilidade de expressão da manifestação de vontade por meio do responsável ou curador.

Sobre essa previsão, Ana Carolina Brochado Teixeira e Joyceane Bezerra de Menezes entendem que a interpretação a ser dada ao dispositivo legal é no sentido de que deve ser possível que o curador auxilie a pessoa curatelada na sua manifestação de vontade, facilitando a sua comunicação com o oficial de registro civil, o que, para elas, seria possível também no caso de pessoa com deficiência que esteja sob tomada de decisão apoiada, quando o apoiador poderia auxiliar no processo de comunicação da vontade em se casar.[39]

José Fernando Simão, por sua vez, se posiciona no sentido de que, por ser o casamento um ato personalíssimo, não é possível que se admita que a manifestação de vontade seja expressa por meio do curador, o que, além de contrariar a natureza do ato, possibilita a prática de fraudes, pois a vontade manifestada pode ser a do curador e não a da pessoa com deficiência.[40]

No mesmo sentido é o entendimento de Moacyr Ribeiro, para quem o legislador andou mal na redação deste artigo, pois ficou em contradição com o disposto no artigo 85 sobre o fato de a curatela somente alcançar os atos relacionados aos direitos de natureza patrimonial e negocial.[41]

É esse segundo posicionamento o que parece mais acertado, pois a vontade de se casar somente pode ser manifestada pela própria pessoa com deficiência. Se ela não conseguir se expressar sozinha não será possível saber se a vontade manifestada é sua ou do curador e, por isso, não poderá

[39] TEIXEIRA, Ana Carolina Brochado; MENEZES, Joyceane Bezerra de. Casamento da pessoa com deficiência intelectual e psíquica. *In*: TEPEDINO, Gustavo; MENEZES, Joyceane Bezerra de (Org.). **Autonomia privada, liberdade existencial e direitos fundamentais.** Belo Horizonte: Fórum, 2019. p. 390-391.

[40] SIMÃO, José Fernando Simão. **Estatuto da Pessoa com Deficiência causa perplexidade (Parte 2)**. Disponível em: <https://www.conjur.com.br/2015-ago-07/jose-simao-estatuto-pessoa-deficiencia-traz-mudancas#:~:text=I%20%2D%20aqueles%20que%2C%20por%20enfermidade,puderem%20exprimir%20a%20sua%20vontade%3B&text=I%20%2D%20aqueles%20que%2C%20por%20causa,II%20%E2%80%93%20(revogado)%3B>. Acesso em: 10 mar. 2021.

[41] RIBEIRO, Moacyr Petrocelli de Ávila. **Estatuto da pessoa com deficiência: a revisão da teoria das incapacidades e os reflexos jurídicos na ótica do notário e do registrador**. Disponível em: <https://www.cnbsp.org.br/?url_amigavel=1&url_source=noticias&id_noticia=10744&filtro=1&lj=1366>. Acesso em: 10 mar. 2021.

essa manifestação ser aceita, sob pena de aí sim estar abrindo margem para que as mudanças trazidas pelo Estatuto sejam prejudiciais às pessoas com deficiência, uma vez que seria possível que o curador acompanhasse curatelado impossibilitado de manifestar a sua vontade para se casar com outra pessoa com vistas a, por meio do casamento, interferir no patrimônio dessa pessoa, por exemplo.

Em São Paulo, inclusive, o Provimento n.º 58/89, que trata das Normas de Serviço dos Cartórios Extrajudiciais[42] tem previsão contrária à do Código Civil, pois estabelece que:

> 54.1. A pessoa com deficiência que manifestar vontade poderá requerer habilitação de casamento, sem assistência ou representação, sendo certo que a falta de manifestação não poderá ser suprida pela intervenção individual de curador ou apoiador.
>
> 57.1. O nubente interdito, seja qual for a data ou os limites da interdição, poderá contrair casamento.

Assim, para requerer o processo de habilitação, deduz-se que o nubente com deficiência deverá estar em condições de fazê-lo individualmente. Se não tiver, a habilitação para o casamento será negada. Adotando-se esse entendimento não haverá a possibilidade de anular o casamento de pessoa com deficiência, pois ou manifesta o consentimento de forma expressa e válida ou não pode fazê-lo, o que impediria que se prosseguisse com as formalidades legais para o matrimônio.

Também não será possível que o casamento seja celebrado quando a manifestação de vontade for expressa por meio de responsável ou curador. Com isso, somente vai casar a pessoa com deficiência que quiser fazê-lo, não havendo mais espaço para discutir se é possível que uma pessoa acamada e que não seja capaz de manifestar a sua vontade venha a contrair matrimônio intermediada por seu curador.

Outra crítica à capacidade de toda e qualquer pessoa com deficiência se casar se circunscreve ao aspecto patrimonial do casamento, como apontam Lettícia Fabel Gontijo e Tereza Cristina Monteiro Mafra:

[42] SÃO PAULO. Corregedoria Geral de Justiça. **Provimento nº 58/89**. Normas de Serviço Cartórios Extrajudiciais Tomo II. Disponível em: <https://api.tjsp.jus.br/Handlers/Handler/FileFetch.ashx?codigo=120873>. Acesso em: 8 mar. 2021.

> A possibilidade de uma pessoa com deficiência grave, sem qualquer discernimento para os atos da vida civil estar apta ao casamento pode expô-la, abrindo as portas para o conhecido "golpe do baú". Assim, o dispositivo pode vir a desproteger os deficientes mentais, já que, independentemente de seu nível de discernimento, estariam autorizados a casar-se, com relevantes efeitos patrimoniais, já que não há a imposição do regime da separação legal de bens – obrigatório para as pessoas maiores de setenta anos, capazes.[43]

Para elas, inclusive, há uma incongruência no fato de a LBI não ter estabelecido regime de separação obrigatória às pessoas com deficiência quando o maior de setenta anos, tão somente em razão da sua idade, não possui liberdade para optar o regime de bens caso decida se casar.[44]

O regime da separação obrigatória de bens, previsto no artigo 1.641 do Código Civil, se aplica às pessoas que se casarem com inobservância das causas suspensivas da celebração do casamento, às pessoas maiores de setenta anos e àqueles que dependerem de suprimento judicial para casar. Isso significa que nubentes que se enquadrem em algumas dessas hipóteses, não possuem liberdade para optar o regime de bens aplicável ao seu casamento, pois a lei, nesse aspecto, interfere na autonomia privada, determinando que o regime será o da separação.

Especificamente quanto à limitação em razão da idade do nubente, explica Sílvio Venosa que o objetivo do legislador foi "afastar o incentivo patrimonial do casamento de uma pessoa jovem que se consorcia com alguém mais idoso".[45] Entretanto, tal disposição legal tem sido alvo de críticas, pois acaba partindo do pressuposto de que, tão somente em razão da idade, o nubente maior de setenta anos seria frágil e mais vulnerável a matrimônios com interesses estritamente patrimoniais, além de retirar a liberdade que o indivíduo tem para, se assim o quiser, dividir

[43] GONTIJO, Lettícia Fabel; MAFRA, Tereza Cristina Monteiro. O Estatuto da Pessoa com Deficiência: aspectos gerais sobre casamento e os regimes de bens. *In*: PEREIRA, Fabio Queiroz; MORAIS, Luísa Cristina de Carvalho; LARA, Mariana Alves (Org.). **A teoria das incapacidades e o estatuto da pessoa com deficiência.** Belo Horizonte: Editora D'Plácido, 2018. p. 224.

[44] GONTIJO, Lettícia Fabel; MAFRA, Tereza Cristina Monteiro. *Id.* p. 233.

[45] VENOSA, Sílvio de Salvo. **Direito Civil:** família e sucessões. 20. ed. São Paulo: Atlas, 2020. p. 361.

seu patrimônio com o novo cônjuge. Nesse sentido, inclusive, se posiciona Rodrigo da Cunha Pereira:

> É inadequada a imposição de limite de idade para escolha do regime de bens do casamento para os maiores de 70 anos. O fato de completar esta idade, por si só, não pode significar incapacidade de escolhas e prática de nenhum ato da vida civil, muito menos o estabelecimento de regras patrimoniais da relação conjugal. Se grande parte dos ocupantes de cargos no Legislativo e Executivo, têm mais de setenta anos, e tomam decisões importantes para a vida política e econômica do país, não há razão de serem impedidos de decidir sobre a economia de sua própria vida. Tal restrição atenta contra a liberdade individual e fere a autonomia e dignidade dos sujeitos.[46]

Em que pese a aparente incongruência apontada por Lettícia Fabel Gontijo e Tereza Cristina Monteiro, não parece ser correto entender que as pessoas com deficiência devessem estar sujeitas, tão somente em razão da deficiência, ao regime da separação a de bens, pois, como já destacado neste trabalho, são elas plenamente capazes para se casar. O fato de haver uma previsão legal discriminatória aos maiores de setenta anos não pode ser utilizado como argumento para defender que esse regime deveria ser imposto às pessoas com deficiência, pois tal raciocínio voltaria ao entendimento de que a deficiência implica incapacidade.

Ana Carolina Brochado Teixeira e Joyceane Bezerra de Menezes apontam que se se tratar de pessoa com deficiência que não for curatelada, terá ela a possibilidade de escolher o regime de bens aplicável ao casamento, estando sujeita às mesmas limitações das demais pessoas quando enquadradas em algumas das hipóteses do artigo 1.641 do Código Civil;[47] e que, em se tratando de pessoa curatelada, a escolha do regime de bens se dará com auxílio do curador nos limites impostos pela sentença que decretou a curatela.[48]

[46] PEREIRA, Rodrigo da Cunha. *Id.* p. 142.

[47] CC, art. 1.641: rt. 1.641. É obrigatório o regime da separação de bens no casamento: I – das pessoas que o contraírem com inobservância das causas suspensivas da celebração do casamento; II – da pessoa maior de 70 (setenta) anos; III – de todos os que dependerem, para casar, de suprimento judicial.

[48] TEIXEIRA, Ana Carolina Brochado; MENEZES, Joyceane Bezerra de. Casamento da pessoa com deficiência intelectual e psíquica. *In*: TEPEDINO, Gustavo; MENEZES, Joyceane Bezerra de (Org.). *Id.* p. 396.

Deve haver, entretanto, cautela no momento da escolha do regime de bens da pessoa curatelada, para evitar que essa escolha seja feita pelo curador e não pelo curatelado, visando por meio dele, dilapidar o patrimônio ou dele fazer uso de maneira indireta.[49]

2.1. O casamento da pessoa com deficiência na prática

Em pesquisa à jurisprudência tanto Registral e Notarial como do Tribunal de Justiça do Estado de São Paulo, foi possível verificar que, na prática, a interpretação dos dispositivos legais acerca do casamento da pessoa com deficiência varia conforme o julgador e, em alguns casos, nem o Código Civil nem as Normas de Serviço dos Cartórios Extrajudiciais são cumpridas adequadamente.

Em ação de definição de curatela ajuizada em 2018, a juíza da 4ª Vara de Família e Sucessões da Comarca de Santo André, em sentença proferida em 18 de fevereiro de 2020, determinou que a curatelada não poderia praticar sozinha, sem o intermédio da sua curadora, os atos de comprar, vender, permutar, doar, emprestar, transigir, dar quitação, alienar, hipotecar, assinar contratos relacionados a transações comerciais ou imobiliárias, movimentar contas bancárias, demandar ou ser demandada. E estabeleceu que, para fins de casamento ou união estável, a limitação da curatelada seria total, de modo que, para tanto, dependeria de sua curadora ou de suprimento judicial.[50]

Em sede de apelação, entretanto, a limitação para o casamento e para a união estável foi desconstituída pelo Desembargador Beretta da Silveira. Embasado nos artigos 6º e 85 da LBI, entendeu que esse direito somente poderia sofrer limitação caso "fosse verificado que a deficiência da parte afeta a sua capacidade volitiva quanto ao ato", e que o argumento de que

[49] Sobre isso destacam Ana Carolina Brochado Teixeira e Joyceane Bezerra de Menezes: "Relativamente à pessoa sob curatela, recomenda-se o cuidado para que a escolha do regime de bens não venha a implicar a alienação velada dos seus bens. Caso se trate de pessoa abastada que pretenda casar sob o regime da comunhão universal de bens, por exemplo, a opção poderá ser questionada porque, ao cabo e ao fim, assemelha-se a uma espécie de disposição dos bens do curatelado, requerendo em vista disto a autorização judicial". (TEIXEIRA, Ana Carolina Brochado; MENEZES, Joyceane Bezerra de. Casamento da pessoa com deficiência intelectual e psíquica. *In*: TEPEDINO, Gustavo; MENEZES, Joyceane Bezerra de (Org.). *Id*. p. 398).

[50] SÃO PAULO. Tribunal de Justiça. **Apelação nº 1014083-64.2018.8.26.0554**. Relator: Beretta da Silveira. São Paulo, 3 de fevereiro de 2021.

o casamento expõe a pessoa com deficiência a risco de abuso por parte de seu companheiro não é suficiente para afastar a liberdade legalmente garantida à curatelada.[51]

No mesmo sentido foi a conclusão do Desembargador Alexandre Coelho nos autos do processo n.º 1023249-57.2017.8.26.0554 ao desconstituir a sentença de primeiro grau que declarou o curatelado incapaz inclusive para casar e estabelecer união estável. Para o relator, não é possível declarar incapacidade para os atos elencados no artigo 6º da LBI, mesmo que haja conclusão médica no sentido de incapacidade absoluta.[52]

Por sua vez, nos autos do processo n.º 4007229-76.2013.8.26.0554, a sentença proferida em 20 de julho de 2017 pela juíza da 4ª Vara de Família e Sucessões da Comarca de Santo André, determinando que os curatelados

[51] "APELAÇÃO. Ação de interdição. Sentença que decretou a incapacidade para a prática de atos de comprar, vender, permutar, doar, emprestar, transigir, dar quitação, alienar, hipotecar, assinar contratos relacionados a transações comerciais ou imobiliárias, movimentar contas bancárias (incluindo qualquer tipo de aplicação financeira e benefício previdenciário), demandar, ser demandada, casar ou estabelecer união estável. Requerida que possui deficiência mental de leve a moderada, com incapacidade para a prática de atos complexos de caráter negocial e patrimonial atestada em laudo pericial. "A pessoa com deficiência tem assegurado o direito ao exercício de sua capacidade legal em igualdade de condições com as demais pessoas" (art. 84 da Lei 13.146/2015), cabendo ao Poder Judiciário definir os limites da curatela como medida protetiva extraordinária, proporcional às necessidades e às circunstâncias do caso concreto. Curatela que deve abranger apenas os atos relacionados aos direitos de natureza patrimonial e negocial (art.85 da Lei 13.146/2015). Impossibilidade de restrição de liberdade para o casamento ou a constituição de união (art. 6º, I, do Estatuto da pessoa com Deficiência). Sentença reformada. RECURSO PROVIDO EM PARTE". SÃO PAULO. Tribunal de Justiça. **Apelação nº 1014083-64.2018.8.26.0554**. Relator: Beretta da Silveira. São Paulo, 3 de fevereiro de 2021.

[52] "APELAÇÃO – AÇÃO DE INTERDIÇÃO – CURATELA – ESQUIZOFRENIA PARANOIDE COM TRANSTORNO DELIRANTE – SENTENÇA QUE DECRETA A INTERDIÇÃO E DECLARA A INCAPACIDADE PARA GERIR ATOS DA VIDA CIVIL, INCLUSIVE CASAR OU ESTABELECER UNIÃO ESTÁVEL – INCONFORMISMO DO INTERDITANDO – ACOLHIMENTO – REFORMA DO ORDENAMENTO JURÍDICO – ESTATUTO DA PESSOA COM DEFICIÊNCIA – OPÇÃO PELA INCLUSÃO EM DETRIMENTO DA PROTEÇÃO – PRINCÍPIO DA DIGNIDADE DA PESSOA HUMANA – VEDAÇÃO LEGAL À INCAPACIDADE TOTAL – NECESSIDADE DE LIMITAÇÃO DOS PODERES DA CURATELA – PODERES APENAS PARA GERIR ATOS DE NATUREZA PATRIMONIAL OU NEGOCIAL – SENTENÇA REFORMADA – DERAM PROVIMENTO AO RECURSO". SÃO PAULO. Tribunal de Justiça. **Apelação nº 1023249-57.2017.8.26.0554**. Relator: Alexandre Coelho. São Paulo, 28 de janeiro de 2021.

não poderiam, sem intermédio da curadora, casar e constituir união estável, foi mantida pelo desembargador J. B. Paula Lima sob o fundamento de que, no caso, "a gravidade da deficiência mental dos curatelados, somada à finalidade primordial do Estatuto de proteger a pessoa com deficiência, autoriza a intervenção do curador".[53]

Semelhante foi a conclusão do desembargador Maurício Campos da Silva Velho no julgamento da apelação n.º 1002232-62.2017.8.26.0554, ao manter a sentença proferida em 11 de maio de 2018:

> APELAÇÃO. Interdição. Estado totalmente incapacitante que recomenda a restrição ao casamento e à constituição de união estável. Medida que preserva a interditanda-vulnerável. Determinação, de ofício, para que o curador preste contas anualmente. Sentença reformada em parte. Recurso improvido com imposição, *ex officio*, de obrigação ao curador.[54]

Da análise dos julgados acima mencionados o que se pode perceber é uma tendência dos juízes de primeiro grau a abarcar o casamento dentre os atos que não podem ser livremente praticados pela pessoa curatelada, o que, nem sempre é revertido em sede de julgamento de recurso de apelação, havendo desembargadores que se posicionam no sentido de que, apesar das alterações trazidas pela LBI, o mais adequado é entender que não possuem condições de livremente decidir sobre o casamento, e outros entendem que o caminho a ser adotado é o da proteção, de modo que o direito ao casamento deve ser restringido.

No âmbito do registro civil, em que pese as disposições já mencionadas do Provimento n.º 58/89 sobre a possibilidade de casamento da pessoa com deficiência, em impugnação ofertada a pedido de casamento, a sentença

[53] "INTERDIÇÃO. Sentença que julgou procedente o pedido para decretar a interdição parcial dos curatelados, com nomeação da genitora para o encargo de curadora. Necessidade de intervenção da curadora para o casamento e constituição de união estável pelos curatelados. Gravidade da deficiência mental dos curatelados, nos termos da perícia médica, que justifica a excepcional limitação. Finalidade do Estatuto da Pessoa com Deficiência de primordial proteção do deficiente, diante da sua vulnerabilidade. Sentença mantida. Recurso não provido". SÃO PAULO. Tribunal de Justiça. **Apelação nº 4007229-76.2013.8.26.0554**. Relator: J. B. Paula Lima. São Paulo, 25 de setembro de 2018.

[54] SÃO PAULO. Tribunal de Justiça. **Apelação nº 1002232-62.2017.8.26.0554**. Relator: Maurício Campos da Silva Velho. São Paulo, 8 de janeiro de 2020.

proferida pela Juíza Corregedora Permanente do Oficial de Registro Civil das Pessoas Naturais do 40º Subdistrito da Capital – Brasilândia foi pelo indeferimento da habilitação por falta de discernimento e incapacidade civil do nubente.[55]

E o recurso administrativo interposto contra referida decisão foi desprovido nos termos da seguinte fundamentação:

> Ocorre que, no caso concreto, a perícia realizada junto ao IMESC constatou que o nubente, J.C.G., tal como ocorreu quando inquirido em juízo, não soube informar há quanto tempo conhece a companheira, nem há quanto tempo com ela reside. Constou do laudo técnico elaborado que o periciando não demonstra orientação em relação à data atual, dia de semana, mês ou ano, também não sabendo dizer o bairro em que estava ou como chegou até o local da perícia. E muito embora tenha relatado que gosta da companheira e que deseja ter uma família, não soube explicar sua motivação para o casamento, nem se mostrou capaz de ler, escrever, efetuar cálculos simples ou ter adequada noção financeira e de valores monetários do cotidiano. Assim, concluiu o *expert* que o nubente não demonstra ter suficiente noção das implicações do casamento, sendo parcial sua capacidade de entendimento e determinação em nele consentir. Destarte, ausente clara demonstração de vontade na hipótese em análise, correta a decisão proferida na via administrativa pela MM.ª Juíza Corregedora Permanente, que negou prosseguimento à habilitação de casamento requerida pelos recorrentes.

Em outro caso, a Oficial do Registro Civil das Pessoas Naturais do 35º Subdistrito Barra Funda, Capital, ao receber pedido de habilitação para

[55] "HABILITAÇÃO DE CASAMENTO – Nubente interditado – Ausência de manifestação clara de vontade, no caso concreto – Acolhimento da impugnação ofertada – Inconformismo manifestado com fundamento no Estatuto da Pessoa com Deficiência – Solução da controvérsia que deverá ser buscada pelos interessados em ação própria, na esfera jurisdicional – Parecer pelo recebimento do reclamo como recurso administrativo e, no mérito, pelo seu não provimento". SÃO PAULO. Tribunal de Justiça, Corregedoria Geral de Justiça, **Recurso Administrativo nº 1129554-06.2016.8.26.0100**. Relator: Geraldo Francisco Pinheiro Franco, 22 de janeiro de 2019. Disponível em: <https://www.kollemata.com.br/rcpn-casamento-habilitacao-nubente-interdito-interdicao-incapacidade-civil-deficiencia.pdf>. Acesso em: 6 nov. 2020.

casamento de pessoa interditada cujo curador havia falecido, solicitou pedido de providências e o juiz da 2ª Vara de Registros Públicos do Foro Central da Comarca de São Paulo não autorizou o prosseguimento do pedido de habilitação por entender, com base no laudo elaborado pelo IMESC, não ser "possível afastar, no momento, a falta de discernimento da pessoa do nubente".[56]

No Pedido de Providencias n.º 1129554-06.2016.8.26.0100, foi o Ministério Público quem opôs impedimento à habilitação de casamento, sob o fundamento de que o nubente era pessoa interditada e sua curadora não concordava com o ato. Nesse caso, a juíza da 2ª Vara de Registros Públicos do Foro Central da Comarca de São Paulo acolheu a impugnação e rejeitou o prosseguimento do expediente, assim fundamentado sua decisão:

> Como é sabido, a alteração no conceito das incapacidades introduzida pelo Estatuto da Pessoa com Deficiência, na esteira da inclusão social em prol da dignidade do indivíduo, desatrelou os conceitos de deficiência (física, mental e intelectual) e de incapacidade, aclarando que a deficiência não gera, a priori, incapacidade absoluta ou relativa. Em seu artigo 6º, o Estatuto estabelece que a deficiência não afeta a plena capacidade civil da pessoa, especialmente para a prática dos atos elencados nos incisos, os quais abarcam conteúdo existencial, cerne da proteção do estatuto, e relacionados aos direitos da personalidade. Todavia, importante notar que o rol do artigo 6º não consagra que a incapacidade decorrente da ausência do comprometimento de autodeterminação (discernimento) não afeta (ou preserva) a autonomia privada na esfera negocial e patrimonial do indivíduo. Logo, os dispositivos do Estatuto devem ser interpretados teleológica e sistematicamente, a fim de que alcancem seu verdadeiro objetivo e se compatibilizem com as demais normas do ordenamento jurídico. No caso telado, as assertivas traçadas pelo Perito Médico Oficial do Instituto de Medicina Social e de Criminologia de São Paulo – IMESC, às fls. 123/127, atestam o fato de que J.C.G. não demonstra suficiente noção das implicações do casamento, do que se depreende a ausência de discernimento suficiente para prática do ato em questão. Tendo

[56] SÃO PAULO. Tribunal de Justiça. **Pedido de providências nº 1031993-45.2017.8.26.0100**. Relator: Marcelo Benacchio. Disponível em: <https://www.kollemata.com.br/rcpn-casamento-habilitacao-interdicao-1-68f1902.html>. Acesso em: 20 mar. 2021.

em vista que o fim do procedimento de habilitação é aferir a aptidão jurídica dos nubentes para o casamento, é certo que o J.C.G. não está apto para o ato, porquanto mesmo que celebrado seria nulo.[57]

O que se verifica, portanto, é que não há um consenso sobre como aplicar a LBI no que tange ao casamento, ainda havendo quem entenda que, a despeito das mudanças, a pessoa com deficiência não seria verdadeiramente capaz para a prática de tal ato, utilizando o argumento da proteção para impedir o pleno exercício desse direito.

Conclusões

A Lei Brasileira de Inclusão da Pessoa com Deficiência, além de dar cumprimento às obrigações decorrentes da aprovação, pelo Brasil, do texto da Convenção sobre os Direitos das Pessoas com Deficiência e de seu Protocolo Facultativo, também representou uma mudança radical no tratamento jurídico dispensado às pessoas com deficiência.

Ao promover uma reformulação da teoria das incapacidades, revogando e alterando artigos do Código Civil, o Estatuto acabou por permitir que as pessoas com deficiência praticassem, de maneira muito mais autônoma e livre, atos civis que antes lhes eram vedados tão somente em razão da deficiência, muitas vezes sem nem mesmo analisar o grau de desenvolvimento e integração dessa pessoa na sociedade.

Dentre os diversos ramos jurídicos impactados, o que interessou ao presente trabalho foi o Direito de Família e, mais especificamente, o instituto do casamento. Hoje pessoas com deficiência, de acordo com a lei, podem se casar, pois são plenamente capazes para os atos da vida civil e o fato de terem deficiência mental ou intelectual não é mais causa de nulidade do casamento nem constitui hipótese de erro essencial à pessoa do cônjuge.

Há quem entenda que com isso essas pessoas estarão desprotegidas e mais sujeitas a golpes e violações de direito. Discorda-se. A melhor interpretação a ser dada às normas do Estatuto e do Código Civil que tratam sobre o casamento leva à conclusão de que, se a pessoa com

[57] SÃO PAULO. Tribunal de Justiça. **Pedido de providências nº 1129554-06.2016.8.26.0100**. Relatora: Renata Pinto Lima Zanetta. Disponível em: <https://www.kollemata.com.br/rcpn-casamento-habilitacao-interdicao.html>. Acesso em: 20 mar. 2021.

deficiência mental ou intelectual manifestar, sozinha, sem intermédio de curador, representante ou apoiador, a vontade de se casar, deverá ser dado andamento ao processo de habilitação tal qual é feito quando qualquer outra pessoa entra no cartório manifestando a mesma vontade.

Não parece ser adequado dar o direito ao oficial de registro civil de perquirir sobre a real capacidade de manifestar essa vontade, pois, de acordo com a lei, ela é plenamente capaz de fazê-lo. Também não parece correto entender que eventual curador ou apoiador poderá se opor ao casamento ou ser o veículo de transmissão da vontade, pois, aí sim será possível que a vontade manifestada não seja a do nubente e que o casamento venha a lhe ser prejudicial.

Da mesma forma, em que pese haja quem defenda que deveria haver a obrigatoriedade da pessoa com deficiência se submeter ao regime da separação obrigatória de bens, tal raciocínio se mostra inadequado, pois continua atrelando a existência da deficiência intelectual ou mental à incapacidade – o que já não mais se admite. Assim, terá a pessoa a liberdade de optar qual regime de bens será o aplicável e, aqui sim, caso haja curador responsável por questões patrimoniais, contar com o apoio deste no momento de tomar a decisão.

Em que pese já tenham se passado mais de cinco anos desde a entrada em vigor da LBI, o que se percebe é que, na prática do Tribunal e dos cartórios de registro civil de São Paulo, que foi objeto de análise no presente trabalho, ainda há uma resistência à aceitação da plena capacidade dessas pessoas. E essa resistência dos operadores do Direito aparece no teor das decisões que, em alguns casos, têm contrariado tanto as normas do Estatuto e do Código Civil, quando às que regulamentam a atividade dos registradores civis.

O que se conclui neste trabalho é que, embora tenha sido importante e relevante a mudança de paradigma introduzida pelo Estatuto, ainda há muito que se evoluir para que se possa atingir uma real igualdade de tratamento jurídico entre pessoas com e sem deficiência.

Referências

AZEVEDO, Álvaro Villaça. **Curso de direito civil**: direito de família. 2. ed. São Paulo: Saraiva Educação, 2019.

AZEVEDO, Antonio Junqueira de. **Negócio jurídico**: existência, validade e eficácia. 4. ed. 5. tir. São Paulo: Saraiva, 2007.

BEVILÁQUA, Clóvis. **Direito da família**. 8. ed. atual. por Isaías Beviláqua. Rio de Janeiro: ed. livr. Freitas Bastos.

CARVALHO, Dimas Messias de. **Direito das famílias.** 8. ed. São Paulo: Saraiva Educação, 2020.

DINIZ, Maria Helena. **Curso de direito civil brasileiro, volume 5**: direito de família. 27. ed. São Paulo: Saraiva, 2012.

GONTIJO, Lettícia Fabel; MAFRA, Tereza Cristina Monteiro. O Estatuto da Pessoa com Deficiência: aspectos gerais sobre casamento e os regimes de bens. *In*: PEREIRA, Fabio Queiroz; MORAIS, Luísa Cristina de Carvalho; LARA, Mariana Alves (Org.). **A teoria das incapacidades e o estatuto da pessoa com deficiência.** Belo Horizonte: Editora D'Plácido, 2018.

HIRONAKA, Giselda Maria Fernandes Novaes. Casamento. **Revista de Direito Civil, Imobiliário, Agrário e Empresarial**, v. 54, p. 7-22, 1990.

______; SANTOS, Romualdo Baptista dos. (Org.). **Direito Civil: estudos – coletânea do XV Encontro dos Grupos de Pesquisa – IBDCivil**. São Paulo: Blucher, 2018.

LARA, Mariana Alves. **Capacidade civil e deficiência**: entre autonomia e proteção. Belo Horizonte: Editora D'Plácido, 2020.

LÔBO, Paulo. **Direito civil**: famílias. 11. ed. São Paulo: Saraiva Educação, 2021.

MADALENO, Rolf. **Direito de Família**. 10. ed. Rio de Janeiro: Forense, 2020.

PEREIRA, Rodrigo da Cunha. **Direito das Famílias**. 2. ed. Rio de Janeiro: Forense, 2021.

PEREIRA, Caio Mário da Silva. **Instituições de Direito Civil**: direito de família – vol. V. 28. ed., revista e atualizada por Tânia da Silva Pereira. Rio de Janeiro: Forense, 2020.

______. **Instituições de Direito Civil**: introdução ao direito civil: teoria geral de direito civil; [revisão e atualização] Maria Celina Bodin de Moraes. 33. ed. Rio de Janeiro: Forense, 2020.

RIBEIRO, Moacyr Petrocelli de Ávila. **Estatuto da pessoa com deficiência: a revisão da teoria das incapacidades e os reflexos jurídicos na ótica do notário e do registrador**. Disponível em: <https://www.cnbsp.org.br/?url_amigavel=1&url_source=noticias&id_noticia=10744&filtro=1&lj=1366>. Acesso em: 10 mar. 2021.

SÃO PAULO. Corregedoria Geral de Justiça. Provimento nº 58/89. **Normas de Serviço Cartórios Extrajudiciais Tomo II**. Disponível em: <https://api.tjsp.jus.br/Handlers/Handler/FileFetch.ashx?codigo=120873>. Acesso em: 8 mar. 2021.

SÃO PAULO. Tribunal de Justiça, Corregedoria Geral de Justiça, **Recurso Administrativo nº 1129554-06.2016.8.26.0100**. Relator: Geraldo Francisco Pinheiro Franco, 22 de janeiro de 2019. Disponível em: <https://www.kollemata.com.br/rcpn-casamento-habilitacao-nubente-interdito-interdicao-incapacidade-civil-deficiencia.pdf>. Acesso em: 6 nov. 2020.

______. **Apelação nº 4007229-76.2013.8.26.0554**. Relator: J. B. Paula Lima. São Paulo, 25 de setembro de 2018.

______. **Apelação nº 1014083-64.2018.8.26.0554**. Relator: Beretta da Silveira. São Paulo, 3 de fevereiro de 2021.

______. **Apelação nº 1023249-57.2017.8.26.0554**. Relator: Alexandre Coelho. São Paulo, 28 de janeiro de 2021.

______. **Apelação nº 1002232-62.2017.8.26.0554**. Relator: Maurício Campos da Silva Velho. São Paulo, 8 de janeiro de 2020.

______. **Pedido de providências nº 1031993-45.2017.8.26.0100**. Relator: Marcelo Benacchio. Disponível em: <https://www.kollemata.com.br/rcpn-casamento-habilitacao-interdicao-1-68f1902.html>. Acesso em: 20 mar. 2021.

______. **Pedido de providências nº 1129554-06.2016.8.26.0100**. Relatora: Renata Pinto Lima Zanetta. Disponível em: <https://www.kollemata.com.br/rcpn-casamento-habilitacao-interdicao.html>. Acesso em: 20 mar. 2021.

SIMÃO, José Fernando Simão. **Estatuto da Pessoa com Deficiência causa perplexidade (Parte 2)**. Disponível em: <https://www.conjur.com.br/2015-ago-07/jose-simao-estatuto-pessoa-deficiencia-traz-mudancas#:~:text=I%20%2D%20aqueles%20que%2C%20por%20enfermidade,puderem%20exprimir%20a%20sua%20vontade%3B&text=I%20%2D%20aqueles%20que%2C%20por%20causa,II%20%E2%80%93%20(revogado)%3B>. Acesso em: 10 mar. 2021.

SOUZA, Iara Antunes de. Reflexões sobre os impactos do Estatuto da Pessoa com Deficiência no direito das famílias: curatela e casamento. *In*: PEREIRA, Fabio Queiroz; MORAIS, Luísa Cristina de Carvalho; LARA, Mariana Alves (org). **A teoria das incapacidades e o estatuto da pessoa com deficiência.** Belo Horizonte: Editora D'Plácido, 2018.

TEIXEIRA, Ana Carolina Brochado; MENEZES, Joyceane Bezerra de. Casamento da pessoa com deficiência intelectual e psíquica. *In*: TEPEDINO, Gustavo; MENEZES, Joyceane Bezerra de (Org.). **Autonomia privada, liberdade existencial e direitos fundamentais.** Belo Horizonte: Fórum, 2019.

VENOSA, Sílvio de Salvo. **Direito Civil:** família e sucessões. 20. ed. São Paulo: Atlas, 2020.

7. OS PRINCIPAIS CONTORNOS DA TOMADA DE DECISÃO APOIADA E AS IMPLICAÇÕES DA JUDICIALIZAÇÃO DO APOIO

Luíza Resende Guimarães
Renata Lima

Introdução

A Convenção Internacional sobre os Direitos das Pessoas com Deficiência - CDPD positiva, em seu artigo 3, a autonomia como um de seus princípios reitores, partindo de uma concepção relacional e de interdependência do conceito. A afirmação se reitera com a leitura do artigo 12, item 3, que determina que os Estados Partes devem promover o acesso ao apoio que se mostre necessário (e desejável) para o exercício de sua capacidade legal. Tal apoio pode ser requisitado por qualquer indivíduo que dele necessite (tendo em vista o princípio da não-discriminação), tanto para atos patrimoniais quanto para os de natureza existencial.

Essa visão decorre da mudança de perspectiva em relação às pessoas com deficiência. De um estigma relacionado ao castigo divino, à inutilidade social, à doença passível de cura e à necessidade de "normalização" do indivíduo, evolui-se para um espectro biopsicossocial, centrado não exclusivamente na pessoa, mas também e principalmente no entorno que a cerca. Assim, a deficiência passa a ser compreendida como o resultado da interação dos limites pessoais com as barreiras impostas pelo meio físico e social no qual se insere.

A referida Convenção, incorporada pelo Brasil com *status* constitucional e regulamentada internamente pela Lei Brasileira de Inclusão da Pessoa com Deficiência - LBI, é fundada com base nessa nova tratativa da deficiência. É responsável por reafirmar a condição de pessoa perante a lei e por garantir que recebam dos ordenamentos jurídicos a possibilidade de exercerem sua capacidade legal em igualdade de oportunidades com os demais. Reconhece, também, que esses sujeitos têm o direito de receber auxílio no exercício dessa capacidade, bem como em qualquer outro aspecto de suas vidas. Conforme mencionado, determina que sejam criados mecanismos de apoio flexíveis o suficiente para abarcar a diversidade inerente às pessoas, consequentemente, às deficiências.

Ocorre que a implementação de um sistema de apoio pelos Estados Partes da CDPD tem encontrado resistências e dificuldades e, muitas vezes, apresentado problemas de adequação às diretrizes do documento internacional, como apontam as Observações elaboradas pelo Comitê da ONU sobre os Direitos das Pessoas com Deficiência em resposta aos Relatórios enviados pelos países.[1]

O Brasil é um dos alvos de críticas do aludido órgão: a fim de atender à determinação positivada no artigo 12.3, incluindo um sistema de apoio no território pátrio, a LBI instituiu a tomada de decisão apoiada (TDA), ferramenta judicial incorporada ao ordenamento desde janeiro de 2016, data de início da vigência do Estatuto. Dado o impacto causado e a importância das garantias expressas na LBI, passados mais de cinco anos de sua implementação, é relevante explorar os problemas apontados, em especial aqueles que giram em torno da judicialização do suporte.

Nesse sentido, o presente trabalho tem como objetivo geral analisar a problemática que envolve a judicialização de mecanismos de apoio, com foco na ferramenta brasileira estruturada na LBI. De modo a alcançar esse intuito, o trabalho apresentará, em um primeiro momento, as principais características do modelo de apoio e evidenciará sua importância para a implementação do paradigma inaugurado com a CDPD. Depois, o empenho será para dissecar os contornos da tomada de decisão apoiada com base na sua regulamentação jurídica e enfoque no aspecto procedimental.

[1] Em decorrência do artigo 35 da CDPD os países signatários devem enviar à ONU, ao menos a cada quatro anos (devendo o primeiro ser encaminhado passados dois anos da ratificação), Relatórios apresentando as medidas adotadas em cumprimento às obrigações impostas pelo tratado, bem como o progresso alcançado a esse respeito. Além disso, poderão apontar os fatores e as dificuldades encontradas para que fossem implementadas as medidas necessárias. Em contrapartida, o artigo 36 do mesmo documento coloca que caberá ao Comitê, em resposta aos Relatórios, fazer as sugestões e recomendações que julgar pertinentes por meio de Observações a serem encaminhadas aos Estados parte.

Por fim, serão examinados alguns argumentos contrários e favoráveis à opção pela via judicial para a implementação do mecanismo.

1. A importância do apoio para a mudança paradigmática pretendida pela CDPD e pela Lei Brasileira de Inclusão da Pessoa com Deficiência

Os seres humanos dependem das relações que constroem com seus semelhantes ao longo da vida e das interações estabelecidas com o meio no qual estão inseridos para que formem sua autonomia.[2] Não se trata, portanto, de um atributo preexistente e produzido sem quaisquer interferências pessoais e sociais. Como indica Miracy Gustin, a ideia de autonomia como autossuficiência, que parte da concepção liberal do termo, "deve ser revista em favor de uma acepção que atribua à autonomia uma natureza que se desenvolva através da socialidade e que se realize nessa condição".[3] Para tanto, é preciso que sejam garantidos espaços de liberdade em que o indivíduo possa atuar,[4] sozinho ou com ajuda, para que consiga edificar sua autonomia e construir sua personalidade; afirmação que inclui as pessoas com deficiência. Assim, toda intervenção que vise a limitar a autonomia deve sempre buscar resguardar um espaço de liberdade, exigindo para tal, que a restrição seja proporcional, necessária e adequada[5] às demandas concretas da pessoa.

Nesse contexto, a racionalidade deixa de ocupar o lugar central e determinante para que seja definida qualquer medida que intente promover ou mesmo restringir a autonomia. Abandona-se a ideia do ser humano autossuficiente, capaz de raciocinar, sentir e se comunicar em plenitude.[6] Afinal, a massiva maioria das decisões tomadas por aqueles considerados competentes para decidir não pode ser considerada racional a partir da acepção tradicional do termo. Assim, não é razoável exigir que pessoas que

[2] LARA, Mariana Alves. **Capacidade Civil e Deficiência**: entre autonomia e proteção. Belo Horizonte: D'Plácido, 2019. p. 150.

[3] GUSTIN, Miracy. **Das Necessidades Humanas aos Direitos**: Ensaio de Sociologia e Filosofia do Direito. Belo Horizonte: Del Rey, 2009. p. 20.

[4] GUSTIN, Miracy. *Ibid.*

[5] LARA, Mariana Alves. *Id.* p. 151.

[6] ASÍS ROIG, Rafael de. Sobre la capacidad. *In*: PALACIOS RIZZO, Agustina; BARIFFI, Francisco. **Capacidad jurídica, discapacidad y derechos humanos:** una revisión desde la Convención Internacional sobre los Derechos de las Personas con Discapacidad. Buenos Aires: Ediar, p. 13-29, 2012. p.15-16.

possuem algum comprometimento cognitivo apresentem tal desempenho: é preciso aceitar que elas também podem tomar decisões desarrazoadas ou mesmo socialmente vistas como equivocadas.

Contudo, pessoas (com ou sem deficiência) que não se sentem seguras para decidir ou que, por qualquer outro motivo, entendem precisar de ajuda para tomar suas decisões, podem requerer apoio nas mais variadas esferas de suas vidas. Essa situação é reconhecida e refletida pela CDPD, especialmente no seu artigo 12.3, ao estabelecer que os Estados Partes devem promover o acesso ao apoio que se mostre necessário (e desejável) para o exercício da capacidade legal. Tal determinação decorre do reconhecimento, estampado no documento, do direito à vida independente, segundo o qual a pessoa com deficiência pode decidir se precisa ou não de apoio, onde e com quem viver, bem como garante que os serviços e estruturas físicas dirigidos à população em geral também estejam disponíveis para eles.[7]

O direito à vida independente guarda estreita relação com a perspectiva de não-discriminação que, ao lado das concepções de diversidade, autonomia, inclusão e igualdade de oportunidades, permeia toda a Convenção. Esses são tidos como seus princípios gerais e são resultado da mudança de paradigma (ao menos formal) promovida com a promulgação do documento.

Tal modificação é responsável por retirar o foco do conceito de capacidade legal sobre a dimensão de "aptidão" – ligada à habilidade de exercer determinada função –, que era tida como condição necessária para que a pessoa pudesse exercer sua capacidade legal; redefinindo-o sob a noção de "autoridade", que parte da presunção da presença de aptidão e confere autoridade à pessoa com deficiência para que ela possa tomar as decisões sobre as questões que lhe dizem respeito. A deficiência passa, então, "a ser associada ao apoio, e não à restrição".[8]

[7] HERNÁNDEZ, Osvaldo; JAMBA, Amândio; SEPÚLVEDA, Francisca. Modelo de Apoyos para personas con Discapacidad Intelectual y su impacto en la calidad de vida. **Revista Latinoamericana en Discapacidad, Sociedad y Derechos Humanos**, vol. 5, n. 1, p. 42-55, 2021. p. 44.

[8] MINKOWITZ, Tina. No discriminación, capacidad jurídica y derecho a no ser sometido a tratamiento médico obligatorio. Traducción: María Laura Serra. *In*: PALACIOS RIZZO, Agustina; BARIFFI, Francisco. **Capacidad jurídica, discapacidad y derechos humanos***:*

Especificamente sobre o apoio, a despeito de a CDPD mencionar apenas a criação de medidas voltadas ao exercício da capacidade legal, a doutrina sugere que a obrigação de prover suporte deve ser encarada de forma mais ampla.[9] Ilustrativamente, Tina Minkowitz considera mais pertinente falar em apoios ao exercício da autonomia, "que incluem, mas não se limitam, a atos jurídicos formais".[10] Ademais, dada a diversidade humana, os mecanismos podem variar em conteúdo, intensidade[11] e extensão: "algumas pessoas podem necessitar de apoio para interagir com seu entorno, como para expressar sua vontade em relação a qualquer decisão. Outros podem necessitar de apoio de forma intermitente como, por exemplo, quando enfrentam situações especialmente estressantes [...]".[12]

Essa perspectiva torna possível a utilização de diferentes ferramentas institucionais especialmente modeladas às necessidades do sujeito, auferidas com base em sua vida biográfica e no ato pretendido,[13] afinal, a imposição contida no artigo 12.3 é no sentido de que os apoios sejam criados como um "traje sob medida".[14] Seguindo este raciocínio, convém expor as reflexões de Osvaldo Hernández, Armândio Jamba e Francisca Sepúlveda, que propõem a estruturação de apoios com base nos modelos

una revisión desde la Convención Internacional sobre los Derechos de las Personas con Discapacidad. Buenos Aires: Ediar, p. 527-550, 2012. p. 532.

9 Para uma classificação mais específica acerca dos âmbitos em que os mecanismos de apoio podem ser úteis, cf. GANZENMÜLLER ROIG, Carlos. El juicio de capacidad y el Ministerio Fiscal. La labor del Fiscal en la promoción de la autonomía de la voluntad de las personas con discapacidad intelectual o mental. *In*: PALACIOS RIZZO, Agustina; BARIFFI, Francisco. **Capacidad jurídica, discapacidad y derechos humanos**: una revisión desde la Convención Internacional sobre los Derechos de las Personas con Discapacidad. Buenos Aires: Ediar, p. 477-496, 2012. p. 484-487.

10 MINKOWITZ, Tina. *Id*. p. 536.

11 Osvaldo Hernandez e colegas estabelecem uma classificação dos apoios de acordo com a intensidade. Segundo eles, os apoios podem ser: intermitentes, limitados, extensos ou generalizados. Para entender essas classificações, cf. HERNÁNDEZ, Osvaldo; JAMBA, Amândio; SEPÚLVEDA, Francisca. *Id*. p. 49-50.

12 MINKOWITZ, Tina. *Id*. p. 536.

13 CUENCA GÓMEZ, Patricia. El sistema de apoyo en la toma de decisiones desde la Convención Internacional sobre los Derechos de las Personas con Discapacidad: principios generales, aspectos centrales e implementación en la legislación española. **Redur 10**, p. 61-94, 2012. p. 75.

14 GANZENMÜLLER ROIG, Carlos. *Id*. p. 485.

sócio ecológico[15] e multidimensional[16] de deficiência, cujo objetivo é demonstrar que o planejamento e a aplicação de um enfoque individualizado de suporte é mais adequado e, consequentemente, contribui para melhores resultados pessoais ao apoiado, bem como para elevar sua qualidade de vida.[17]

Para que atinja todo o potencial de mudança que carrega em si, acreditam os autores mencionados que o bem-estar subjetivo, a autonomia dos sujeitos envolvidos e o compromisso com a ação política devem ser levados em conta desde a elaboração dos mecanismos de apoio, que precisam contemplar desde a avaliação, passando pelo planejamento, até a implementação das decisões.[18] No mais, não se pode perder de vista que detém especial relevo a identificação das experiências de vida e metas desejadas pela pessoa, a determinação do padrão e da intensidade[19] do auxílio necessário, o desenvolvimento de um plano individualizado e

[15] Este modelo parte da premissa de que a deficiência intelectual é um estado multidimensional do funcionamento humano em relação com as demandas e exigências sócio-culturais. Para os autores, a importância dele reside no fato de que "outorga a compreensão da condição das pessoas com deficiência intelectual e a oportunidade de mudar o foco em relação à interação da pessoa e seu contexto, assim como o rol de apoios relevantes para a melhora do funcionamento individual" (tradução livre). Cf. HERNÁNDEZ, Osvaldo; JAMBA, Amândio; SEPÚLVEDA, Francisca. *Id.* p. 45-46.

[16] Esse modelo "descreve a interação dinâmica e recíproca entre habilidade intelectual, conduta adaptativa, saúde, participação, contexto e os apoios individualizados" (tradução livre). A partir dele, a deficiência intelectual é entendida como um estado particular de funcionamento que se estende pela vida da pessoa, é multidimensional e positivamente afetado pelos apoios individualizados. Cf. HERNÁNDEZ, Osvaldo; JAMBA, Amândio; SEPÚLVEDA, Francisca. *Ibid.*

[17] A qualidade de vida, na acepção dos autores, possui caráter multidimensional e envolve três três fatores que descrevem os desdobramentos de atividades cotidianas: " Independência (inclui o desenvolvimento pessoal e a autodeterminação; Participação social (relações interpessoais, inclusão social e direitos) e Bem-estar (emocional, físico e material)" (tradução livre). Cf. HERNÁNDEZ, Osvaldo; JAMBA, Amândio; SEPÚLVEDA, Francisca. *Id.* p. 53.

[18] HERNÁNDEZ, Osvaldo; JAMBA, Amândio; SEPÚLVEDA, Francisca. *Id.* p. 46-47.

[19] É interessante destacar a chamada Escala de Intensidade de Apoios (SIS, na sigla em inglês) apresentada pelos por Hernández, Jamba e Sepúlveda: trata-se de ferramenta voltada para a valoração do êxito da pessoa nas suas principais áreas de atuação depois de implementado(s) o(s) apoio(s), bem como estabelece como fator preponderante para determinar a intensidade do apoio um rol ativo à avaliação da conduta adaptativa em substituição a um coeficiente intelectual. Cf. HERNÁNDEZ, Osvaldo; JAMBA, Amândio; SEPÚLVEDA, Francisca. *Id.* p. 53

realista centrado no sujeito, a supervisão do progresso e a avaliação ou emissão de uma valoração final.[20]

Ademais, deve-se recordar que uma das finalidades do apoio é manter intacta a capacidade legal do indivíduo. Para tanto, é fundamental que os mecanismos de suporte venham acompanhados de salvaguardas que garantam sua duração pelo menor lapso temporal possível, que respeitem os direitos, vontades e preferências do apoiado e que sejam evitados conflitos de interesses ou influências indevidas.[21]

Nessa lógica, devem as medidas ser revisadas periodicamente a fim de constatar seu estado e suas condições para escapar de "situações de abandono crônico que cerceiem sua real incorporação na sociedade" ou suas chances de "alcançar o adequado nível de vida independente que poderia lhe corresponder".[22] Salienta-se que, por sua natureza, o funcionamento adequado desse sistema depende de considerável envolvimento da sociedade e de ações estatais positivas,[23] temática que será aprofundada no tópico 3 do trabalho.

Na prática, porém, a implementação de um sistema de apoios nos moldes propostos pela CDPD tem encontrado certa resistência, em parte devido à amplitude dos contornos com os quais foi positivada no tratado. Não constam no documento diretrizes específicas que os Estados Parte devem seguir para implementar o modelo ou os requisitos a serem cumpridos. Mas essa lacuna começa a ser preenchida com as manifestações da doutrina – algumas das quais brevemente mencionadas acima – e do Comitê da ONU sobre os Direitos das Pessoas com Deficiência.

Nessa luta, a Observação geral nº 1 do Comitê se apresenta como importante aliada. Para o órgão consultivo e fiscalizador, "apoio" pode ser entendido como toda ajuda ou assistência prestada a alguém para que possa realizar suas atividades cotidianas e participar da vida em sociedade.[24] Embora seja um conceito amplo e se admita que os regimes jurídicos

[20] HERNÁNDEZ, Osvaldo; JAMBA, Amândio; SEPÚLVEDA, Francisca. *Id.* p. 51.

[21] BARIFFI, Francisco José. **El régimen jurídico internacional de la capacidad jurídica de las personas con discapacidad**. Madrid: Cinca, 2014, p. 368.

[22] GANZENMÜLLER ROIG, Carlos. *Id.* p. 489.

[23] CUENCA GÓMEZ, Patricia. *Ibid.*

[24] NACIONES UNIDAS. Asamblea General. Consejo de Derechos Humanos. **Informe de la Relatora Especial sobre los derechos de las personas con discapacidad, 34º período de sesiones.** Nueva York: Naciones Unidas, 2016.

podem adotar muitas formas de apoio, o órgão se esforçou na elaboração de algumas diretrizes essenciais para orientar os países signatários, dentre as quais se destacam: a) o apoio na tomada de decisões deve estar disponível para todos, podendo ser requisitado com intensidades distintas; b) todas as formas de apoio ao exercício da capacidade jurídica devem ter como premissa as vontades e preferências do indivíduo apoiada, e não um suposto interesse superior objetivo; c) a falta de recursos financeiros não pode ser um obstáculo ao acesso do apoio pelas pessoas com deficiência de classes mais pobres, de forma que o Estado precisa garantir aquele de forma gratuita ou de baixo custo; d) o apoio na tomada de decisões não pode ser utilizado como justificativa para a limitação de outros direitos fundamentais; e) a pessoa com deficiência deve ter garantido o direito de modificar ou extinguir o apoio a qualquer tempo; f) todo o processo de apoio deve ser acompanhado de salvaguardas, de forma a eliminar conflitos de interesses e possíveis abusos e garantir que as vontades e preferências do apoiado sejam respeitadas; g) a análise da necessidade ou não de mecanismos de apoio não pode depender de uma avaliação da capacidade mental, devendo ser desenvolvidos novos indicadores não discriminatórios para tal.[25]

No mais, o Comitê dispõe que um dos objetivos do sistema assistivo é fomentar a confiança e a aptidão das pessoas com deficiência para que possam exercer sua capacidade legal de forma cada vez mais independente, diminuindo gradualmente o nível de apoio, se assim for possível e desejado.[26] É sob esta ótica que deve ser encarada a previsão que o suporte deve durar "o menor lapso temporal possível", sendo que, se seguir sendo necessário e bem-quisto, perdurará.

De forma complementar, Francisco Bariffi argumenta que os mecanismos de apoio têm de estar presentes durante todo o processo de decisão, ultrapassando a mera assistência[27] na formalização do ato jurídico.[28] Tendo

[25] NACIONES UNIDAS. Comité sobre los Derechos de las Personas con Discapacidad. **Observación General nº 01**. Nueva York: Naciones Unidas, 2014.

[26] NACIONES UNIDAS. Comité sobre los Derechos de las Personas con Discapacidad. **Observación General nº 01**. Nueva York: Naciones Unidas, 2014.

[27] A expressão é utilizada no trabalho como sinônimo de "apoio", e não em sua acepção tradicionalmente relacionada à incapacidade relativa.

[28] BARIFFI, Francisco. **El régimen jurídico internacional de la capacidad jurídica de las personas com discapacidad**. Madrid: Cinca, 2014, p. 369.

isso em conta, Lucy Series explica que o apoiador pode ser demandado para facilitar a obtenção e compreensão de informações, para apresentar de forma clara as vantagens e desvantagens dentre as opções disponíveis, de forma que o apoiado consiga ponderar, entre outras questões que se mostrarem necessárias.[29] Nesse sentido, Carlos Roig destaca que, nos casos em que seja necessário um apoio mais intenso, o apoiador pode precisar "traduzir" a decisão do apoiado por meio da interpretação de seus sinais ou transmitir os interesses, valores e preferências da pessoa.[30] Daí também a relevância de esse papel ser desempenhado por alguém que o indivíduo tenha confiança e guarde relações estreitas.

É importante deixar claro que o apoiador não tomará as decisões pelo apoiado, ou mesmo substituirá sua vontade.[31] Àquele cabe um papel secundário: deve se colocar ao lado do sujeito, na proporção em que for requisitado, apenas com a finalidade de fomentar e facilitar o exercício da capacidade do apoiado, de modo que as escolhas reflitam e efetivem as vontades e preferências deste,[32] além de buscar promover sua inclusão e participação na sociedade. Cabe à pessoa afetada, portanto, a decisão final sobre as questões que têm impacto em sua vida. Ao apoiador incumbe colaborar para que a escolha seja autônoma na maior medida possível.

A implementação de um sistema de apoio com suas respectivas salvaguardas, porém, pode não ser suficiente, por si só, para que o meio seja considerado apto a receber a pessoa com deficiência e/ou para que o suporte seja efetivo e adequado à sua realidade. Tais medidas devem se aliar, sempre que necessário, à acessibilidade, aos ajustes razoáveis e ao

[29] SERIES, Lucy. Relationships, autonomy and legal capacity: Mental capacity and support paradigms. **International Journal of Law and Psychiatry**, n. 40, 2015.

[30] GANZENMÜLLER ROIG, Carlos. *Id.* p. 484 e 486.

[31] A possibilidade ou não de manutenção de mecanismos substitutivos de vontade sob a égide da CDPD é tema deveras complexo e que não cabe aqui detalhar. Vale mencionar, porém, que assume-se posição segundo a qual tais mecanismos podem existir, mas apartados do modelo de apoio e aplicados excecionalmente (mesmo) e de maneira não-discriminatória. Recomenda-se, sobre o assunto: GUIMARÃES, Luíza Resende. O sistema de apoio e sua (in)compatibilidade com mecanismos de substituição de vontade. *In*: LARA, Mariana Alves; PEREIRA, Fabio Queiroz. **Deficiência e Direito Privado.** Belo Horizonte: D'Plácido, 2019.

[32] URBINA, Paola A. Los sistemas de apoyo como facilitadores del ejercicio de la capacidad jurídica de las personas con discapacidad. **Thomson Reuters**, vol. 44, 2018, p. 6.

desenho inclusivo, conceitos também trazidos no corpo do tratado.[33] Tina Minkowitz, ao analisar o princípio da não-discriminação por motivo de deficiência, indica essas medidas como fundamentais para gerar a inclusão e garantir a igualdade de fato.[34]

Ante ao exposto, a criação e a implementação de um sistema de apoios ajustável à realidade e às demandas da pessoa representa importante instrumento para a efetivação do modelo biopsicossocial proposto pela CDPD e replicado pela LBI. Apenas dessa forma é possível que a pessoa com deficiência faça uso de sua autonomia em igualdade de condições com as demais e, aliado a ações de acessibilidade, ajustes razoáveis e desenho inclusivo, propicia-se um ambiente mais inclusivo e não-discriminatório. Como resultado, resta favorecido o bem-estar, a independência e a participação social desse grupo de indivíduos, fomentando e potencializando sua qualidade de vida.

2. O apoio judicializado na Lei Brasileira de Inclusão: considerações gerais sobre a tomada de decisão apoiada

Em atenção ao que determinam os artigos 4.1 (alíneas *a* e *b*, em particular) e 12.3 da CDPD, foi positivada no ordenamento brasileiro a ferramenta de apoio conhecida por tomada de decisão apoiada (TDA). A medida tem recebido inúmeras críticas – algumas bastante pertinentes – e tem sido relegada a um papel de coadjuvante na ordem jurídica pátria. Considerando a relevância da implementação de um sistema fundado no suporte, trabalhada no tópico anterior, conclui-se que devem ser realizados esforços para a efetivação da TDA. Antes, porém, de adentrar neste debate, importa conhecer a estrutura do mecanismo, com foco na adoção da via judicial para sua aplicação.

Em consonância com a obrigação de cada país signatário da CDPD de "desenhar" os mecanismos de apoio da forma como entenderem adequada ao seu contexto sociocultural – sem, por óbvio, deixar de respeitar os princípios e diretrizes do tratado – a LBI estabeleceu a normativa brasileira, positivando tópicos como: quem é o destinatário da TDA, como deve ser feita a escolha dos apoiadores; qual o conteúdo do termo de apoio; quem possui legitimidade ativa para pleitear a homologação; quais profissionais

[33] Adaptações razoáveis e desenho inclusivo: artigo 2, CDPD; acessibilidade: artigo 9, CDPD.

[34] MINKOWITZ, Tina. *Id*. p. 529.

e órgãos devem atuar na análise da demanda; como resguardar terceiros de possíveis danos; qual a postura a ser assumida pelo magistrado diante de uma notificação sobre divergências entre apoiadores e apoiado; quais os direitos e deveres dos apoiadores; qual o prazo de revisão e modo de extinção da medida, além de sua relação com a curatela.

No texto da LBI, a TDA encontra respaldo no artigo 114, responsável por modificar o Código Civil incorporando ao seu texto o artigo 1.783-A, cujo *caput* define a TDA como

> [...] o processo pelo qual a pessoa com deficiência elege pelo menos 2 (duas) pessoas idôneas, com as quais mantenha vínculos e que gozem de sua confiança, para prestar-lhe apoio na tomada de decisão sobre atos da vida civil, fornecendo-lhes os elementos e informações necessários para que possa exercer sua capacidade.

Passando à exposição de seus traços mais importantes – todos enumerados nos parágrafos do dispositivo legal mencionado – determina-se que o pedido de apoio deve ser feito pelo sujeito que deseja recebê-lo (com o intermédio de advogado, por se tratar de procedimento comum cível), devendo ele indicar aqueles que deseja ter na função de apoiadoras (§2º). Utiliza-se o plural porque, conforme disposto no *caput*, exige-se que ao menos duas pessoas sejam escolhidas para o "cargo", sendo elas da confiança daquele que pretende receber o apoio, tendo com ele uma relação próxima.

Cabe ao requerente, com ajuda de seus apoiadores, formular e apresentar ao juiz um termo "em que constem os limites do apoio a ser oferecido e os compromissos dos apoiadores, inclusive o prazo de vigência do acordo e o respeito à vontade, aos direitos e aos interesses da pessoa que devem apoiar" (§1º). A legislação não conta com maior detalhamento sobre o conteúdo do termo. Por um lado, isso contribui para que impere a autonomia na definição dos moldes do suporte; mas, por outro, não há direcionamentos para garantir que o apoiado se valha de todo o potencial do novo sistema. Acredita-se que seria de grande valia a exposição de algumas diretrizes na lei,[35] mas sem que representassem uma obrigação.

[35] Nesse sentido, Nelson Rosenvald menciona como exemplo a normativa italiana, que indica que o termo da *ammnistrazione di sostegno* deve conter as características do apoiado, a duração

Tal medida poderia servir, também, para reforçar a segurança jurídica, vez que evitaria a elaboração de termos excessivamente vagos.

Uma vez implementado o apoio, tendo os sujeitos escolhidos aceitado a incumbência, devem eles auxiliar a pessoa a tomar as decisões para as quais forem demandados, cabendo-lhes informar e trazer ao conhecimento do apoiado os elementos necessários para que consiga decidir de maneira autônoma. Se, porém, em um segundo momento, os apoiadores (em conjunto ou isoladamente) decidam se desobrigar, podem requerer ao juiz a exclusão de sua função, sendo o desligamento condicionado à aceitação do magistrado (§10).

No que se refere ao prazo pelo qual deve perdurar a relação de apoio, viu-se que a legislação brasileira deixou a escolha à cargo do apoiado. Embora seja, mais uma vez, um caminho válido para preservar sua autonomia, entende-se que poderia ter sido estabelecido um lapso temporal máximo para a revisão das medidas. A preocupação com uma revisão periódica é importante para que seja levada a cabo a determinação de que o apoio seja utilizado pelo menor tempo possível, já que um de seus objetivos é contribuir para que a pessoa se desenvolva e, consequentemente, consiga agir sem apoio formal. Um exemplo de legislação que segue essa lógica é a portuguesa: a Lei nº 49/2018 – que dispõe sobre o Regime do Maior Acompanhado – estipula, no artigo 155, que as medidas de acompanhamento devem ser revistas ao menos a cada cinco anos, podendo, no entanto, ser estabelecido em sentença prazo mais curto.

da relação e o detalhamento dos atos que serão objeto do suporte, especificando, por exemplo, quais poderão ser efetuados apenas mediante a presença dos apoiadores. Além disso, recomenda que o termo estabeleça limites para despesas, assim como o intervalo de tempo no qual deverão informar o juiz das atividades desenvolvidas e de eventual evolução nas condições pessoas e sociais do apoiado. Porém, acredita-se que o modelo não seria necessariamente útil para ajudar a avançar na resolução do problema da normativa brasileira. Isso porque, apenas inovaria na determinação da exposição, no termo, das características do apoiada e na especificação dos atos que ele não poderia praticar sem a presença dos apoiadores. A respeito dessa última diretriz em específico, condicionar o exercício de direitos à participação dos apoiadores, parece ser um contrassenso aos propósitos da CDPD e à finalidade da TDA. Cf. ROSENVALD, Nelson. A tomada de decisão apoiada: primeiras linhas sobre um novo modelo jurídico promocional da pessoa com deficiência. *In*: X Congresso Brasileiro de Direito de Família, v. 10, 2016, Belo Horizonte. **Anais do Congresso Brasileiro de Direito de Família**: famílias nossas de cada dia. Belo Horizonte: Instituto Brasileiro de Direito de Família, 2016. p. 508.

Enquanto vigente a relação, os apoiadores têm o dever de agir de acordo com o conteúdo do termo de apoio e nos limites por ele estabelecidos, cuidando para adimplir todas as obrigações assumidas, bem como para não agir de forma negligente e não influenciar indevidamente o apoiado, pressionando-o a tomar determinada decisão, por exemplo. Caso contrário, a pessoa apoiada, ou qualquer outra, poderá apresentar denúncia ao Ministério Público ou ao juiz (§7º). Recebida a denúncia e julgada procedente, o(s) apoiador(es) será(ão) destituído(s). Nessa hipótese, o magistrado designará, após oitiva do apoiado e se for do seu interesse, outra pessoa para assisti-lo (§8º). Se o sujeito afetado preferir que lhe seja(m) nomeado(s) outro(s) apoiador(es) em substituição, caminha-se para a extinção do apoio, visto que é necessária sua anuência para o estabelecimento do vínculo jurídico em questão.

Ultrapassadas essas questões basilares, é preciso mencionar também o papel do Ministério Público e da equipe multidisciplinar dentro do processo de TDA. Cronologicamente, tem-se que, antes de se manifestar sobre o apoio, o juiz tem que solicitar pronunciamento do *parquet* acerca do caso e, depois, com o auxílio da equipe multidisciplinar na análise dos fatos, deve ouvir pessoalmente o autor da demanda e os indicados ao apoio (§3º).

A oitiva do interessado não constitui mera sugestão, mas um dever imposto pela lei, sendo taxativo o texto legal nesse sentido. Além disso, não se pode olvidar que o artigo 13 da CDPD estabelece que a pessoa com deficiência deve participar de todos os procedimentos jurídicos. Também, ao interpretar os princípios reitores da autonomia e da inclusão, fica evidente que é direito desses sujeitos a efetiva participação na sociedade e nas decisões que lhes dizem respeito, o que obviamente inclui o estabelecimento do apoio.

Sobre a equipe multidisciplinar, defende-se que seus profissionais possam participar ativamente da oitiva dos envolvidos na demanda. Isso pode levar à elaboração de questões mais assertivas e aptas a conduzir a oitiva da maneira mais adequada, já que se presume que seus membros estão mais preparados para lidar, entender e auxiliar a pessoa em situações de nervosismo, confusão, dificuldade de compreensão, comunicação e expressão de suas razões, dentre outras variantes. Assim, a participação de psicólogos, médicos, assistentes sociais e outros profissionais (a depender da demanda do caso) é fundamental para que o requerente do apoio seja, de fato, ouvido e tenha suas peculiaridades consideradas sob outras perspectivas, para além da jurídica.

Outra importante questão abarcada pelo artigo 1.783-A é a do impacto do apoio sobre a esfera jurídica de terceiros: fica estabelecido que as decisões tomadas nos limites do termo homologado têm plena validade e efeitos sobre terceiros (§4º), mas que estes podem solicitar a contra-assinatura dos apoiadores, com a respectiva especificação de sua função (§5º). A primeira parte é reflexo do fato de a TDA não acarretar nenhuma limitação à capacidade legal do sujeito. Exatamente por este motivo, sustenta-se, neste trabalho, que mesmo os atos praticados fora dos limites do termo de apoio também possuem plena validade, podendo ser questionados apenas *a posteriori*, diante da incidência dos vícios da vontade (erro, dolo, coação, estado de perigo e lesão) e dos vícios sociais (fraude contra credores e simulação), além da hipótese de incapacidade incidental[36], a ser debatida adiante. Ressalta-se tais limites são aplicáveis a qualquer um que pratique as condutas previstas, independentemente de deficiência.

A lei trata, também, das situações em que a vontade do apoiado e do apoiador divergem. Sendo o caso de negócios jurídicos com potencial de gerar riscos ou prejuízos relevantes à pessoa com deficiência, fica o juiz incumbido de resolver o conflito, após parecer do Ministério Público (§6º). Do disposto, infere-se que, se o negócio não implicar risco ou prejuízo relevante, prevalece a vontade do apoiado.

Ocorre que, dado o caráter de jurisdição voluntária do procedimento, o sujeito afetado tem o direito de requerer o fim da tomada de decisão apoiada, de modo que o vínculo de apoio pode ser extinto a qualquer tempo e sem motivação específica (§9º). Nota-se, pois, certo desencontro: se a pessoa pode simplesmente extinguir o apoio, e se a prioridade da ferramenta recai sobre a pessoa e as manifestações legítimas de seus interesses e preferências,[37] por que aceitar que o juiz decida de acordo com seu apoiador, que tem opinião divergente da sua? Trata-se de uma

[36] A nomenclatura mais usual seria "capacidade acidental", importada diretamente do direito português. Neste trabalho, porém, optou-se pela nomenclatura utilizada em: LARA, Mariana Alves. **Capacidade Civil e Deficiência:** entre autonomia e proteção. Belo Horizonte: D'Plácido, 2019.

[37] PEREIRA, Jacqueline Lopes. **Tomada de decisão apoiada**. Curitiba: Juruá, 2019. p. 145.

pergunta que não parece ter resposta lógica, sendo uma das falhas na positivação da TDA.

Por fim, vale comentar que se aplicam à TDA, no que couber, as disposições referentes à prestação de contas da curatela (§11º). O estabelecimento da prestação de contas é um acerto, já que constitui uma salvaguarda em prol de uma boa prestação de apoio, mas, para além dessa previsão, deveria haver menção expressa à possibilidade de fiscalização e controle da atuação do apoiador por parte do poder judiciário, podendo haver responsabilização em caso de exercício inadequado de suas funções, conforme ensina Mariana Lara, afinal, "se ele se comprometeu voluntariamente a auxiliar e apoiar uma pessoa com discernimento reduzido, espera-se que cumpra fielmente suas obrigações".[38]

Para além desse ponto em comum, TDA e curatela devem ser tratados como os processos diferentes que o são. A curatela envolve mecanismos substitutivos de vontade, não se caracterizando como forma de apoio. Assim sendo, não pode o magistrado atuar invasivamente no processo de TDA e, de ofício, transformá-lo em processo de curatela, por exemplo. Para além de diversas problemáticas que não cabem ao escopo deste trabalho, uma previsão desse tipo apenas faria com que a TDA fosse ainda menos utilizada, pois a possibilidade de entrar com um pedido de apoio e terminar sendo declarado incapaz certamente representa um grande desincentivo à sua implementação.

Finalizada a apresentação do procedimento estabelecido pela LBI para a tomada de decisão apoiada, observa-se que, apesar de contar com uma definição mais específica do que aquela oferecida pela CDPD, os onze parágrafos do artigo 1.783-A não parecem resolver todos os problemas relacionados à figura. Se assim fosse, ela estaria sendo amplamente utilizada na prática, o que não é o caso. Em busca de entender o porquê dessa situação, depara-se com o problema da judicialização: será que um apoio nos moldes da TDA representa a melhor solução para um país como o Brasil? Quais os prós e contras dessa formalização? Inexistem mecanismos de suporte informais operantes no país? Busca-se, no próximo tópico, responder a essas questões e vislumbrar possíveis caminhos que possam levar a uma maior efetividade do sistema de apoios em solo brasileiro.

[38] LARA, Mariana Alves. **Capacidade Civil e Deficiência:** entre autonomia e proteção. *Id.* p. 174-175.

3. Arranjos formais e informais de apoio e os problemas e vantagens da opção pela judicialização

Delineados os contornos basilares da tomada de decisão apoiada, é importante debater a forma como sua instauração foi prevista pela LBI, isto é, por intermédio de um processo judicial.

A tomada de decisão apoiada se caracteriza como um mecanismo formal de apoio e, para acessá-lo, é necessária a homologação do Poder Judiciário, tendo em vista que se trata de um processo de jurisdição voluntária. A opção pela judicialização é motivo de não raras críticas por parte da doutrina brasileira. Mariana Lara, por exemplo, aponta que a necessidade de contratação de um advogado e distribuição de ação judicial pode ser uma dificuldade para a implementação do instituto, que deveria ser menos burocrático e mais facilitado.[39] De forma semelhante, Anderson Schreiber e Ana Luiza Maia Nevares enxergam nesta configuração um óbice à dinâmica desejável para um mecanismo de apoio, afirmando que

> [...] a tomada de decisão apoiada somente guardaria utilidade nesse novo contexto se representasse uma via mais simples para o beneficiário, mas não é o que ocorre no Estatuto [da Pessoa com Deficiência]: trata-se de processo que é necessariamente judicial, o que já ameaça por definição sua agilidade. Para piorar: o § 3º do novo art. 1.783-A que o Estatuto faz inserir na codificação civil determina que 'antes de se pronunciar sobre o pedido de tomada de decisão apoiada, o juiz, assistido por equipe multidisciplinar, após oitiva do MP, ouvirá pessoalmente o requerente e as pessoas que lhe prestarão apoio. Burocratiza-se, a mais não poder, a tomada de decisão apoiada.[40]

Não é apenas a doutrina pátria que enxerga problemas na judicialização. O Comitê sobre os Direitos das Pessoas com Deficiência da ONU já comentou a questão em mais de uma oportunidade. Em atendimento ao estabelecido no artigo 35 da CDPD, o Brasil enviou ao referido órgão um Relatório Inicial em que apresentava as medidas adotadas em prol de cumprir as obrigações assumidas com a Convenção e o progresso

[39] LARA, Mariana Alves. **Capacidade Civil e Deficiência:** entre autonomia e proteção. *Id.* p. 138.

[40] NEVARES, Ana Luiza Maia; SCHREIBER, Anderson. Do sujeito à pessoa: uma análise da incapacidade civil. **Quaestio Iuris.** Rio de Janeiro, v. 9, n. 3, 2016, p. 1556.

alcançado nesse sentido. Em resposta, datada de 2015, dentre outras observações e recomendações, o Comitê expressou preocupação com a necessidade de aprovação judicial do procedimento de apoio.[41]

Posteriormente, em 2017, em Relatório Geral – isto é, não direcionado a nenhum Estado especificamente –, a relatora especial do mesmo Comitê teceu críticas aos ordenamentos nos quais é preciso recorrer aos tribunais para que a validade do apoio seja reconhecida, assim como para a determinação de seu alcance. Ela explica que requerer a intervenção do Judiciário cria uma série de dificuldades para as pessoas com deficiência, já que: (i) na maioria dos ordenamentos, esses sujeitos encontram obstáculos no acesso à justiça; (ii) o custo do mecanismo aumenta, o que pode representar um desestímulo; (iii) as demoras dos tribunais podem comprometer o acesso; e (iv) faz-se necessária uma formação intensiva para modificar o paradigma decisório dos juízes, que estão adaptados à realidade anteriormente posta, na qual a incapacidade era regra para as pessoas com deficiência.[42]

Acerca do primeiro ponto levantado, o Comitê da ONU já havia concedido, na Observação Geral n. 1 (2014), grande atenção à obrigação dos Estados de velar pelo acesso à justiça das pessoas com deficiência em igualdade de condições com as demais[43], conforme preceitua o artigo 13 da CDPD. O Brasil, contudo, tem falhado neste dever: na Observação Final sobre o Relatório Inicial do país, o órgão assinalou reprovação diante da inacessibilidade dos recintos judiciais e da ausência de medidas destinadas a efetuar os necessários ajustes para modificar este cenário, o que demonstra que a positivação da TDA como um procedimento necessariamente judicial, de fato, constitui um problema ao acesso do apoio.

Para além da inacessibilidade física do entorno, existem barreiras relativas ao tempo e ao custo de um processo judicial, as quais se tornam ainda mais opressoras diante de grupos sociais vulneráveis. É necessário levar em conta a relação historicamente traçada entre deficiência e pobreza, a qual mantém-se firme na atualidade. No cenário brasileiro, em censo realizado

[41] Todos os Relatórios Iniciais dos países e Observação do Comitê da ONU estão disponíveis em: https://tbinternet.ohchr.org/SitePages/Home.aspx.

[42] NACIONES UNIDAS. Asamblea General. Consejo de Derechos Humanos. **Informe de la Relatora Especial sobre los derechos de las personas con discapacidad, 37º período de sesiones.** Nueva York: Naciones Unidas, 2017. p. 11.

[43] UNITED NATIONS. Comittee on the Rights of Persons with Disabilities. **General Comment n. 1.** New York:United Nations, 2014. p. 10.

pelo IBGE em 2010, constatou-se que 19,4% das pessoas com deficiência mental não contavam com nenhum tipo de remuneração; 44,3% recebiam até 1 salário mínimo; 32,3%, entre 1 e 5 salários mínimos; e somente 4% ultrapassavam os 5 salários mínimos.[44] Trata-se de problema que pode ser atenuado pelo benefício da gratuidade da justiça, previsto nos artigos 99 a 102 do Código de Processo Civil, mas que não pode ser ignorado quando explanadas as desvantagens da judicialização do apoio.

No que se refere à morosidade dos processos no Poder Judiciário, em 2016, o Conselho Nacional de Justiça estimou que o trâmite de processos de conhecimento em primeiro grau da justiça comum estadual (competente para homologar a TDA) levavam, em média, 2 anos e 9 meses para serem sentenciados.[45] É evidente que muitos indivíduos que precisam de apoio não podem esperar quase 3 anos para obtê-lo.

Por fim, dentre os problemas listados pelo Comitê, há que ser comentada a necessidade da criação de programas de formação intensiva voltados aos membros do Poder Judiciário, para que possam compreender, de maneira profunda e global, o novo paradigma acerca de deficiência inaugurado pela CDPD e pela LBI. É imprescindível que juízes, advogados e promotores saiam do "modo automático", porque este frequentemente estabelece uma conexão direta entre deficiência e incapacidade, que já não cabe ao tema – se é que coube um dia.

Se essa visão não for alterada, acentua-se outra dificuldade (talvez a principal) decorrente da judicialização: a possibilidade de a ferramenta cair em desuso. Ao explicar este risco, Mariana Lara se baseia na questão da (in)validade dos atos praticados pelo apoiado sem a presença dos apoiadores. Partindo do pressuposto de que ela mantém sua plena capacidade legal, não há lógica em defender a invalidade desses atos, ainda que

[44] Todos os dados mencionados podem ser encontrados em INSTITUTO BRASILEIRO DE GEOGRAFIA E ESTATÍSTICA. **Censo Demográfico 2010:** características gerais da população, religião e pessoas comdeficiência. Rio de Janeiro: IBGE, 2012. A título de comparação, entre as pessoas sem deficiência os indicadores apontaram que: 5,7% não recebiam remuneração; 31,4% recebiam até 1 salário mínimo; 53,4% recebiam de 1 até 5 salários mínimos; 9,5% recebiam acima de 5 salários mínimos.

[45] BRASIL. Justiça em números 2016 – Infográficos: ano-base 2015. **Conselho Nacional de Justiça**. Brasília: CNJ, 2016, p. 17. Disponível em: https://www.cnj.jus.br/wp-content/uploads/2011/02/4c12ea9e44c05e1f766230c0115d3e14.pdf.

realizados sem apoio. Com efeito, se é dessa forma e continua a existir a curatela no ordenamento brasileiro,[46] a autora não vislumbra vantagens na adoção da TDA e acredita que, na prática jurisprudencial, o resultado pode ser uma preferência pela curatela, instituo já assentado no sistema nacional e que confere maiores poderes ao curador.[47] Tal entendimento é compartilhado por Maria Celina Bodin de Moraes, que, ao atualizar obra de Caio Mário da Silva Pereira, afirma que "a figura do apoiador, nos moldes concebidos pelo Estatuto, tende a permanecer inócua, já que a ausência de sua nomeação em nada compromete a validade dos atos celebrados pela pessoa com deficiência".[48]

As decisões recentes da jurisprudência no país têm comprovado os receios expostos: de fato, o que se observa é uma inversão de posição entre curatela e tomada de decisão apoiada. A primeira, que deveria ficar relegada a casos excepcionais, segue sendo a regra. A tomada de decisão apoiada, por sua vez, raramente se concretiza. Flávia da Terra Marques realizou, em 2019, pesquisa jurisprudencial sobre o assunto nos tribunais do Ceará, Minas Gerais e São Paulo.[49] Ao buscar por "tomada de decisão apoiada", obteve um total de 717 sentenças.[50] O número, a princípio, pode

[46] Ressalta-se que a manutenção da curatela no ordenamento brasileiro é reprovada pelo Comitê sobre os Direitos das Pessoas com Deficiência, vez que se trata de figura que inclui a substituição de vontade. Para compreender melhor o dilema da manutenção da curatela pelo ordenamento brasileiro e sua (in)compatibilidade com o sistema de apoios, recomenda-se: GUIMARÃES, Luíza Resende. O sistema de apoio e sua (in)compatibilidade com mecanismos de substituição de vontade. *In*: LARA, Mariana Alves; PEREIRA, Fabio Queiroz. **Deficiência e Direito Privado.** Belo Horizonte: D'Plácido, 2019.

[47] LARA, Mariana Alves. **Capacidade Civil e Deficiência:** entre autonomia e proteção. *Id.* p. 174.

[48] PEREIRA, Caio Mário da Silva. **Instituições de Direito Civil:** Vol 1 – Introdução ao Direito Civil – Teoria Geral do Direito Civil. 29 ed. Rio de Janeiro: Forense, 2016. p. 243.

[49] A autora explica que poucos estados brasileiros disponibilizam mecanismos públicos de busca referentes a decisões de primeira instância (na qual se concentram os processos de TDA), sendo eles: Distrito Federal, Alagoas, Ceará, Goiás, Minas Gerais, Rio Grande do Sul, São Paulo e Tocantins. Além disso, parte destas plataformas não permitia a busca pelo termo exato "tomada de decisão apoiada", razão pela qual a pesquisa teve que se restringir aos estados do Ceará, Minas Gerais e São Paulo.

[50] Não foram 717 ações pleiteando a tomada de decisão apoiada, e sim 717 sentenças que mencionavam o termo de alguma forma, independentemente do pedido inicial. Na ampla maioria dos casos, a ação era de curatela. A autora explica, no entanto, que algumas das

parecer significativo, mas, ao analisar o mérito das decisões, a pesquisadora constatou que apenas 7 (sete!) delas homologaram o mecanismo de apoio recém-inaugurado. Em contrapartida, foram 659 as sentenças que determinaram a curatela,[51] ficando evidente que ela está longe de ser convertida em mecanismo excepcional.

Para compreender de forma mais ampla o perigo da ineficácia, também é fundamental refletir sobre o papel desempenhado pelos arranjos informais de apoio às pessoas com deficiência. Qualquer auxílio prestado a esses indivíduos (incluindo amigos, família, escolas, organizações da sociedade civil, etc.) faz parte dos apoios informais, cuja variabilidade de formas é incontável, podendo envolver das decisões mais simples às mais complexas, como questões sobre saúde, moradia, cuidados, dentre outras.

O Comitê da ONU já reconheceu expressamente as redes sociais e o apoio natural da comunidade como chave para a tomada de decisão apoiada. Em verdade, este conceito (pensado em sentido amplo, não relativo ao mecanismo da LBI especificamente) foi desenvolvido justamente a partir dos relacionamentos entre indivíduos com deficiência e suas redes de apoio informais. Essas ideias progrediram dentro desses grupos e, apenas mais tarde, alcançaram os terrenos da lei e da política.[52]

Os apoios informais estão presentes no cotidiano de todas as pessoas, inclusive daquelas que não possuem deficiências. Por essa razão, todo o paradigma é estruturado em torno de um ideal de interdependência, que entende que a maior parte dos sujeitos toma suas decisões, em especial aquelas de maior peso, utilizando o apoio de seus familiares, amigos e outras pessoas de confiança, ao invés de isoladamente. Para as pessoas com deficiência, porém, é evidente que esse tipo de suporte assume um grau de importância mais elevado.

sentenças não tinham conteúdo relevante para a pesquisa (fugiam ao tema) e, em menor quantidade, o número total conta também com ações repetidas pelo sistema de busca.

[51] MARQUES, Flávia da Terra. Tomada de Decisão Apoiada e Amministrazione di Sostegno: análise comparada, perspectivas materiais e jurisprudenciais. *In*: VIEIRA, Marcelo de Mello; LARA, Mariana Alves (orgs.). **O Direito Civil nos Tribunais Superiores:** Anais do V Congresso Mineiro de Direito Civil. Belo Horizonte: Initia Via, 2020. p. 766-767.

[52] GOODING, Piers. Navigating the 'Flashing Amber Lights' of the Right to Legal Capacity in the United Nations Convention on the Rights of Persons with Disabilities: Responding to Major Concerns. **Human Rights Law Review,** Oxford, v. 15, n. 1, 2015. p. 27.

Retornando ao cerne da questão e compreendidos o que são os ciclos "naturais" de apoio, questiona-se, acerca da instauração da tomada de decisão apoiada conforme procedimento da LBI: ora, se a pessoa continua plenamente capaz, podendo sozinha praticar atos válidos, por que instaurar um mecanismo judicial, se há arranjos informais que podem cumprir o papel sem a necessidade de burocracia?

Não é uma pergunta com resposta simples, afinal, resta claro que os problemas da judicialização da tomada de decisão apoiada existem e não são facilmente contornáveis. Para tentar respondê-la, a princípio, serão apontados motivos pelos quais não basta a existência de mecanismos informais e, em seguida, esboçadas algumas vantagens da formalização do suporte.

É inquestionável a relevância do cuidado e do apoio prestados informalmente, os quais sempre existirão. Contudo, uma ênfase exacerbada nestes formatos traz consigo o risco de o Estado se acomodar, esquivando-se da sua obrigação de prestar apoios de maneira eficaz, sob o pretexto de os direitos dos cidadãos já estarem devidamente garantidos pelos arranjos organicamente existentes na sociedade civil.[53]

Se isso acontece, uma série de problemas emerge. Primeiramente, o arranjo informal existente pode não ser o ideal para a pessoa com deficiência. Por óbvio, o estabelecimento de um vínculo de confiança entre apoiador e apoiado é essencial. No entanto, quanto mais íntima a relação que se coloca entre ambos, maior o poder do primeiro, no bom ou no mau sentido, isto é, para negar ou para promover a autonomia dos últimos. Linus Broström aponta que há uma vasta literatura sobre a facilidade com que mesmo os apoios informais mais bem-intencionados podem se degradar para operar de maneira paternalista e com influência indevida.[54] Há, ainda, casos em que sequer há boa intenção: nem sempre a família representa segurança e acolhimento, de forma que uma série de manipulações e maus-tratos podem acabar protegidos do olhar estatal

[53] GOODING, Piers. *Id.* p. 29.

[54] BROSTRÖM, Linus. 2017. Due and Undue Influence in Supported Decision Making: Mapping the moral landscape. **XXXV International Congress of Law and Psychiatry**, Charles University, Prague, 2017. *Apud*: CARNEY, Terry. Prioritising Supported Decision--Making: Running on Empty or a Basis for Glacial-To-Steady Progress? *In*: ARSTEIN--KERSLAKE, Anna. **Disability Human Rights Law**. Basel: MDPI, 2018. p. 110.

dentro de relações privadas nas quais não há grande regulamentação ou vigilância.

Se, para certos indivíduos, bastam os suportes informais, isso certamente não é verdade para todos. Sendo assim, o ideal é que eles sirvam como ponte para o acesso a outras formas de assistência necessárias ao pleno gozo dos direitos humanos. Quando não há outras opções e as famílias são as únicas provedoras de apoio, fica comprometida a autonomia das pessoas com deficiência, assim como de seus parentes. Isso porque não é concedida aos destinatários do apoio nenhum tipo de escolha: eles não têm controle quanto à assistência disponível para realização de seus projetos de vida, restando desamparados quando surgem problemas de superproteção ou conflitos de interesses.[55]

O segundo problema – o fato de a prestação do suporte nem sempre ser voluntária para o provedor (ou, bem provavelmente, provedora) – decorre do exposto: não há como ignorar que, sem outras opções, as famílias, especialmente mais pobres, sofrem com considerável pressão, pois o apoio familiar não remunerado afeta as relações sociais, os níveis de renda e o bem-estar geral daquele núcleo. Em consonância com o que ensinam as teóricas feministas da Ética do Cuidado,[56] tal pressão afeta as mulheres de forma desproporcional, visto que, na prática, são elas as principais responsáveis por prover o apoio em casa, reduzindo sua liberdade de escolha em relação aos próprios projetos de vida.[57]

Finalmente, em terceiro lugar, é preciso pensar nos sujeitos que não têm uma rede apta a auxiliá-los. Muitas daqueles que possuem deficiências significativas não têm, em sua vida, pessoas com quem compartilhar uma relação de confiança e que as conhecem de forma íntima o suficiente para saber sua vontade e suas preferências. Uma vida de discriminação e

[55] NACIONES UNIDAS. Asamblea General. Consejo de Derechos Humanos. **Informe de la Relatora Especial sobre los derechos de las personas con discapacidad, 34º período de sesiones.** Nueva York: Naciones Unidas, 2016. p. 7.

[56] Na teoria da Ética do Cuidado, o nome mais proeminente é o da filósofa americana Eva Kittay, cujas obras são recomendadas para maior aprofundamento no tema. O trabalho da autora explora a relação entre dependência, cuidado e justiça a partir de uma perspectiva relacional de autonomia e trata especificamente das pessoas com deficiência.

[57] NACIONES UNIDAS. Asamblea General. Consejo de Derechos Humanos. **Informe de la Relatora Especial sobre los derechos de las personas con discapacidad, 34º período de sesiones.** *Id.*

exclusão pode causar este impacto.[58] A obrigação dos Estados de prover apoios e de facilitar a criação destes é ainda mais importante tendo em vista esses indivíduos que não têm acesso aos arranjos naturais presentes nas comunidades.

Evidencia-se, pois, que as conexões privadas com amigos e família, apesar de sua relevância, não devem jamais representar a única possibilidade de apoio às pessoas com deficiência. O Estado precisa disponibilizar outras opções, e, no Brasil, a principal delas é a tomada de decisão apoiada.

A despeito dos problemas explanados, há também atrativos em estruturas mais formais, como a TDA. Por exemplo, o estabelecimento de um acordo escrito permite um maior controle sobre o conteúdo do apoio, de forma que seu escopo fica melhor delimitado, ganhando em transparência.

Para além disso, o resultado mais benéfico da opção legislativa adotada está no estabelecimento de salvaguardas materiais e processuais para evitar abusos, conflitos de interesses e influências indevidas, garantindo a qualidade da relação e obstando dominações ou dependências desnecessárias e excessivas. Como o que está em jogo é algo tão sério quanto a capacidade legal de um sujeito, são graves os potenciais efeitos colaterais. É essencial, portanto, ter certeza que os apoiadores estão cumprindo os deveres que lhes são impostos, e esses deveres estarem legalmente previstos facilita a vigilância.[59] Não há como negar que salvaguardas como a prestação de contas por parte do apoiador e a revisão periódica dos termos do apoio funcionam muito melhor em estruturas formais.

Um breve – mas importante – lembrete sobre o tema das salvaguardas é que o Estado não pode utilizá-las para intervir excessivamente na vida das pessoas com deficiência. Todos os adultos estão sujeitos a influências, pressões e manipulações e nem por isso veem suas vidas frequentemente "invadidas" por órgãos governamentais. Trata-se de ponto que merece atenção à luz da superproteção e do paternalismo que marcam a história das pessoas com deficiência.[60]

Para finalizar, menciona-se como vantagem da tomada de decisão apoiada conforme desenhada pela LBI o alcance de uma maior segurança

[58] BACH, Michael; KERZNER, Lana. **A new paradigm for protecting autonomy and the right to legal capacity**. Ontario: LCO/CDO, 2010. p. 80.

[59] BACH, Michael; KERZNER, Lana. *Id.* p. 151.

[60] GOODING, Piers. *Id.* p. 16.

jurídica. Mariana Lara constrói argumentação interessante nesse sentido: a autora defende que, embora não haja possibilidade de declarar a invalidade dos atos praticados pelo apoiado na ausência de seus apoiadores *a priori*, esta invalidade pode ser decretada *a posteriori*, se comprovada a ausência de discernimento do agente no momento da prática do ato. Trata-se de hipótese da chamada incapacidade incidental.[61]

Diante dessa possibilidade, a formalização da tomada de decisão apoiada traz benefícios, porque a presença dos apoiadores serve como um reforço à validade do ato, "dificultando enormemente eventual tentativa de invalidação posterior, o que garantiria maior segurança jurídica às negociações e maior proteção aos terceiros que vierem a contratar com o apoiado".[62]

O fato é que, em um país plural (e desigual) como o Brasil, não há como pensar que o estabelecimento de um único mecanismo de apoio judicializado, ainda que flexível no desenho do seu conteúdo, vai atender às necessidades de todos os cidadãos com deficiência. Diante dos pontos e contrapontos apresentados, acredita-se que mecanismos híbridos – que ocupem espaços intermediários entre a informalidade total e a judicialização – são os mais adequados, pois permitem usufruir das vantagens apresentadas sem cair nos prejuízos aludidos.

Conforme exposto, ferramentas informais sempre terão seu lugar no seio da sociedade civil e são importantíssimas, desde que existam alternativas. Igualmente, não deve ser extinto o apoio por via judicial, afinal, quanto mais formalidades, maior a possibilidade de controle sobre o conteúdo e, principalmente, sobre as salvaguardas.

Aliás, é preciso tomar cuidado para não tentar justificar o afastamento de plano da TDA tal qual estabelecida no Estatuto pelos motivos errados. Sim, os obstáculos explanados são pertinentes e podem ser apontadas falhas na previsão legal, mas é preciso também algum esforço por parte da doutrina e da jurisprudência para que a ferramenta não seja completamente descartada sem o oferecimento de alternativas, mantendo-se, na prática, o cenário anterior à LBI, em que a curatela era a regra, e não a exceção.

[61] LARA, Mariana Alves. **Capacidade Civil e Deficiência:** entre autonomia e proteção. *Id.* p. 174.

[62] LARA, Mariana Alves. **Capacidade Civil e Deficiência:** entre autonomia e proteção. *Ibid.*

Percebe-se, neste ponto, porque é indispensável o oferecimento de programas de formação para aqueles que atuam no Poder Judiciário acerca das mudanças paradigmáticas no trato jurídico da deficiência, dado que mesmo um instrumento de apoio melhor delineado pode cair em desuso se não forem abandonados certos pressupostos, como a ligação automática (ou quase) entre deficiência e incapacidade e a ideia de que a proteção deve sempre se sobrepor à autonomia desses sujeitos.

Seguindo a mesma lógica, é preciso, tomar cuidado para não se acomodar com a ausência de acessibilidade: se o acesso à justiça é um problema, a solução não é suprimir as formas judiciais de apoio, mas oferecer outras opções de suporte e, principalmente, promover a ampla acessibilidade dos tribunais, seja física ou atitudinal.

No mais, há que se considerar que existem modos de formalizar o apoio que não envolvem a judicialização. Por exemplo, a LBI poderia facilmente prever uma modalidade de tomada de decisão apoiada a ser instaurada em cartório, por meio de instrumento público, na presença do notário. Isso reduziria a burocracia, os custos, a morosidade e, em alguma medida, facilitaria o acesso, tudo sem comprometer a publicidade e a segurança jurídica.[63]

De modo semelhante, considera-se necessária uma aproximação entre o Estado e as estruturas informais de apoio para compreender seu funcionamento e maneira com a qual contribuem para o exercício da capacidade legal dos indivíduos com deficiência. Mais do que isso, recursos públicos devem ser destinados a programas que forneçam informações sobre a melhor forma de prestar suporte respeitando a autonomia e as vontades do apoiado, sem objetificá-lo ou sufocá-lo e sem causar desproteção.

É fundamental essa formação concreta e prática sobre o significado de tomada de decisão apoiada, mas também que ela seja alicerçada em sólidos apontamentos acerca de conceitos como autonomia, igualdade e não-discriminação[64]. Além disso, é elementar pensar em formas de

[63] A sugestão da modalidade de tomada de decisão apoiada instaurada em cartório também está presente em: LARA, Mariana Alves. **Capacidade Civil e Deficiência:** entre autonomia e proteção. *Id.* p. 173.

[64] DINERSTEIN, Robert. Implementing Legal Capacity Under Article 12 of the UN Convention on the Rights of Persons with Disabilities: The Difficult Road From Guardianship to Supported Decision-Making. **Human Rights Brief.** Berkeley, v. 19, n. 2, 2012. p. 12.

vigilância aplicáveis aos apoios informais para avaliar sua idoneidade e prevenir abusos e violências na medida do possível.

Reitera-se, enfim, a importância da criação de políticas voltadas a apoiar os apoiadores voluntários, visto que são os que fornecem a maior parte dos cuidados para as pessoas que convivem com deficiências mentais e estas obrigações costumam ser bastante onerosas. A obrigação primordial é do Estado, então o cidadão que a cumpre informalmente não pode carregá-la em seus ombros sem auxílio.

Conclusões

Apoios de qualidade representam condição indispensável para que as pessoas com deficiência possam efetivamente exercer seus direitos humanos em igualdade de condições com os demais e, desse modo, viver com dignidade e autonomia na comunidade. Sem apoio, dificilmente será possível fazer valer toda a gama de direitos garantidos na CDPD e, consequentemente, na LBI. Por conseguinte, grande parte do potencial transformador destes documentos se encontra justamente na passagem para um modelo ancorado no suporte, no qual, ao invés de negar a capacidade legal do indivíduo e substituir sua vontade, busca-se prover meios para que ele possa exercê-la.

O apoio não existe na vida apenas de sujeitos com alguma deficiência: ninguém exerce sua capacidade absolutamente sozinho ou em um vácuo. No entanto, em virtude de uma combinação de impedimentos pessoais com barreiras sociais, para as pessoas com deficiência, o suporte é ainda mais primordial.[65] Revela-se, então, a importância do acesso a esses mecanismos, afinal, quem for excluído do acesso ao apoio, provavelmente também o será do exercício da capacidade legal.

É precisamente por esta razão que a judicialização do principal instrumento de apoio presente no ordenamento brasileiro – a tomada de decisão apoiada – é alvo de desaprovação por parte da doutrina nacional e também de órgãos internacionais, como o Comitê sobre os Direitos das Pessoas com Deficiência. Em suma, conforme explanado ao longo do trabalho, há significativos prejuízos advindos da opção pela via judicial, dentre os quais: (i) a dificuldade de acesso à justiça pelas pessoas com deficiência e

[65] ARSTEIN-KERSLAKE, Anna. Exploring support for the exercise of legal capacity. **Scandinavian Journal of Disability Research**, Cidade, v. 18, n. 1, p. 77-92, 2016. p. 85.

o fato de, no Brasil, não haverem projetos que visem à modificação deste cenário; (ii) o custo monetário do procedimento, especialmente relevante se considerada a linha traçada ao longo dos séculos que liga deficiência e pobreza; (iii) a morosidade dos processos, que pode causar desestímulo; (iv) a necessidade de formação intensiva dos membros do Judiciário para que compreendam a fundo as transformações advindas dos marcos mais recentes referentes à deficiência; e (v) a possibilidade de a tomada de decisão apoiada cair em desuso por formalizar algo que já existe no seio da sociedade, um papel que já é cumprido sem burocracia pela família, por amigos, por organizações civis, entre outros.

Nenhuma destas questões deve ser menosprezada, pois de fato representam problemas que precisam ser encarados de frente se o objetivo é a prestação de apoio de maneira universal e adequada. Não há apenas desvantagens na formalização da tomada de decisão apoiada, todavia. Alguns atrativos foram ressaltados, como: (i) evitar que um dever do Estado recaia desproporcionalmente sobre a sociedade civil, vez que, embora os arranjos informais de apoio sejam importantíssimos, não podem ser os únicos por uma série de justificativas; (ii) exercer um maior controle sobre os termos de apoio, ganhando pontos em transparência; (iii) permitir o estabelecimento de salvaguardas materiais e processuais mais efetivas, já que se torna mais fácil investigar se os deveres do apoiador estão sendo devidamente cumpridos; e (iv) aumentar a segurança jurídica, em especial diante da possibilidade levantada relativa à incapacidade incidental.

Foram explanadas, também, algumas adversidades que decorrem de uma ênfase exacerbada apoios informais, relacionadas: (i) à facilidade com que as relações, inclusive as bem-intencionadas, podem ser convertidas em opressivas e paternalistas; (ii) à involuntariedade da prestação de apoio; e (iii) àqueles sujeitos que não possuem redes naturais disponíveis para auxiliá-los.

Por óbvio, o objetivo dessas considerações não é advogar pela supressão de arranjos formais ou informais, de mecanismos judiciais ou familiares. Em verdade, todos eles podem ser adequados para determinados indivíduos, vez que a diversidade das pessoas com deficiência leva à necessidade de uma multiplicidade de formas de apoio.

Assim sendo, acredita-se que o equívoco do legislador da LBI não está na judicialização – que, por si, não é uma má ideia. O problema é que este seja o único formato de apoio disponível no ordenamento nacional; o que se agrava por ser o Brasil um país no qual o acesso à justiça representa um grande obstáculo para as pessoas com deficiência. Por isso, é urgente a aproximação entre o Estado e as estruturas informais de apoio; a criação de novas ferramentas, em especial aquelas que agreguem características formais e informais; e eventuais adaptações no regime da TDA, como a possibilidade de sua instauração em cartório. Nada disso, todavia, terá o efeito esperado se não houver políticas públicas voltadas à formação dos membros do poder judiciário e das famílias para informá-los acerca dos traços que devem assumir os apoios em prol do respeito à autonomia, à vontade e às preferências do afetado.

Conforme defendido, aceitar a inacessibilidade das pessoas com deficiência aos tribunais não é uma opção, mas compreender que vencê-la tomará um tempo é necessário, pois quem precisa de suporte não pode esperar. O exercício da capacidade jurídica não pode esperar. A efetivação dos direitos não pode esperar.

Referências

ARSTEIN-KERSLAKE, Anna. Exploring support for the exercise of legal capacity. **Scandinavian Journal of Disability Research**, Cidade, v. 18, n. 1, p. 77-92, 2016.

ASÍS ROIG, Rafael de. Sobre la capacidad. *In*: PALACIOS RIZZO, Agustina; BARIFFI, Francisco. **Capacidad jurídica, discapacidad y derechos humanos:** una revisión desde la Convención Internacional sobre los Derechos de las Personas con Discapacidad. Buenos Aires: Ediar, p. 13-29, 2012.

BACH, Michael; KERZNER, Lana. **A new paradigm for protecting autonomy and the right to legal capacity**. Ontario: LCO/CDO, 2010.

BARIFFI, Francisco José. **El régimen jurídico internacional de la capacidad jurídica de las personas con discapacidad**. Madrid: Cinca, 2014.

BRASIL. Justiça em números 2016 – Infográficos: ano-base 2015. **Conselho Nacional de Justiça**. Brasília: CNJ, 2016, p. 17. Disponível em: https://www.cnj.jus.br/wp-content/uploads/2011/02/4c12ea9e44c05e1f766230c0115d3e14.pdf

BROSTRÖM, Linus. 2017. Due and Undue Influence in Supported Decision Making: Mapping the moral landscape. **XXXV International Congress of Law and Psychiatry**, Charles University, Prague, 2017. *Apud*: CARNEY, Terry. Prioritising Supported Decision-Making: Running on Empty or a Basis for Glacial-To-Steady Progress? *In*: ARSTEIN-KERSLAKE, Anna. **Disability Human Rights Law**. Basel: MDPI, 2018.

CUENCA GÓMEZ, Patricia. El sistema de apoyo en la toma de decisiones desde la Convención Internacional sobre los Derechos de las Personas con Discapacidad:

principios generales, aspectos centrales e implementación en la legislación española. **Redur 10**, p. 61-94, 2012.

DINERSTEIN, Robert. Implementing Legal Capacity Under Article 12 of the UN Convention on the Rights of Persons with Disabilities: The Difficult Road From Guardianship to Supported Decision-Making. **Human Rights Brief.** Berkeley, v. 19, n. 2, 2012.

GANZENMÜLLER ROIG, Carlos. El juicio de capacidad y el Ministerio Fiscal. La labor del Fiscal en la promoción de la autonomía de la voluntad de las personas con discapacidad intelectual o mental. *In*: PALACIOS RIZZO, Agustina; BARIFFI, Francisco. **Capacidad jurídica, discapacidad y derechos humanos**: una revisión desde la Convención Internacional sobre los Derechos de las Personas con Discapacidad. Buenos Aires: Ediar, p. 477-496, 2012.

GOODING, Piers. Navigating the 'Flashing Amber Lights' of the Right to Legal Capacity in the United Nations Convention on the Rights of Persons with Disabilities: Responding to Major Concerns. **Human Rights Law Review,** Oxford, v. 15, n. 1, 2015.

GUIMARÃES, Luíza Resende. O sistema de apoio e sua (in)compatibilidade com mecanismos de substituição de vontade. *In*: LARA, Mariana Alves; PEREIRA, Fabio Queiroz. **Deficiência e Direito Privado.** Belo Horizonte: D'Plácido, 2019.

GUSTIN, Miracy. **Das Necessidades Humanas aos Direitos**: Ensaio de Sociologia e Filosofia do Direito. Belo Horizonte: Del Rey, 2009.

HERNÁNDEZ, Osvaldo; JAMBA, Amândio; SEPÚLVEDA, Francisca. Modelo de Apoyos para personas con Discapacidad Intelectual y su impacto en la calidad de vida. **Revista Latinoamericana en Discapacidad, Sociedad y Derechos Humanos**, vol. 5, n. 1, p. 42-55, 2021.

INSTITUTO BRASILEIRO DE GEOGRAFIA E ESTATÍSTICA. **Censo Demográfico 2010:** características gerais da população, religião e pessoas com deficiência. Rio de Janeiro: IBGE, 2012.

LARA, Mariana Alves. **Capacidade Civil e Deficiência**: entre autonomia e proteção. Belo Horizonte: D'Plácido, 2019

MARQUES, Flávia da Terra. Tomada de Decisão Apoiada e Amministrazione di Sostegno: análise comparada, perspectivas materiais e jurisprudenciais. *In*: VIEIRA, Marcelo de Mello; LARA, Mariana Alves (orgs.). **O Direito Civil nos Tribunais Superiores:** Anais do V Congresso Mineiro de Direito Civil. Belo Horizonte: Initia Via, 2020.

MINKOWITZ, Tina. No discriminación, capacidad jurídica y derecho a no ser sometido a tratamiento médico obligatorio. Traducción: María Laura Serra. *In*: PALACIOS RIZZO, Agustina; BARIFFI, Francisco. **Capacidad jurídica, discapacidad y derechos humanos**: una revisión desde la Convención Internacional sobre los Derechos de las Personas con Discapacidad. Buenos Aires: Ediar, p. 527-550, 2012.

NACIONES UNIDAS. Asamblea General. Consejo de Derechos Humanos. **Informe de la Relatora Especial sobre los derechos de las personas con discapacidad, 37º período de sesiones.** Nueva York: Naciones Unidas, 2017.

______. **Informe de la Relatora Especial sobre los derechos de las personas con discapacidad, 34º período de sesiones.** Nueva York: Naciones Unidas, 2016.

______. **Observación General nº 01**. Nueva York: Naciones Unidas, 2014.

NEVARES, Ana Luiza Maia; SCHREIBER, Anderson. Do sujeito à pessoa: uma análise da incapacidade civil. **Quaestio Iuris.** Rio de Janeiro, v. 9, n. 3, 2016.

PEREIRA, Caio Mário da Silva. **Instituições de Direito Civil:** Vol 1 – Introdução ao Direito Civil – Teoria Geral do Direito Civil. 29. ed. Rio de Janeiro: Forense, 2016, p. 243.

PEREIRA, Jacqueline Lopes. **Tomada de decisão apoiada**. Curitiba: Juruá, 2019.

ROSENVALD, Nelson. A tomada de decisão apoiada: primeiras linhas sobre um novo modelo jurídico promocional da pessoa com deficiência. *In*: X Congresso Brasileiro de Direito de Família, v. 10, 2016, Belo Horizonte. **Anais do Congresso Brasileiro de Direito de Família**: famílias nossas de cada dia. Belo Horizonte: Instituto Brasileiro de Direito de Família, 2016.

SERIES, Lucy. Relationships, autonomy and legal capacity: Mental capacity and support paradigms. **International Journal of Law and Psychiatry**, n. 40, 2015.

URBINA, Paola A. Los sistemas de apoyo como facilitadores del ejercicio de la capacidad jurídica de las personas con discapacidad. **Thomson Reuters**, vol. 44, 2018.

8. SUBSIDIARIEDADE E EQUIDADE NA RESPONSABILIDADE CIVIL DA PESSOA COM DEFICIÊNCIA QUE ENVOLVA TRANSTORNO MENTAL[1]

DAVID SALIM SANTOS HOSNI

Introdução

No Brasil, diz-se que a responsabilidade civil extracontratual da pessoa declarada incapaz é subsidiária e mitigada. A *subsidiariedade* está no fato de que as pessoas declaradas incapazes responderiam pessoalmente apenas no caso de a pessoa por ela responsável não ter obrigação de fazê-lo ou não dispor de meios suficientes. Já a *mitigação* decorre do caráter equitativo da indenização a ser estimada, interpretada, em geral, como a necessidade de reduzir ou zerar o valor da indenização a ser imposta à pessoa declarada incapaz, se houver privação do patrimônio mínimo necessário à sua subsistência ou a das pessoas que dela dependam.

Estas características seriam decorrentes da redação do art. 928, *caput* e parágrafo único, de nosso Código Civil, Lei n. 10.406/2002, o qual dispõe da seguinte forma:

> Art. 928. O incapaz responde pelos prejuízos que causar, se as pessoas por ele responsáveis não tiverem obrigação de fazê-lo ou não dispuserem de meios suficientes.

[1] O presente capítulo foi desenvolvido enquanto parte da tese de doutoramento do autor, de título "A responsabilidade civil da pessoa com deficiência que envolva transtorno mental", defendida em agosto de 2022, e os temas de fundo que justificam e suportam muitos dos argumentos aqui utilizados, indicados brevemente em notas de rodapé, podem ser conferidos com maior detalhamento e profundidade no referido trabalho.

> Parágrafo único. A indenização prevista neste artigo, que deverá ser equitativa, não terá lugar se privar do necessário o incapaz ou as pessoas que dele dependem.

São justificadas estas regras, quando o são, pela dogmática nacional contemporânea como uma questão de proteção das pessoas declaradas incapazes e de seus patrimônios ante a responsabilização por acidentes que, ao fim e ao cabo, não tinham, pela definição da incapacidade em nosso direito, condições de evitar e nem de assumir os riscos envolvidos em sua ação.

José Fernando Simão, em tese sobre o tema, identifica a dignidade da pessoa humana como princípio geral que atua como critério de valoração na determinação da responsabilidade civil, afirmando que a responsabilização direta da pessoa declarada incapaz garante a justa indenização à vítima e, assim, dá efetividade ao referido princípio. Logo em seguida, o autor afirma que esse mesmo princípio justifica que a indenização seja reduzida caso implique na ruína do agente incapaz, justificando que "[d]e nada adiantaria preservar a dignidade da vítima se ofensa houvesse à dignidade do incapaz.[2]

Simão entende, dessa forma, que a dignidade da pessoa humana fundamenta, diretamente, todas as regras envolvidas (ainda quando contraditórias), justificando, ao mesmo tempo, a imprescindibilidade da reparação ao dano e a mitigação da indenização quando arcada diretamente por esta. Essa forma argumentativa de se recorrer à dignidade da pessoa humana para justificar cada aspecto da estrutura normativa é claramente questionável. Além do tratamento inadequado dado ao conceito de dignidade, como um conceito maleável pelo qual se podem reduzir mutuamente dignidades para se encontrar um meio termo, o simples recurso a esse princípio não deixa claro, por exemplo, o porquê da vítima demandar reparação em qualquer situação ou mesmo o porquê desse dever de indenizar recair, ainda que subsidiariamente, sobre a pessoa declarada incapaz.

Apesar de questionável esse simples fundamento na dignidade da pessoa humana, essa justificação converge o Enunciado n. 39 da I Jornada de Direito Civil do Conselho da Justiça Federal.[3]

[2] SIMÃO, José Fernando. **Responsabilidade civil do incapaz**. São Paulo: Atlas, 2008. p. 108-109.

[3] Enunciado: A impossibilidade de privação do necessário à pessoa, prevista no art. 928, traduz um dever de indenização eqüitativa, informado pelo princípio constitucional da

Caitlin Mulholland, por sua vez, é direta ao afirmar que as condições de responsabilização do art. 928 do Código Civil são uma "forma de tutela protetiva das pessoas que se encontram nessa peculiar situação" de incapacidade civil.[4] Posteriormente, a autora, ao comentar o caráter equitativo da indenização, afirma que essa proteção é uma regra "que busca o equilíbrio entre a indenização do dano injusto sofrido e a preservação da dignidade do incapaz, reconhecidamente vulnerável".[5] Em seguida, a autora ainda se refere aos "benefícios da subsidiariedade e da equidade na reparação".[6]

Mariana Lara igualmente considera as regras especiais do art. 928 como protetivas da pessoa declarada incapaz. Comentando acerca da possível desproteção gerada pela promulgação do Estatuto da Pessoa com Deficiência, Lei n. 13.146/2015 (Lei Brasileira de Inclusão da Pessoa com Deficiência), uma vez que essa lei considera como plenamente capazes as pessoas com deficiências de qualquer tipo, a autora afirma o seguinte:

> No tocante à responsabilidade civil, o art. 928 do Código Civil estabelece que o incapaz só responde pelos prejuízos causados subsidiariamente. Ou seja, quem responde em primeiro lugar é o seu representante, no caso, o curador. Sendo a pessoa com deficiência mental ou intelectual considerada capaz, ela responderá, primariamente, com seus bens pessoais pelos prejuízos a que der causa. Também não parece ter sido um avanço.[7]

proteção à dignidade da pessoa humana. Como conseqüência, também os pais, tutores e curadores serão beneficiados pelo limite humanitário do dever de indenizar, de modo que a passagem ao patrimônio do incapaz se dará não quando esgotados todos os recursos do responsável, mas se reduzidos estes ao montante necessário à manutenção de sua dignidade. BRASIL. Poder Judiciário. Conselho da Justiça Federal. Enunciado nº 39. **I Jornada de Direito Civil**. Brasília, 2002. Disponível em: <https://www.cjf.jus.br/enunciados/enunciado/701>. Acesso em 28 mar. 2021.

[4] MULHOLAND, Caitlin. A responsabilidade civil da pessoa com deficiência psíquica e/ou intelectual. *In*: MENEZES, Joyceane Bezerra de. (Org.) **Direito das pessoas com deficiência psíquica e intelectual nas relações privadas**. Rio de Janeiro: Processo, 2016. p. 638.

[5] MULHOLAND, Caitlin. *Id.* p. 656.

[6] MULHOLAND, Caitlin. *Ibid.*

[7] LARA, Mariana Alves. **Capacidade Civil e Deficiência:** entre a autonomia e a proteção. Belo Horizonte: Editora D'Plácido, 2019. p. 124.

Enfim, sem pretender esgotar a dogmática, Eugênio Facchini Neto e Fábio Siebeneichler de Andrade afirmam o seguinte:

> Em essência, trata-se de uma solução de equilíbrio, que pretende harmonizar a tutela da vítima, a fim de não deixar sem remédio aquele que sofre um dano injusto, com o resguardo da posição jurídica do incapaz, visto na ótica legislativa como alguém ainda merecedor de proteção jurídica.[8]

Justamente por serem regras que são entendidas como benéficas e protetivas, não é raro encontrar posicionamentos na doutrina que buscam estender sua aplicação às pessoas com deficiência que envolva transtorno mental[9] (a partir daqui, apenas PcD) não declaradas incapazes e não submetidas a regime de curatela. Existe, assim, uma compreensão de que

[8] FACCHINI NETO, Eugênio; ANDRADE, Fábio Siebeneichler de. Notas sobre a indenização equitativa por danos causados por incapazes: tendência ou excepcionalidade no sistema da responsabilidade civil no direito brasileiro? **Revista Brasileira de Direito Civil – RBDCivil**, Belo Horizonte, v. 13, p. 93-115, jul./set. 2017. p. 104.

[9] A escolha da expressão "pessoa com deficiência que envolva transtorno mental" remete à compreensão do conceito não etiológico das deficiências que informa tanto a Convenção Internacional sobre os Direitos das Pessoas quanto o EPD (HOSNI, David Salim Santos. O conceito de deficiência e sua assimilação legal: incompatibilidade entre a concepção não-etiológica adotada no Estatuto da Pessoa com Deficiência e a fundamentação da incapacidade na falta de discernimento. *In*: PEREIRA, F.; MORAIS, L.; LARA, M. (Orgs.). **A Teoria das Incapacidades e o estatuto da pessoa com deficiência**. 2. ed. Belo Horizonte: Editora D'Plácido, p. 35-58, 2018). Esse conceito, desenvolvido pela Organização Mundial de Saúde na Classificação Internacional de Funcionalidade, Incapacidade e Saúde (CIF), compreende a deficiência como um fenômeno interacional, não etiológico, cujas causas não podem ser definidas com exatidão. Neste sentido, não se poderia dizer que determinada deficiência é causada por uma patologia específica, de modo que estas não possuem precedência sobre os fatores contextuais na definição da deficiência. O que se compreende por deficiência, nesse conceito, é uma avaliação de funcionalidade, englobando o desempenho de atividades e participações em sociedade, considerada a situação total de saúde da pessoa, fruto da interação dinâmica dos diversos elementos descritos na CIF. Dessa forma, em vez de se utilizar expressões corriqueiras, como deficiências mentais e intelectuais, optou-se por indicar que a situação de deficiência apenas envolve, em sua complexa avaliação, algum tipo de transtorno mental. Essa última expressão, inclusive, foi escolhida dada a sua abrangência e seu caráter técnico: é a nomenclatura genérica utilizada pela 5ª edição do Manual Diagnóstico e Estatístico de Transtornos Mentais – DSM V para se referir tanto a transtornos psicopatológicos, quanto a distúrbios e transtornos do desenvolvimento quanto a outros processos patofisiológicos adquiridos.

seria possível e adequada uma espécie de declaração incidental de incapacidade para as PcD em casos de responsabilidade civil, especialmente agora que há a impressão de que, após a promulgação do EPD, há lacuna a ser preenchida por interpretação adequada em nosso ordenamento.

Caitlin Mulholland, com fundamento na vulnerabilidade da PcD, sustenta a possibilidade de que, mesmo nos casos em que ela seja capaz e sofra imputação de responsabilidade nos termos do art. 927 do Código Civil, seja possível quantificar o dano de forma equitativa, com uso das regras do parágrafo único do art. 928. Essa solução, segundo a autora, permite a proteção da dignidade da PcD, sem que se diminua sua capacidade, pois "[c]onsiderar o deficiente psíquico ou intelectual como vulnerável é medida que não diminui a sua capacidade, mas promove a teleologia do Estatuto".[10]

Raquel Bellini Salles igualmente entende possível essa declaração incidental de incapacidade da PcD quando se comprovar que ela esteja efetivamente impossibilitada de conformar e exprimir sua vontade,[11] alegando que o fundamento do art. 928 não seria a declaração formal de incapacidade ou a vulnerabilidade, mas o comprometimento da autonomia.[12] Essa declaração incidental de incapacidade, na visão da autora, poderia mesmo ser declarada de ofício pelo juízo.[13]

Considerando, assim, essa visão sobre essas regras de subsidiariedade e mitigação, que seriam benéficas a ponto de serem estendidas em situação não prevista legalmente e com a possibilidade de aplicação de ofício, é preciso melhor avaliar se, em tese, há o benefício delas esperado. O benefício dessas regras, inclusive, tem que superar o possível malefício decorrente do estabelecimento de uma defesa de incapacidade, a qual pode contribuir para a perpetuação de estereótipos capacitistas e para a indevida restrição de incapacidade onde não deveria haver.[14]

[10] MULHOLAND, Caitlin. *Id.* p. 656.

[11] SALLES, Raquel Bellini de Oliveira. A responsabilidade civil da pessoa com deficiência e dos curadores após a Lei Brasileira de Inclusão. **Revista IBERC**, Belo Horizonte, v. 4, n. 1, p. 1-18, jan./abr. 2021. p. 4.

[12] SALLES, Raquel Bellini de Oliveira. *Id.* p. 5.

[13] SALLES, Raquel Bellini de Oliveira. *Id.* p. 4.

[14] Sobre essa preocupação com a perpetuação de estereótipos capacitistas pela simples definição de uma regra legal, Eli Best afirma que há literatura que evidencia e suporta aquilo que é identificado como função expressiva do direito e da lei, pela qual determinadas regras

Diante disso, é questionado no presente artigo: são mesmo benéficas e representam proteção às pessoas declaradas incapazes essas disposições do art. 928 do Código Civil? As interpretações a elas dadas são as mais adequadas?

Essas dúvidas não são postas sem qualquer motivo. Elas surgem da constatação simples que se pode fazer de ambas as regras: o pretenso

influenciariam as crenças sociais sobre determinados grupos: *"In recent decades, a growing body of legal scholarship has analyzed the expressive function of law. These articles explain "the function of law in 'making statements' as opposed to controlling behavior directly" and explore ways in which "law affects behavior other than through sanctions." Dan Kahan has argued that society should conceive of criminal punishment as a language. In other words, we should be aware that punishments do more than dictate the literal, concrete consequences for defendants. They also express meaning and convey specific messages about society's values and norms. (...) While expressivist scholarship tends to focus on how laws encourage or discourage particular behaviors by changing the public's beliefs about that behavior, the expressive function of law could also change the public's beliefs about a group of people. Further, it is not merely the substantive rules of law that can alter public beliefs about a group of people, but also the ways in which the substantive rules of law are discussed and justified."* (BEST, Eli K. Atypical Actors and Tort Law's Expressive Function. Marquette Law Review. v. 96, p. 461-515, 2012. p. 474-475). No Brasil, em sentido bastante diferente, mas, talvez, com consequências semelhantes, Flávia Püschel fala em uma função comunicativa da responsabilidade civil: "A atribuição de responsabilidade feita desse modo, isto é, com base em regras e em um conceito de pessoa responsável publicamente reconhecidos pode ser compreendida como uma ação social com sentido próprio, como um ato performativo. Tal ato performativo se conclui com o proferimento da sentença, independentemente da sanção que seja eventualmente aplicada à pessoa considerada responsável. Como ato performativo, uma sentença condenatória, por exemplo, tem pelo menos quatro significados. Comunica ao delinquente, à vítima e à sociedade a mensagem de que a norma violada permanece válida. Ao delinquente, a sentença condenatória comunica que o ato ilícito foi um erro seu, que não pode ser atribuído às circunstâncias, à natureza, à sociedade etc. À vítima, comunica-se que o que ela sofreu não foi resultado de ação sua, ou resultado de má sorte, do destino etc. À sociedade, por fim, a sentença condenatória comunica que o ocorrido não lhe pode ser atribuído, nem tampouco ao azar, à natureza etc., mas à autoria de uma pessoa responsável." (PÜSCHEL, Flávia Portella. A função comunicativa da responsabilidade civil: evidências a partir de um caso de impunidade. *In:* MACHADO, Marta Rodriguez de Assis; PÜSCHEL, Flávia Portella (Org.). **Responsabilidade e pena no Estado democrático de direito**: desafios teóricos, políticas públicas e o desenvolvimento da democracia. São Paulo: FGV Direito SP, 2016. p. 139) Por essa lógica, ao se permitir em juízo a utilização de argumentos capacitistas, seja com a finalidade de "proteger" a PcD ou com a finalidade de subsidiar defesas contra as ações dessas pessoas, seria legitimado o discurso excludente e comunicado à sociedade que essas pessoas não possuem capacidades suficientes para interagir em sociedade, de modo que ou não são responsabilizadas por seus atos, sendo objeto de proteção, ou representam riscos elevados em suas interações, gerando indisposição social para sua inclusão.

benefício para as pessoas declaradas incapazes é gerado às custas de seus curadores e responsáveis legais e das vítimas dos incidentes danosos. Aqueles são responsáveis principais e integrais pela indenização devida em função de danos oriundos de acidentes nos quais estavam envolvidas pessoas declaradas incapazes. Apenas no caso deles não serem responsáveis ou de não possuírem bens suficientes para arcar com a integralidade da indenização é acionada a responsabilização pessoal da pessoa declarada incapaz, guarnecida pelas suas regras supostamente protetivas. E, caso este não possua recursos suficientes para responder, o dano restará com a vítima, incidindo a regra de irresponsabilização por avaliação unilateral de patrimônio e de necessidades.

Antes de adentrar nos subtópicos a seguir, é importante pontuar que, no caso da PcD não depender de suportes[15] em nenhum aspecto de sua vida, como no caso de uma pessoa com um transtorno mental satisfatoriamente controlado por medicação ou por qualquer outra prática, médica ou não, não se justifica que ela seja tratada em nenhum caso de forma distinta às demais pessoas. É quando a PcD necessita de suportes, mais ou menos intensivos, que surgem questões a respeito da possível injustiça existente em sua responsabilização e, nesse caso, das ferramentas existentes para reduzir essa injustiça.

Assim, em primeiro lugar é preciso fazer alguns comentários em relação à noção de (inter)dependência que acompanha as noções de suporte.

[15] O presente texto trabalha com a hipótese de que a Convenção e o EPD instituíram no Brasil um regime de capacidade legal universal, onde a incapacidade civil e a curatela apenas servem para a instituição de apoios e suportes jurídicos necessários para o exercício dessa capacidade. A capacidade legal universal é uma concepção normativa, carregada de valores derivados do reconhecimento da humanidade das pessoas com deficiências cognitivas e sua consequente dignidade. É, assim, uma concepção que, mesmo sabendo das diferenças e, por vezes, das severas limitações dessas pessoas, opta por reconhecer-lhes como iguais no âmbito jurídico e político. Nessa estratégia, a qual visa orientar as políticas públicas e a percepção social em direção à valorização da autonomia e da dignidade dessas pessoas, as diferenças entre os cidadãos e as suas eventuais limitações individuais, mesmo quando já razoavelmente adaptado o ambiente, devem ser abordadas por meio de suportes e apoios. Há uma visão humanizada do sujeito, sendo afastadas soluções excludentes, incapacitantes, que simplesmente releguem a pessoa como um problema privado de seus familiares, oferecendo um suporte público precário, e neguem possibilidades, ainda que mínimas, de exercício de direitos e de posicionamento no mundo enquanto sujeito a ser respeitado.

1. Dependência, obrigação de cuidado e trabalho de dependência

Pode-se dizer que a PcD, quando necessários suportes para que exerçam sua capacidade legal[16], depende, em maior ou menor medida, do auxílio de uma ou algumas cuidadoras ou outras pessoas que possam lhes oferecer o suporte necessitado. Essa dependência,[17] claro, não se trata de uma simples dependência econômica e de curadoria de bens, como se pode imaginar apenas da leitura das disposições legais diretamente concernentes à curatela ou à tomada de decisão apoiada. Trata-se da dependência no sentido de alguém que necessite, em maior ou menor medida, de outra pessoa que desenvolva uma relação de confiança com a PcD para que atenda a suas necessidades.

Essa compreensão acerca das situações de dependência é extraída da autora Eva Kittay que irá guiar as reflexões que serão desenvolvidas neste artigo. Ela argumenta que as percepções sobre a dependência podem variar conforme as concepções sociais prevalentes e de acordo com as disponibilidades tecnológicas, mas afirma que a vulnerabilidade dos dependentes cria condições a partir das quais algumas pessoas devem atender às necessidades de outras.[18] A dependência neste sentido é parte da condição humana, fato inevitável, ainda que possa ser amenizada ou agravada por preconceitos e práticas sociais, seja na primeira infância, na enfermidade ou na velhice.[19] Dependentes necessitam, em maior ou menor medida, de cuidado, cuidado esse que deve ser prestado a fim de que o dependente se desenvolva e tenha uma vida adequada e digna.

[16] Ver nota anterior.

[17] A ideia aqui, como se verá do desenvolvimento, não é tomar a dependência, de antemão, como uma característica pejorativa ou indesejável. Os posicionamentos acadêmicos e os movimentos de luta por direitos das pessoas com deficiência são diversos, assim como as próprias deficiências. Neste sentido, se há parte desses posicionamentos e movimentos que possui a independência como bandeira principal, há aqueles que reconhecem que, para algumas pessoas com deficiência, a independência é um objetivo inalcançável, ainda que vivêssemos em uma sociedade ideal. Essa perspectiva busca, então, reconhecer a dependência inafastável de algumas pessoas com deficiência (e de todos os seres humanos) e, a partir, disso, repensar eticamente as relações de dependência, afastando os estigmas degradantes ligados a essa noção e buscando a realização de justiça tanto para o dependente quanto para aquele do qual depende, que lhe cuida. É a perspectiva deste texto.

[18] KITTAY, Eva Feder. **Love's Labor**: Essays on Women, Equality, and Dependency. London: Routledge, 1999. p. 30.

[19] KITTAY, Eva Feder. *Id.* p. 1.

Essa obrigação de ofertar o cuidado necessário aos dependentes é considerada superrogatória na maior parte da tradição filosófica liberal,[20] no sentido de que estaria além das obrigações morais racionalmente aceitáveis a exigência de que determinada pessoa deixe de atender a seus próprios interesses para que atenda às necessidades de outro. Neste sentido, parte importante do trabalho de Kittay é o desenvolvimento da justificativa moral da obrigatoriedade desse trabalho de dependência, que seria, então, o trabalho de se atender às necessidades daqueles que são dependentes. É a partir da constatação dessa obrigatoriedade que algumas das principais reflexões de Kittay sobre justiça podem ser desenvolvidas. No presente texto, entretanto, não será trabalhada essa alegada obrigatoriedade moral das ações de cuidado. Essa escolha é possível dada a força da obrigatoriedade legal que tais ações possuem em nosso Direito. A maior parte do que se pode entender, atualmente, como um sistema de suportes no Brasil confunde-se com a obrigação legal imposta sobre os responsáveis legais – mães, pais, tutoras e curadoras – de que tenham total autoridade e cuidado para com aquelas pessoas cujo cuidado lhes é legalmente confiado, mesmo quando maiores de idade.

Essa obrigatoriedade já foi afirmada na jurisprudência do Superior Tribunal de Justiça, tendo seu melhor exemplo no julgamento do Recurso Especial n. 1.101.324 – RJ.[21] Na ocasião, o relator votou para estender à

[20] KITTAY, Eva Feder. *Id.* p. 28.

[21] Os principais trechos do julgado: "Nesse contexto, conforme demonstrarei adiante, entendo aplicar-se ao caso o art. 1.590 do CC/2002, com o seguinte teor: "Art. 1.590. As disposições relativas à guarda e prestação de alimentos aos filhos menores estendem-se aos maiores incapazes." Destaco ser absolutamente necessária e cabível uma interpretação mais positiva a tal dispositivo para que seja alcançado, de fato, o real e mais justo objetivo do legislador. Assim, penso que ao primeiro réu, portador de esquizofrenia paranoide e que comumente tem surtos psicóticos, é aplicável a expressão "maiores incapazes", no sentido de não estar apto a praticar, sozinho e indistintamente, todo e qualquer ato da vida civil em todos os momentos. (...) Retornando ao art. 1.590 do CC/2002, tal dispositivo estende ao incapaz – absoluta ou relativamente – as normas relativas à guarda dos filhos menores. Nesse enfoque, é importante destacar que a guarda representa mais que um direito dos pais em ter os filhos próximos. Revela-se, sobretudo, como um dever de cuidar, de vigiar e de proteger os filhos, em todos os sentidos, enquanto necessária tal proteção. (...) Para reforçar a responsabilidade dos pais em relação aos filhos, dispõe o art. 1.583, § 3º, do CC/2002 que "a guarda unilateral obriga o pai ou a mãe que não a detenha a supervisionar os interesses dos filhos". O art. 1.589

do mesmo diploma, por sua vez, mediante outras palavras, afirma que "o pai ou a mãe, em cuja guarda não estejam os filhos, poderá [...] fiscalizar sua manutenção e educação". Acrescento que, sistemática e reiteradamente, o Código Civil/2002 impõe aos genitores, em vários outros dispositivos pertinentes a capítulos diversos, o dever natural de cuidar, de instruir, de proteger e de vigiar sua prole, obrigações essas inseridas no próprio conceito de guarda, sendo suficiente a reprodução das seguintes normas: "Art. 1.566. São deveres de ambos os cônjuges: [...] IV – sustento, guarda e educação dos filhos;" "Art. 1.568. Os cônjuges são obrigados a concorrer, na proporção de seus bens e dos rendimentos do trabalho, para o sustento da família e a educação dos filhos, qualquer que seja o regime patrimonial." "Art. 1.634. Compete aos pais, quanto à pessoa dos filhos menores: I – dirigir-lhes a criação e educação; II – tê-los em sua companhia e guarda; III – conceder-lhes ou negar-lhes consentimento para casarem; IV – nomear-lhes tutor por testamento ou documento autêntico, se o outro dos pais não lhe sobreviver ou o sobrevivo não puder exercer o poder familiar; V – representá-los, até aos dezesseis anos, nos atos da vida civil, e assisti-los, após essa idade, nos atos em que forem partes, suprindo-lhes o consentimento; VI – reclamá-los de quem ilegalmente os detenha; VII – exigir que lhes prestem obediência, respeito e os serviços próprios de sua idade e condição." "Art. 1.690. Compete aos pais, e na falta de um deles ao outro, com exclusividade, representar os filhos menores de dezesseis anos, bem como assisti-los até completarem a maioridade ou serem emancipados." "Art. 1.696. O direito à prestação de alimentos é recíproco entre pais e filhos, e extensivo a todos os ascendentes, recaindo a obrigação nos mais próximos em grau, uns em falta de outros." "Art. 1.768. A interdição deve ser promovida: I – pelos pais ou tutores;" "Art. 1.775. O cônjuge ou companheiro, não separado judicialmente ou de fato, é, de direito, curador do outro, quando interdito. § 1º Na falta do cônjuge ou companheiro, é curador legítimo o pai ou a mãe; na falta destes, o descendente que se demonstrar mais apto." Destaco que, por força do art. 1.590 do CC/2002, também as obrigações expressamente dirigidas aos filhos menores se estendem aos maiores incapazes, por estarem inseridas no próprio conceito e no dever de guarda dos genitores. (...) A discussão neste processo, portanto, vai além das normas restritas à indenização, passando, na verdade, por disposições acerca das obrigações vinculadas às relações de parentesco, sobretudo entre pais e filhos e pela condição específica de saúde mental do primeiro. (...) Por outro lado, para cada obrigação descumprida, sem dúvida, pode haver consequências previstas na legislação civil. Os genitores, por exemplo, estão sujeitos a perder o poder familiar, na forma do art. 1.638 do CC/2002, ou, como no presente caso, a indenizar os danos causados pelo filho maior incapaz, conforme dispõem os arts. 932, I e II, e 942 do CC/2002, que volto a reproduzir, *in verbis*: "Art. 932. São também responsáveis pela reparação civil: I – os pais, pelos filhos menores que estiverem sob sua autoridade e em sua companhia; II – o tutor e o curador pelos pupilos e curatelados, que se acharem nas mesmas condições;" "Art. 942. Os bens do responsável pela ofensa ou violação do direito de outrem ficam sujeitos à reparação do dano causado; e, se a ofensa tiver mais de um autor, todos responderão solidariamente pela reparação. Parágrafo único. São solidariamente guarda do maior incapaz algumas das obrigações definidas para a guarda do menor.

Para fundamentar essa posição, o relator expressou a visão de que a doença mental não apenas condiciona uma incapacidade de fato, como atribui às mães e pais das pessoas nessas circunstâncias a obrigação de impor sobre elas, ainda que maiores de idade, sua autoridade, trazendo-as para junto de si, interditando-as e assumindo o papel de curadores. Não há, entretanto, discussão a respeito do adequado cumprimento desses deveres de guarda e vigilância, sendo desconsideradas as reclamações da genitora do réu da ação a respeito da condição do filho maior, da sua independência e da relação distante com ele mantida.[22]

responsáveis com os autores os coautores e as pessoas designadas no art. 932." Interpretando sistematicamente o art. 932, I e II, do CC/2002 com as normas que disciplinam as obrigações dos pais em relação aos filhos, entendo que os trechos (i) "estiverem sob sua autoridade e em sua companhia" e (ii) "curatelados, que se acharem nas mesmas condições" são aplicáveis, também, aos casos em que os pais – seja com o propósito de isentar-se de responsabilidades, seja por simples omissão quanto aos deveres de guardar, proteger, vigiar e educar – deixam de impor sua autoridade sobre os maiores reconhecidamente incapazes, de trazê-los para junto de si, de interditá-los e de assumir, oficialmente, o papel de curador quando deveriam tê-lo feito por força das circunstâncias e da lei. Nesse caso, a obrigação dos genitores não depende de interdição judicial, decorrendo de uma situação de fato, qual seja, a sabida deficiência mental instalada." BRASIL, Superior Tribunal de Justiça. Recurso Especial n. 1.101.324 – RJ. Quarta Turma. Rel. Min. Antônio Carlos Ferreira. Julgamento em 13/10/2015. Publicação no DJe de 12/11/2015.

[22] "No presente caso, a segunda ré, genitora, para sustentar a própria ilegitimidade passiva, apenas afirmou na contestação que "o 1º Réu é maior, absolutamente capaz, no pleno exercício de seus direitos civis, acrescendo-se ao fato que o 1º Réu reside sozinho, portanto responsável por seus atos, não havendo porque se falar em solidariedade passiva" (e-STJ fl. 68). Na mesma peça, mais adiante, alega "que não é curadora de fato, nem legalmente, do 1º Réu e assim não o é, porque o seu filho, 1º Réu, é maior, tem 38 anos de idade, é eleitor, exerce o seu direito de votar, não é um incapaz mental mas um portador de doença qualificada em psiquiatria, como esquizofrenia, desnecessitando no seu quadro, de ser um curatelado, podendo exercer as suas atividades como qualquer pessoa portadora de doença controlada pelos médicos" (e-STJ fl. 69). Com efeito, está claro que, em decorrência da fundamentação do acórdão recorrido, o primeiro réu mora sozinho, inexistindo informação até mesmo se ele exercia alguma atividade remunerada para se manter. Ou seja, nem mesmo foi refutada a alegação da autora de que, "segundo o Laudo de Sanidade que se anexa como documento 8, o 1º Réu declarou em sua entrevista que nasceu em 27.05.1967, contando com a idade de 36 anos; há anos sem trabalhar, sendo que sua única experiência a nível de trabalho foi durante 5 meses, em 1988, na TV Manchete; [...] que suas alterações começaram aos 18 anos, sendo internado por dois anos e

Neste sentido, o raciocínio no julgado é simples: há doença mental, logo há incapacidade, impossibilidade de autonomia e consequente obrigação absoluta da mãe de vigiar e cuidar. A alegação da ré de que o filho é capaz e vive sozinho não representa argumento relevante ante um laudo médico. A obrigação é absoluta e o relator chega, inclusive, a identificá-la com um dever natural de cuidar. Há, assim, em entendimento do STJ, uma obrigação moral dos genitores de cuidarem de seus filhos e filhas que possuam transtornos mentais, obrigação essa que, segundo os magistrados, recebe significativa acolhida legal. Registre-se que esse julgamento ocorreu quando já era vigente a Convenção em nosso país.

Considerando, portanto, essa compreensão de que haveria uma extensa obrigação de cuidado, que vai muito além dos deveres de curadoria patrimonial, é que se questiona se a subsidiariedade, identificada como elemento de proteção da PcD no Código Civil, de fato o é, já que é um benefício conferido às custas dessas pessoas responsáveis pelo cuidado e pelo suporte à PcD. Como isso afeta a genitora/cuidadora/curadora, a própria pessoa dependente e a relação entre elas?

Kittay defende que a definição dos responsáveis pelo cuidado das pessoas dependentes é uma questão política e de justiça social, não natural ou meramente familiar, como quis o relator do julgado transcrito. "A forma como essas questões são respondidas irá determinar se os fatos da dependência humana podem ser compatibilizados com uma total

por fim a internação atual" (e-STJ fl. 7). Destaco que, também nas razões do presente recurso especial, os recorrentes simplesmente afirmam que o primeiro réu "está apto para os atos da vida civil e seus surtos não o impedem de trabalhar e de ter uma vida quase normal" (e-STJ fl. 395). No entanto, nem sequer esclarecem se ele trabalhava na época dos fatos ou trabalhou após o surgimento da doença. Enfim, diante do quadro fático-probatório descrito no acórdão recorrido, o primeiro réu, em princípio, conforme reconhecido pelo Tribunal de origem, não poderia ou "não deveria viver só e livre para a prática de atos como os narrados nestes autos" (e-STJ fl. 354). Caberia à genitora, assim, tomar cuidados para, ao menos, tentar evitar que seu filho, portador de esquizofrenia paranoide, cometesse agressões contra terceiros. Tal diligência é recomendada até mesmo como forma de protegê-lo de revides. Com isso, no caso concreto, a omissão da segunda ré em cumprir suas obrigações como genitora do incapaz revelou-se flagrante, dela resultando a prática de atos agressivos por parte do primeiro réu e as lesões na autora." BRASIL, Superior Tribunal de Justiça. Recurso Especial n. 1.101.324 – RJ. Quarta Turma. Rel. Min. Antônio Carlos Ferreira. Julgamento em 13/10/2015. Publicação no DJe de 12/11/2015.

igualdade de todos os cidadãos".[23] A própria qualidade do cuidado que é dispensado às pessoas dependentes possui grande relação com a forma como é organizado esse trabalho de dependência na sociedade. Esse trabalho de dependência, para Kittay, é caracterizado pelas qualidades do cuidado, da conexão e da preocupação.[24] Essas qualidades podem ser entendidas, respectivamente, como o trabalho de atender ao outro em seu estado de vulnerabilidade, a manutenção de laços, com a criação de intimidade e confiança, e a criação de vínculos emocionais, mantendo a conexão mesmo quando o trabalho envolve uma troca econômica.[25]

Além disso, Kittay entende que o trabalho de dependência, apesar de não ser intrinsecamente indivisível, em geral deve ser atribuído a poucas pessoas, tanto por questões pragmáticas, referentes à preocupação de que o dependente não fique sem atenção por falhas de responsabilização entre os possíveis cuidadores, quanto por questões de que o trabalho, para que seja bem feito, depende de laços afetivos e de conexão entre os envolvidos. De toda forma, repise-se, é fundamental ter em mente que, em determinado grau, o trabalho pode ser dividido.[26]

O paradigma deste tipo de trabalho, para Kittay, seria a maternidade, mas o trabalho de dependência, com essas suas qualidades essenciais, também seria característico do adequado e desejado cuidado de pessoas enfermas ou em idade avançada ou incapacitadas por algum tipo de deficiência, cada qual com suas respectivas peculiaridades e características distintas. Algumas dessas características são importantes para o presente trabalho, como aquelas destacadas pela autora no exemplo da pessoa com deficiência severa:

> Por ora, considere que, no caso da criança com deficiência severa, a preocupação e o amor conservador devem ser acompanhados por um compromisso por toda a vida com o cuidado físico diário para com a pessoa

[23] Tradução livre de: "How these questions are answered will determine whether the facts of human dependency can be made compatible with the full equality of all citizens (...)". (KITTAY, Eva Feder. **Love's Labor**: Essays on Women, Equality, and Dependency. London: Routledge, 1999, p. 1.)

[24] Tradução do livre do três 'C' indicados pela autora: *care, concern, and connection*. KITTAY, Eva Feder. *Id.* p. 31.

[25] KITTAY, Eva Feder. *Ibid.*

[26] KITTAY, Eva Feder. *Id.* p. 32.

> dependente. Promover o desenvolvimento também se torna um projeto para toda a vida, mas esse desenvolvimento ganha um novo sentido. Socialização para a aceitação talvez envolva menos cuidados dirigidos ao treinamento da pessoa dependente e mais ação direcionada a mudar as expectativas sociais e as condições de aceitação na própria sociedade. Diferentes práticas, assim, conformam de diferentes formas as demandas direcionadas à trabalhadora de dependência.[27]

Independentemente de suas peculiaridades, toda relação estabelecida em um trabalho de dependência é uma relação de confiança. A pessoa dependente deve confiar que suas necessidades serão adequadamente atendidas, assim como a trabalhadora de dependência deve confiar que o dependente não será abusivo em suas demandas, em um equilíbrio emocional delicado na relação, a qual requer, das duas partes envolvidas, um imenso investimento emocional.[28] Complexas que são essas relações, quando elas falham "não está em risco apenas o bem-estar imediato da pessoa dependente, mas seu bem-estar emocional no longo prazo se encontra ameaçado. A trabalhadora de dependência também pode ser prejudicada pela falha desses laços afetivos".[29]

Mas não só de demandas e laços afetivos é construída uma relação de trabalho de dependência. Para que o cuidado a uma pessoa dependente seja adequadamente feito, é necessário que a trabalhadora de dependência tenha acesso a recursos que permitam o bem-estar de ambos, trabalhadora e dependente.[30] Neste caso, a trabalhadora de dependência pode, em situação menos comum, ela mesma ser a provedora de recursos na relação

[27] Tradução livre de: "*The practice of caring for the severely developmentally disabled provides yet another paradigm of dependency work, distinguishable from the model of maternal care necessary for an "intact" flourishing child. (...) For now, consider that in the case of the significantly disabled child, preservative love and concern may have to be accompanied by a lifelong commitment to day-to-day physical care for the charge. Fostering development also becomes a lifelong project, but the notion of development attains a new sense. Socialization for acceptance may involve less effort directed toward the training of the charge and more to changing the expectations and grounds of acceptance of society itself. Different practices, then, differentially shape demands on the dependency worker.*" KITTAY, Eva Feder. *Ibid.*.

[28] KITTAY, Eva Feder. *Id.* p. 35.

[29] Tradução livre de: "*not only is the immediate welfare of the charge at risk, but her long-range emotional well-being is in jeopardy. The dependency worker can also be harmed by the failure of these affective bonds*" KITTAY, Eva Feder. *Id.* p. 36.

[30] KITTAY, Eva Feder. *Id.* p. 42.

ou pode ela estar inserida em uma estrutura familiar em que exista alguém que seja o provedor dessa relação. É, inclusive, característico da teoria política liberal que as questões afetas ao cuidado dessas pessoas sejam relegadas ao âmbito familiar, enquanto questão privada.[31]

Perceber, assim, a família enquanto um arranjo cooperativo, permite identificar conflitos que surgem entre os seus membros. Kittay verifica que nesses conflitos, mesmo quando as contribuições dos parceiros são semelhantes, aquele que tiver a contribuição percebida enquanto menos valiosa terá desvantagens no arranjo.[32] Nesses casos, o participante desfavorecido deve tolerar situações conflituosas que não seriam exigíveis da parte favorecida, sendo esta a posição que tende a ser a da trabalhadora de dependência em relação ao provedor da família.[33] Por essa razão, e em razão de seu comprometimento moral e emocional com a pessoa dependente, a trabalhadora de dependência é extremamente vulnerável à exploração e à dominação por aquele de quem ela depende como suporte.[34] Mesmo quando não depende desse suporte vindo diretamente de um provedor, a trabalhadora de dependência possui maiores dificuldades em conseguir lidar com horários fixos e empregos externos ao lar. Assim, essa vulnerabilidade da trabalhadora de dependência nasce da necessidade de ter acesso a recursos externos ao mesmo tempo em que deve atender aos interesses da pessoa dependente, afetando, de alguma forma, mesmo a mulher rica e independente que precisa servir às necessidades de dependência de seus filhos, por exemplo.[35] A trabalhadora de dependência, assim, está em uma situação de desigualdade em relação àqueles que não possuem deveres – morais e legais – de atender às necessidades dos dependentes. Essa desigualdade, que muitas vezes pode durar por toda a vida (como exigido na jurisprudência do STJ) ou por longos períodos, faz com que a trabalhadora de dependência se encontre em uma posição complexa, de

[31] Este é um dos pontos da teoria de Kittay, mostrar como esses arranjos liberais deixam de perceber como as questões afetas ao trabalho de dependência impactam a percepção da real igualdade entre todos os cidadãos e suas oportunidades na sociedade, fazendo com que dificilmente essas questões se limitem ao âmbito privado e não sejam abarcadas por questões de justiça social.

[32] KITTAY, Eva Feder. *Id.* p. 43.

[33] KITTAY, Eva Feder. *Ibid.*

[34] KITTAY, Eva Feder. *Ibid.*

[35] KITTAY, Eva Feder. *Id.* p. 44.

poder sobre o dependente, porém igualmente de vulnerabilidade, ante o dependente e o provedor.

Para que exista justiça nesse arranjo social, que provavelmente é um dos arranjos fundamentais do sistema de suportes em relação à PcD que possui transtorno mental, é premente perceber o seguinte: ao exigirmos, enquanto sociedade, de determinada pessoa essas obrigações complexas de atender às necessidades dos dependentes, criam-se para nós, as demais pessoas, obrigações para com essa trabalhadora de dependência, sem as quais estaríamos contribuindo para a sua exploração:

> As qualidades específicas que fazem do trabalho de dependência um trabalho de pouca fungibilidade combinam-se com a desatenção para com as trabalhadoras de dependência e acabam por fazer com que nossas obrigações para com aqueles que necessitam de cuidado sejam parte de um sistema de exploração, o qual diminui o valor moral da cuidadora assim como o da pessoa cuidada.[36]

Quais seriam essas obrigações que devemos, enquanto sociedade, às trabalhadoras de dependência a fim de evitar a perpetuação dessa situação de exploração? Além das obrigações devidas, quando possível, pela própria pessoa dependente a sua trabalhadora de dependência, obrigações de se comportar de modo a respeitar suas vulnerabilidades e, na medida do possível, de reciprocamente atender às necessidades da cuidadora, há também as obrigações de terceiros, pessoas alheias à relação de dependência, para com essa trabalhadora, de modo a permitir que ela exerça adequadamente a obrigação que lhe é exigida:

> Primeiramente, e principalmente, a uma pessoa que deve protelar seus próprios interesses e projetos, devemos a obrigação de garantir que suas responsabilidades para com o outro não sejam injustamente impostas sobre ela. Desconsiderar essa obrigação é tratar essa pessoa como alguém de valor moral inferior tanto à pessoa sob seus cuidados quanto às demais

[36] Tradução livre de: "*The occlusion of dependency work combines with the inattention to dependency workers to make our obligations to those in need of care part of a system of explitation, one which diminishes the moral worth of the caregiver as well as the person cared for*" KITTAY, Eva Feder. *Id.* p. 28.

pessoas que a impuseram a obrigação. Parece que, ao denunciar a injustiça de sermos compelidos a cuidar, apelamos à igualdade, a uma paridade moral básica.[37]

Isso é especialmente real quando esse cuidado se torna uma obrigação legal. Essa demanda por igualdade[38] dá lugar a reivindicações importantes para que a sociedade possa ser um lugar onde o cuidado de pessoas dependentes possa ser adequadamente feito sem prejuízos para a igualdade da trabalhadora de dependência e, igualmente, para a pessoa cuidada em si, a qual tende apenas a se beneficiar de uma sociedade que permita esse arranjo:

[37] Tradução livre de: *"First and foremost, the obligation owed to a person who must defer her own interests and projects is that her responsibilities to another not be unjustly thrust upon her. To disregard such an obligation is to treat her as someone of lesser moral worth than either the person she cares for or those who placed her in the obliging position. It seems as if in decrying the injustice of being compelled to care, we have made an appeal to equality, a basic moral parity."* KITTAY, Eva Feder. **Love's Labor**: Essays on Women, Equality, and Dependency. London: Routledge, 1999, p. 65.

[38] Kittay, em seu trabalho, é importante registrar, busca se contrapor a um ideal liberal de igualdade, mais especificamente um ideal rawlsiano, no qual essa qualidade de ser igual é fundada em característica humanas que nos fazem indivíduos e individuados, principalmente no igual direito (e capacidade) de cada um formar sua própria concepção do bom/bem e no direito (e capacidade) de competir pelos recursos necessários à obtenção desse bem. Kittay acredita, como extensamente fundamenta, que tal ideal não comporta reivindicações das condições necessárias para o adequado exercício do cuidado e do trabalho de dependência na sociedade, sendo, dessa forma, um ideal de sociedade que *pode ser* altamente hostil tanto para a pessoa dependente quanto para as trabalhadoras de dependência. Em contraposição a esse ideal liberal, a partir de sua crítica feminista, Kittay irá construir um ideal de igualdade baseada na conexão, que surge da característica de todos sermos "filhas/filhos de alguma mãe", ou seja, sermos alguém cuja dependência, em determinado momento da vida, é qualidade essencial e que, para prosperar, teve que ter o investimento emocional e pessoal (além de financeiro) de uma cuidadora que, por isso, cria uma demanda de respeito para ambos. Apesar de essa ser uma concepção de igualdade pouco ortodoxa no Direito e de dificilmente poder, dentro das atuais construções jurídicas, servir de elemento principiológico sistemático, de modo a permitir integrações e interpretações necessárias, tal não impacta nas análises deste trabalho. Este trabalho se calca na noção de que existe, social e legalmente, o direito ao cuidado e a obrigação, principalmente familiar, de prover esse cuidado e que, a partir dessa obrigação, imposta pela sociedade sobre determinadas pessoas, igualmente podemos trazer para o seio do Direito algumas das legítimas reivindicações de respeito e justiça que Kittay extrai de seu esquema moral.

> Tais pretensões [que decorrem de uma igualdade baseada numa relação de conexão] são direitos subjetivos, primeiramente, a uma relação na qual alguém possa ser cuidado se e quando for apropriado e, em segundo lugar, a uma situação favorecida socialmente na qual alguém pode exercer o cuidado sem que o cuidar se torne uma ameaça ao próprio bem-estar da cuidadora. Esse segundo direito subjetivo vai além do direito ao cuidado em si e possui qualidades distintas deste último.
>
> O direito a licença maternidade e paternidade e outras licenças para cuidar de familiares em necessidade são um ótimo exemplo de direitos característicos dessa concepção de Igualdade. A trabalhadora que reivindica um direito à licença familiar não o faz apenas em seu próprio benefício – só pelo tempo fora do trabalho –, o faz, em primeiro lugar, em benefício e em razão da pessoa dependente que recebe a benesse do cuidado e da atenção, a qual é possível em razão do tempo fora do trabalho. Mais do que isso, essa é uma reivindicação que, muitas vezes, não pode ser feita diretamente pela pessoa dependente em seu próprio benefício.[39]

Veja, portanto, que fazer justiça à trabalhadora de dependência, gerando as condições adequadas para que esse trabalho seja realizado de forma próxima à idealmente descrita, pode ser caracterizada como uma demanda e um direito da própria pessoa dependente.

É importante, antes de avançar a partir dessa conclusão, deixar registrado aqui algumas considerações sobre o lugar das mulheres nessa teoria e o porquê do uso de nomes e pronomes no gênero feminino. Quando Kittay afirma, no início de seu trabalho, que sua preocupação é com a igualdade de todos os cidadãos, ela tem em vista não só trabalhadores de dependência genericamente falando. A expressiva maioria das pessoas que

[39] Tradução livre de: *"Such claims are entitlements first to a relationship in which one can be cared for if and when appropriate, and second to a socially supported situation in which one can give care without the caregiving becoming a liability to one's own well-being. The last is an entitlement that goes beyond, and has different properties than, the entitlement to the care itself. Family leave policies are a fine example of entitlements characteristic of this concept of Equality. The worker who claims an entitlement to a family leave not only claims it on her own behalf – for the release time from work – but primarily claims it for the sake of the dependent who receives the benefit, the care and attention made possible by the release time. Furthermore, this is often a claim that the dependent cannot make on her on behalf."* KITTAY, Eva Feder. *Id.* p. 66.

exercem esse trabalho são mulheres e as condições de vulnerabilidades verificadas em sua execução são parte significativa, defende a autora, da desigualdade das mulheres na sociedade, em sua condição e em suas oportunidades.[40] Essa realidade certamente se reproduz a partir das obrigações impostas às familiares de pessoas dependentes em nosso direito, obrigações essas que, apesar da pretensa neutralidade de gênero da lei, acabam sendo majoritariamente assumidas por mulheres. Em recente pesquisa, Albuquerque, Melo e Silva verificaram que, conforme dados coletados no Poder Judiciário de Maceió/AL, as mulheres são as "que mais pleiteia[m] a curatela de seus familiares, sujeitando-se ao encargo

[40] *"Although one can speak in gender-neutral terms about dependency workers, we know that it is women – in their roles as mother, sister, wife, nurse, and daughter – who have largely undertaken dependency work. Equally important, it is in their role as dependency workers that women have been made vulnerable to poverty, abuse, and secondary status. Well-documented evidence has been adduced for the claim that it is within the patriarchical marriage – that is, a marriage in which the roles of breadwinner and caregiver are defined by gender – that women often suffer psychological, sexual, and other physical abuse as well as economic exploitation. This situation depends on what is too often merely a serviceable fiction: Within patriarchal marriage, women accept a limit on their freedom to define and pursue whatever needs and aspirations are incommensurate with their dependency work – and the men, in return, will protect them from other men and provide "their" women with economic resources. This "contract" effectively bars women's entrance into the public arena of political and economic participation. As the patriarchal marriage loses some of its grip, the promise, and responsibility, of equal opportunity opens before women. The Enlightenment vision, projected onto women, is that paternalistic protectionism that infantilizes women will lose its sway and women will enter the world as equals. But the Enlightenment vision leaves unchallenged women's role as dependency workers. The public space, within liberal political and economic theory, has largely remained the domain of free, equal, rationally self-interested beings. Entering that space does not free the dependency worker from responsibilities to her charges. The exercise of an unfettered, rational self-interest presumed possible for the putatively non-dependent and independent worker is not possible for the dependency worker whose responsibilities to her charge remain primary. Consequently, the inequality she experiences in a cooperative arrangement with a provider dogs her even as she enters the public sphere to play the role of provider herself. Not surprisingly, many women enter that public space by taking on the paid labor of dependency work. In what we might call a "dialectic of dependency", this labor again serves as a basis for the exclusion of the Woman from the fraternity of equals in political life, even as it permits her a measure of economic independence. For the work of caring for dependents, whether paid or unpaid, requires – morally, sometimes legally, and as an excellence of the work itself – attention to the needs and concerns of another, often to the exclusion of one's own. The interest of the dependency worker remains attached to that of her charge, even as it exists in tension with that of the charge. The freedom of the dependency worker to shape her goals and give expression to her desires is limited not only by the goals and desires of other autonomous beings like herself. Her freedom is more fundamentally constrained by the internalized needs and aspirations of others who depend on her."* KITTAY, Eva Feder. *Id*. p. 40.

de responsabilidade quanto dos interesses da pessoa interditada".[41] Os dados do artigo, considerado seu recorte limitado, indicaram que, para a amostra analisada, 75% dos interditantes são mulheres, sendo elas filhas, genitoras, esposas e tias.[42] A preocupação, portanto, com a mais adequada distribuição do trabalho de dependência e da estruturação social para que tal trabalho seja adequadamente realizado afeta não somente as questões atinentes ao próprio cuidado e aos direitos das pessoas com deficiências, mas também questões mais profundas de igualdade de gênero e cidadania.

Neste cenário, é possível concluir que é pouco ou nada benéfico à PcD que dependa de cuidados que eventual responsabilidade pelos custos de seus atos seja, sem justificativas convincentes, transferida objetivamente para sua cuidadora.

2. Subsidiariedade na responsabilização civil do incapaz

Da conclusão anteriormente identificada no trabalho de Kittay não decorre, automaticamente, que a curadora não deve, contra a letra expressa da lei, arcar com os custos dos acidentes em que esteja envolvida a PcD que dela depende. Afirmar imediatamente essa conclusão do interesse verificado, ainda que seja um interesse legítimo e robusto, é cair em um indesejado problema metodológico. Igualmente, acredita-se ser metodologicamente inadequado identificar, a partir desse interesse contra o interesse ressarcitório, um conflito que deveria ter sua solução relegada ao Poder Judiciário para que fosse feita uma avaliação caso a caso.

De todo jeito, os argumentos vistos servem para indicar que há algo de inadequado na forma como tem sido vista a responsabilização civil da PcD em nosso direito. Não se podem ingenuamente identificar como medidas justas e protetivas soluções que simplesmente desonerem a

[41] ALBUQUERQUE, Rossana Maria Marinho; MELO, Camilla Cavalcante de Menezes Amorim; SILVA, Marcos Henrique Souza da. Mulher-Cuidadora: reflexões sobre o instituto da curatela a partir das relações de gênero. II Encontro de Pesquisas Judiciárias da Escola Superior da Magistratura do Estado de Alagoas – ENPEJUD: Os limites da atuação do Poder Judiciário: Judicialização da política (e da vida) versus ativismo judicial: anais [recurso eletrônico]. Phillippe Melo Alcântara Falcão (Coord.). Maceió, AL: Escola Superior da Magistratura de Alagoas, ESMAL, 2019. p. 307.

[42] ALBUQUERQUE, Rossana Maria Marinho; MELO, Camilla Cavalcante de Menezes Amorim; SILVA, Marcos Henrique Souza da. *Id.* p. 304 e 305.

PcD, independentemente de como isso afeta sua vida, suas relações e sua imagem, enquanto grupo, em sociedade.

Apesar disso, é impossível aqui tão somente tomar as conclusões do tópico anterior como possuindo consequências diretas na simples interpretação ou mesmo na interpretação criativa do art. 928 do Código Civil. É preciso ter noção de que, por exemplo, a simples exclusão da subsidiariedade, sem que representem mudanças profundas na teoria e na prática dos direitos das pessoas com deficiência e, principalmente, do direito de família e na regulamentação em geral do trabalho de dependência, pode significar somente uma medida paliativa e pouco efetiva, mesmo porque são raros os casos de danos causados por pessoas adultas declaradas incapazes que chegam ao Poder Judiciário e, em geral, como característica do próprio instituto, são aleatórios. Dessa forma, se se concluir que não deve haver subsidiariedade na responsabilização dessas pessoas, tal não pode servir para se imaginar que a situação está resolvida e que a lei recebeu a melhor interpretação possível.

Feitas estas ressalvas, alguns pontos podem ser debatidos a partir dos elementos coligidos. Primeiramente, como já afirmado, é possível dizer que a característica de subsidiariedade prevista no art. 928 do Código Civil dificilmente pode ser compreendida, na forma como construída, como medida protetiva da PcD.

Como visto, são necessários recursos materiais para que seja adequadamente prestado o trabalho de dependência e esses recursos, em grande parte das vezes, não são divididos de forma clara entre recursos da trabalhadora de dependência, da pessoa declarada incapaz e mesmo de outros membros da família. A própria trabalhadora de dependência, em grande parte dos casos, possui dificuldades sociais para obter esses recursos para que possa realizar sua tarefa conforme lhe é demandado. Dessa forma, à parte situações excepcionais onde as pessoas da relação de dependência são abastadas e possuem significativo patrimônio próprio, faz pouco sentido que os recursos da relação de dependência sejam considerados como individuais e apenas aqueles de propriedade da pessoa declarada incapaz sejam protegidos.

Ademais, como visto, olhar para um sem que se olhe para o outro é ver apenas parte da relação e, talvez pior, é instrumentalizar um em benefício do outro. Assim, para fazer justiça a pessoas que se encontram em situação de dependência, é preciso fazer justiça às pessoas das quais elas dependem.

Deve-se, nessa perspectiva, perceber que a própria lei entende que, quando se fala em proteção a alguém, subentende-se igual proteção aos seus dependentes. Não por outro motivo o parágrafo único do art. 928 do Código Civil prevê que a indenização a ser suportada pelo incapaz não terá lugar se privar do necessário não apenas a sua própria pessoa, mas também a de seus dependentes. Não se pode esquecer, assim, que a PcD, na aplicação da subsidiariedade, é dependente da pessoa que está sendo responsabilizada. Dependente, inclusive, não apenas em um sentido financeiro. Ainda que a pessoa declarada incapaz possua patrimônio próprio, atingir o patrimônio de seu responsável para que se evite atingir o patrimônio da pessoa declarada incapaz pode significar a redução da própria possibilidade e qualidade do cuidado e, assim, a qualidade de vida e condições de sobrevivência da própria dependente.

Neste contexto, a percepção de que seria possível o deslocamento total dos custos dos danos dos acidentes em que se envolvam essas pessoas para a sua representante legal sem que isso afete o dependente é uma regra distante da realidade de vida dessas pessoas e não se mostra adequada para sua proteção, sendo dificilmente interpretável neste sentido: não existe responsabilização de seus responsáveis que não a afete profundamente, tanto em suas condições materiais/financeiras quanto nas condições da própria relação de cuidado e dependência que existe entre ela e sua responsável, seja no que diga respeito a questões afetivo-emocionais, seja naquilo que é concernente à responsabilização interna à relação de cuidado e às perspectivas de incentivo ou desincentivo à autonomia da pessoa declarada incapaz ou mesmo no sentido de responsabilização da trabalhadora de dependência pelo provedor, a deixando em pior situação do que já estaria no delicado balanço de poder dos arranjos de cuidado e dependência.

Assim, a regra de subsidiariedade na responsabilização da PcD, em nosso direito, é fruto de uma compreensão inadequada da realidade da vida dessas pessoas e de seu cuidado. Essa miopia da responsabilização poderia até ser compreensível no final do século XIX, porém é de difícil defesa atualmente.

Em conclusão, se, por um lado, não é justificável o deslocamento total e automático dos custos dos acidentes nos quais se envolve a PcD para a sua responsável, por outro pode ser razoável a responsabilização subjetiva dessa responsável. Se a PcD se envolver em um incidente danoso por um descumprimento de dever por parte de sua responsável, a qual não prestou, em avaliação objetiva de conduta, o suporte e o cuidado esperado, ela poderá, assim, ser responsabilizada conforme uma justificativa razoável.

Essa situação, inclusive, pode ser importante para que se construam parâmetros de conduta razoáveis para essas cuidadoras, valorizando sua autonomia e aliviando sua posição que, conforme discutido, exige que abra mão dos próprios interesses em prol dos interesses da pessoa cuidada. Por exemplo, é preciso que os parâmetros de cuidado dessas cuidadoras/curadoras sejam pensados de forma que seja possível o estímulo à autonomia da PcD, sem que se construa a percepção de que a pessoa sob cuidados deve estar constantemente em vigilância, não podendo haver tarefa que realize sozinha sob risco de perigo para si própria e para terceiros.[43]

Essa pode ser, mais uma vez, uma importante situação de valorização dessas cuidadoras e de justiça para com elas, considerada a importância de não se perder de vista a necessária divisão desse papel com homens.

3. Equidade e a avaliação ampla das circunstâncias do caso e das partes

O parágrafo único do art. 928, como visto, dispõe que a indenização prevista em seu *caput*, "que deverá ser eqüitativa, não terá lugar se privar do necessário o incapaz ou as pessoas que dele dependem". Gramaticalmente, trata-se de dois dispositivos, um acerca do caráter equitativo da indenização e outro acerca de uma hipótese de seu afastamento. Essas normas são, entretanto, interpretadas como uma única norma por nossa jurisprudência e pela doutrina. No STJ, no REsp n. 1.319.626 – MG, da Terceira Turma, faz-se referência simples ao fato de que "nos termos do parágrafo único

[43] BEST, Eli K. *Id.* p. 502: "Amy's father testified that Amy had been instructed not to touch the truck's controls and she had not done so in the past. He seemingly believed she was capable of following instructions and controlling her behavior, yet the court held that it was more negligent for Amy's father to leave her unattended in the passenger seat for a brief moment then it was for her to turn the keys in the ignition from the passenger seat, which she had been told not to do. The court seemed to presume Amy's complete incompetence and sent a message that people with cognitive disabilities must be attended to at all times for their safety and the safety of others. Applying the reasonable person standard to people with cognitive disabilities gives courts a valuable opportunity to send a message of potential competence. Whether the disability rights movement succeeds in achieving greater integration and inclusion for people with cognitive disabilities hinges largely on societal perceptions of people with cognitive disabilities. Societal perceptions are malleable, and the courts have a role to play in reducing people's discomfort and fear, rather than reinforcing it."

do art. 928, se for o caso de atingimento do patrimônio do menor, a indenização será equitativa e não terá lugar se privar do necessário o incapaz ou as pessoas que dele dependam".[44] Na quarta turma, no REsp Nº 1.436.401 – MG, lê-se o seguinte:

> **Ementa**
>
> Direito civil. responsabilidade civil por fato de outrem – pais pelos atos praticados pelos filhos menores. ato ilícito cometido por menor. responsabilidade civil mitigada e subsidiária do incapaz pelos seus atos (cc, art. 928). litisconsórcio necessário. inocorrência.
>
> 1. A responsabilidade civil do incapaz pela reparação dos danos é subsidiária e mitigada (CC, art. 928).
>
> 2. É subsidiária porque apenas ocorrerá quando os seus genitores não tiverem meios para ressarcir a vítima; é condicional e mitigada porque não poderá ultrapassar o limite humanitário do patrimônio mínimo do infante (CC, art. 928, par. único e En. 39/CJF); *e deve ser equitativa, tendo em vista que a indenização deverá ser equânime, sem a privação do mínimo necessário para a sobrevivência digna do incapaz* (CC, art. 928, par. único e En. 449/CJF).[45]

Veja-se que tanto a mitigação quanto a equidade são definidas no mesmo sentido, como a impossibilidade de a indenização privar o incapaz de um patrimônio mínimo. Os enunciados do CJF citados na jurisprudência são os seguintes:

> I Jornada de Direito Civil – Enunciado 39
>
> A impossibilidade de privação do necessário à pessoa, prevista no art. 928, traduz um dever de indenização eqüitativa, informado pelo princípio constitucional da proteção à dignidade da pessoa humana. Como conseqüência, também os pais, tutores e curadores serão beneficiados pelo limite humanitário do dever de indenizar, de modo que a passagem ao patrimônio do

[44] BRASIL. Superior Tribunal de Justiça. Recurso Especial n. 1.319.626-MG. Terceira Turma. Relatora Ministra Nancy Andrighi. Julgamento em: 26/02/2013. Publicação no DJe de 05/03/2013.

[45] BRASIL. Superior Tribunal de Justiça. Recurso Especial n. 1.436.401-MG. Quarta Turma. Relator Ministr Luis Felipe Salomão. Julgamento em: 02/02/2017. Publicação no DJe de 16/03/2017.

incapaz se dará não quando esgotados todos os recursos do responsável, mas se reduzidos estes ao montante necessário à manutenção de sua dignidade.[46]

> V Jornada de Direito Civil – Enunciado 449
> A indenização equitativa a que se refere o art. 928, parágrafo único, do Código Civil não é necessariamente reduzida sem prejuízo do Enunciado n. 39 da I Jornada de Direito Civil.[47]

Especialmente no Enunciado 39 fica claro que a equitatividade da indenização, nessa interpretação, traduz, como um corolário, a impossibilidade de privação do necessário à pessoa, não levando, conforme o Enunciado 449, necessariamente a uma redução da indenização fora dessa hipótese de proteção ao mínimo necessário à vida digna.

Essa recorrente conflação da noção de indenização equitativa com a consideração do patrimônio mínimo do incapaz para estipulação da indenização é fundada em uma pretensa leitura constitucional do direito civil.[48] Nessa abordagem, identifica-se como o objetivo precípuo do instituto de responsabilidade civil extracontratual o ressarcimento dos danos sofridos pela vítima do acidente, sem se preocupar com a discussão da conduta dos agentes culpáveis e de seus responsáveis legais. Neste

[46] BRASIL. Poder Judiciário. Conselho da Justiça Federal. Enunciado nº 39. **I Jornada de Direito Civil**. Brasília, 2002. Disponível em: <https://www.cjf.jus.br/enunciados/enunciado/701>. Acesso em 28 mar. 2021.

[47] BRASIL. Poder Judiciário. Conselho da Justiça Federal. Enunciado nº 449. **V Jornada de Direito Civil.** Brasília, 2011. Disponível em: <https://www.cjf.jus.br/enunciados/enunciado/379>. Acesso em: 28 mar. 2021.

[48] Um exemplo dessa abordagem seria aquela de Maria Celina Bodin de Moraes (BODIN DE MORAES, Maria Celina. **Danos à pessoa humana**: uma leitura civil-constitucional dos danos morais. Rio de Janeiro: Renovar, 2003), na qual a autora afirma que a dignidade da pessoa humana, como valor central do ordenamento jurídico, teria como corolário a solidariedade enquanto busca pela realização de justiça-social. A partir desses valores constitucionais e das disposições constitucionais sobre responsabilidade civil, a autora identifica que a responsabilidade civil deve privilegiar, em sua utilidade social, a reparação integral do dano, expondo que o propósito do instituto da responsabilidade civil seria a reparação da vítima, de modo que seu "foco, antes posto na figura do ofensor, em especial na comprovação de sua falta, direcionou-se à pessoa da vítima, seus sentimentos, suas dores e seus percalços" (*Idem*, p. 12). É esse foco na figura da vítima e em sua reparação que constrange a interpretação da equidade às extremadas hipóteses de manutenção do patrimônio mínimo.

sentido, só seria permitido reduzir equitativamente a indenização quando esta ameaçar o patrimônio mínimo necessário para a sobrevivência da PcD e apenas no que for necessário para impedir essa consequência indesejada.

Neste sentido, inclusive, há defesa, na doutrina, de que essa regra de equidade tende a não ser estendida para os curadores, pais e tutores, mesmo sendo essa medida preconizada no já citado Enunciado 39 do CJF:

> Observe-se, aqui, que embora seja louvável a concepção acima exposta, ela não possui pleno amparo legal, na medida em que pretende ampliar a finalidade protetiva do artigo 928, abrangendo a reserva patrimonial também aos responsáveis pelo incapaz, o que pode restringir desmesuradamente a possibilidade de ressarcimento para a vítima do dano e causando a este um dúplice questionamento, na medida em que terá de superar a alegação dos responsáveis acerca da extensão do seu patrimônio e, posteriormente, enfrentar o mesmo argumento por parte do incapaz.[49]

De fato, é difícil hoje imaginar o STJ aplicando a redução equitativa da indenização aos responsáveis legais pelas pessoas declaradas incapazes. É sabido que a Lei n. 8.009/90, assim como o Código de Processo Civil possuem diversas hipóteses de impenhorabilidade de bens, medidas que se fundam numa ideia geral de manutenção de um patrimônio mínimo à sobrevivência, independentemente das pessoas possuírem ou não deficiências, serem ou não reconhecidas como civilmente capazes. No entanto, a aplicabilidade deste tipo de norma não é comumente estendida em termos de analogia na jurisprudência do referido Tribunal, o qual, inclusive, tende a limitar sua aplicação, como na edição, em 2015, a Súmula 549, segundo a qual é "válida a penhora de bem de família pertencente a fiador de contrato de locação", ou na Súmula 449, segundo a qual a "vaga de garagem que possui matrícula própria no registro de imóveis não constitui bem de família para efeito de penhora".

[49] FACCHINI NETO, Eugênio; ANDRADE, Fábio Siebeneichler de. Notas sobre a indenização equitativa por danos causados por incapazes: tendência ou excepcionalidade no sistema da responsabilidade civil no direito brasileiro? **Revista Brasileira de Direito Civil – RBDCivil**, Belo Horizonte, v. 13, p. 93-115, jul./set. 2017. p. 108.

Dadas estas características da interpretação da regra da equitatividade da indenização da pessoa declarada incapaz no Brasil, pergunta-se se essa é a melhor interpretação possível, considerados os benefícios esperados para a PcD a partir dessa regra, benefícios tão frisados pela doutrina, como se mostrou no início deste texto.

Pode-se argumentar, inicialmente, que, partindo da própria lógica da interpretação protetiva, essa não é a interpretação mais adequada possível da avaliação equitativa da indenização. Se há outros sentidos de uma possível avaliação equitativa mais benéfica para a PcD, porque deve prevalecer aquela que busca, ao máximo e sem justificativa sólida, beneficiar a pessoa lesada? Não basta, aqui, afirmar que a reparação é um corolário da dignidade humana, essa afirmação genérica nada justifica nem explica. Por exemplo, se tenho uma vítima abastada, porque devo reduzir o patrimônio da PcD ao mínimo aceitável, transferindo uma indenização de ganho marginal reduzido para a vítima, para que só então possa conferir o benefício da avaliação equitativa? O simples recurso à noção de dignidade em nada ajuda a responder essa pergunta.

Esse exemplo, por sua vez, nos leva ao segundo argumento contra a interpretação da doutrina e da jurisprudência nacional para o parágrafo único do art. 928 do Código Civil: por que a avaliação de equidade reduz-se a uma avaliação isolada do patrimônio da PcD agente? Veja, a própria noção de equidade pressupõe uma pluralidade de pessoas que devem ser encaradas como iguais e tratadas com base em princípios de isonomia e reciprocidade. Neste sentido, muito chama a atenção uma avaliação de equidade que seja unilateral. Traz-se um exemplo esclarecedor: suponha que a vítima seja tão desprovida de recursos quanto a PcD e, caso não receba a indenização, será ela, no lugar da PcD, que terá seu patrimônio e de seus dependentes reduzido abaixo de uma linha mínima aceitável. Em que se pode falar que essa decisão foi equânime, especialmente se considerado, apenas para fins do argumento, que o objetivo da responsabilização seria a reparação?

Sem pretender dar um caráter comparativo ao presente estudo, mas apenas a fim de exemplificar outras leituras para a equidade da indenização devida pela PcD, verifica-se que na Alemanha a avaliação equitativa leva em consideração o patrimônio da PcD agente causadora e as necessidades da vítima, ressaltando a importância de se avaliar a situação de ambas as partes, enquanto no *Draft Common Frame of Reference* – DCFR da União

Europeia, em seu artigo 5:301, tal avaliação deve levar em conta o patrimônio da PcD e todas as demais circunstâncias do caso.[50]

Esse último exemplo, já fugindo dessa lógica da proteção e da reparação enquanto objetivo, leva a um outro questionamento: como a avaliação de equidade poderia se limitar apenas a uma avaliação patrimonial, ignorando todos os demais elementos que que compõem a própria relação de responsabilidade civil, como o direito violado, a culpa e o dever de cuidado relevante, a causa, o dano e a própria vítima? Certamente todos ou alguns desses elementos deveriam compor uma avaliação equitativa do valor da indenização devida.

Neste ponto, pode nos ajudar a entender esse caráter equitativo da indenização da PcD o recurso a outra hipótese de avaliação equitativa da indenização em nosso direito, uma que especifica quais desses elementos deverão ser levados em consideração quando da identificação de uma hipótese em que se pode utilizar um juízo equitativo. O parágrafo único do art. 944 do Código Civil estabelece, neste sentido, que a avaliação do valor da indenização poderá fugir à regra geral de seu *caput* quando houver excessiva desproporção entre a gravidade da culpa e o dano, situação na qual o juiz poderá reduzir equitativamente a indenização. Como se justifica essa regra de exceção em nosso ordenamento e como ela deve ser aplicada?

Há, em geral, algumas confusões em nossa doutrina a respeito dessa regra. Algumas críticas alegam que tal regra exporia uma desconsideração ou desimportância da situação da vítima e mesmo da necessária avaliação das condições econômicas do ofensor.[51] Chegou-se a aventar a inconstitucionalidade da regra ante a tutela constitucional do direito

[50] VAN DAM, Cees. **European Tort Law**. 2. ed. Oxford: Oxford University Press, 2013. p. 271.

[51] MONTEIRO FILHO, Carlos Edison do Rêgo. Limites ao princípio da reparação integral no direito brasileiro. **Civilistica.com**. Rio de Janeiro, a. 7, n. 1, 2018. Disponível em: <http://civilistica.com/limites-ao-principio-da-reparacao-integral/>. Acesso em: 14 mai. 2020. p. 11-12; CALIXTO, Marcelo Junqueira; KONDER, Cíntia Muniz de Souza. O estatuto jurídico do patrimônio mínimo e a mitigação da reparação civil. *In*: EHRHARDT JÚNIOR, Marcos; CORTIANO JÚNIOR, Eroulths (Coord.). **Transformações no Direito Privado nos 30 anos da Constituição**: estudos em homenagem a Luiz Edson Fachin. Belo Horizonte, Fórum, 2019. p. 495-510; KONDER, Carlos Nelson. A redução equitativa da indenização em virtude do grau de culpa: apontamentos acerca do parágrafo único do art. 944 do Código Civil. **Revista Trimestral de Direito Civil**. Ano 8, vol. 29, p. 3-34, jan./mar. 2007.

de propriedade,[52] mas é mais comumente alegado esse vício ante uma pretendida garantia constitucional da reparação de danos, hipótese que só autorizaria a redução da indenização a fim de atender à dignidade do autor do dano, garantindo-lhe um patrimônio mínimo,[53] ou a fim de atender a qualquer outro princípio constitucional que, no caso concreto, tenha peso maior que o alegado direito a reparação.[54]

Sobre estas críticas, apenas alguns breves comentários servem ao propósito deste trabalho para afastá-las. Para aqueles que entendem que há um direito constitucional à reparação, o peso argumentativo vai muito além da compreensão de uma regra, como a que está em comento, que visa corrigir possíveis distorções que podem surgir na prática da responsabilização civil. É preciso justificar o próprio instituto da responsabilidade civil para que se conforme a essa pretensa garantia constitucional de reparação. Como um instituto com forte marca de aleatoriedade, cujas possibilidades de reparação são extremamente limitadas, pode atender ao direito constitucional alegado? É óbvio que, nesse contexto, a regra do art. 944, parágrafo único, faria pouco sentido. Mas ela não foi pensada para essa leitura "constitucional" pouco convincente do instituto da responsabilidade civil.

Da mesma forma, são pouco compreensíveis as críticas que afirmam que o dispositivo legal errou em considerar, para a análise de redução da indenização, apenas a culpa do ofensor e o dano, tendo ignorado a vítima ou outros fatores que poderiam ser mais relevantes para essa análise. Ora, um juízo de equidade é precisamente um juízo que leva em consideração as circunstâncias do caso concreto contra possíveis limitações da letra fria da lei.[55] Por definição, se a equidade é a avaliação do caso concreto para

[52] BUSTAMANTE, Thomas; SILVA, Denis Franco. *Neminem laedere*: o novo código civil brasileiro e a integral reparabilidade dos danos materiais decorrentes do ato ilícito. **Revista Trimestral de Direito Civil**, v. 20, 2004. p. 257.

[53] MONTEIRO FILHO, Carlos Edison do Rêgo. *Id.* p. 11-12; CALIXTO, Marcelo Junqueira; KONDER, Cíntia Muniz de Souza. O estatuto jurídico do patrimônio mínimo e a mitigação da reparação civil. *In*: EHRHARDT JÚNIOR, Marcos; CORTIANO JÚNIOR, Eroulths (Coord.). *Transformações no Direito Privado nos 30 anos da Constituição*: estudos em homenagem a Luiz Edson Fachin. Belo Horizonte, Fórum, 2019. p. 495-510.

[54] KONDER, Carlos Nelson. *Ibid.*

[55] Essa noção de que um juízo de equidade visa realizar justiça em casos que não se adequam à letra dura da lei, a qual nunca consegue abarcar a infinidade das possibilidades do mundo real,

além dos limites da regra legal, como se pode alegar que a determinação de um juízo de equidade tenha ignorado, antemão, as circunstâncias de ambos os interessados? Mais, se se fala em equidade, dimensão de justiça que traz em si uma aspiração de igualdade, como se pode entender que houve abertura para uma análise unilateral do caso, desconsiderando-se uma das partes envolvidas? Afirmar, assim, que houve desconsideração da vítima no referido dispositivo é apenas ignorar que não é possível um juízo de equidade que não a leve em consideração.

O que o parágrafo único do art. 944 faz, quando destaca a relação entre culpa e dano, é dar expressão à situação, na grave desproporção entre esses elementos, que indicaria uma possível injustiça na simples aplicação da letra fria da lei. Nem sequer há uma afirmação peremptória de que havendo desproporção entre culpa e dano é, por si, injusta a reparação. Apenas afirma-se que, em havendo tal desproporção, existe indício de que pode haver alguma injustiça na aplicação da regra de responsabilização subjetiva, situação na qual o juiz poderá, então, avaliar o caso em juízo de equidade, conforme todas as circunstâncias do caso concreto, como é característico da própria definição de um juízo de equidade. A regra em questão traz, portanto, apenas os critérios que autorizam uma análise de equidade e não os critérios que devem balizar essa análise.

Mas porque essa relação entre culpa e dano pode indicar uma possível injustiça na relação de responsabilização subjetiva? A justificativa dessa regra, na doutrina nacional, é, em geral, apresentada por meio de exemplos e casos concretos que despertariam uma intuição de injustiça,[56] o que, entretanto, acaba por não captar-lhe a essência.

é tão antiga quanto a Ética de Aristóteles, trabalho no qual já figurava. De toda forma, para uma indicação desse sentido da equidade no Código Civil brasileiro, ver: AMARAL NETO, Francisco dos Santos. A equidade do Código Civil Brasileiro. **Revista CEJ**, Brasília, n. 25, p. 16-23, abr./jun. 2004; BANDEIRA, Paula Greco. A evolução do conceito de culpa e o art. 944 do Código Civil. **Civilistica.com.** Rio de Janeiro, a. 1, n. 2, jul./dez./2012. Disponível em: <http://civilistica.com/notas-sobre-o-paragrafo-unico-do-artigo-944/>. Acesso em: 14 mai. 2020, p. 19; KFOURI NETO, Miguel. Graus da culpa e redução eqüitativa da indenização. **Caderno de Doutrina e Jurisprudência da Ematra XV**, v. 2, n. 1, jan./fev. 2006. p. 25.

56 KONDER, Carlos Nelson. A redução equitativa da indenização em virtude do grau de culpa: apontamentos acerca do parágrafo único do art. 944 do Código Civil. **Revista Trimestral de Direito Civil**. Ano 8, vol. 29, p. 3-34, jan./mar. 2007.

Essa intuição de injustiça, entretanto, é captada de forma mais clara e descrita de forma precisa por Jeremy Waldron em texto sobre a temática. Mesmo ciente de que a culpabilidade moral e, principalmente, o caráter moral do agente responsabilizável civilmente pouco influenciam nessa esfera jurídica, Waldron percebe que quando é muito contrastante a ausência desse tipo de culpabilidade com um excessivo gravame da responsabilização jurídica, tende-se a considerar injusta a situação:

> Seria errado, entretanto, inferir que o mérito moral individual, em sentido amplo, não possui qualquer lugar em nossa compreensão ou avaliação da responsabilidade civil. Mérito, e o critério de justiça que lhe é associado, não são conceitos que podem ser restringidos dessa forma. Pense na variedade de contextos nos quais dizemos, intuitivamente, que alguma coisa deu errado em razão de haver grande diferença no bem-estar das pessoas, mesmo quando essa diferença não possui qualquer relação com uma possível comparação de mérito entre elas. A ideia de que deve haver alguma relação entre como as coisas vão para uma determinada pessoa e o quão bem ela agiu informa nossa avaliação do mundo em qualquer âmbito. Evocamos parâmetros de justiça para avaliar leis e instituições sociais, o que não poderia ser diferente para domínios legais específicos: usamos esses parâmetros para nos queixarmos de Deus, da natureza, e de doenças. Debatemos, comumente, se alunos recebem as notas que merecem; se ganhou o melhor time; se os empresários merecem seus lucros; sobre quem merece, em um grupo de sócios, o maior salário; e assim por diante. Em nenhum desses casos o apelo ao merecimento pessoal é um fator determinante oficial; e essa é, talvez, a principal diferença dessa noção em contraposição a um sistema de justiça retributiva. Mas, em qualquer um desses casos, uma dissonância sistemática e relevante entre os resultados e os méritos seria vista como um ponto contra a intuição de justiça e, dessa forma, um motivo apropriado para uma crítica social.
>
> Em outras palavras, uma desproporção relevante entre resultados individuais e a avaliação moral do caráter e da conduta desse indivíduo parece ser uma forma primária de injustiça, situação na qual, certamente, a reclamação "Isto é injusto" não pode se restringir ao direito penal.[57]

[57] Tradução livre de: *"It would be wrong, however, to infer that individual moral desert, broadly construed, has no place in our undertanding or assessment of tort liability. Desert, and the associated criterion of fairness, are not concepts that can be confined like that. Think of the variety of contexts in*

É difícil colocar o argumento em melhores termos que os usados por Waldron. Havendo uma grave distorção entre nossa percepção da culpabilidade moral da agente e o gravame da responsabilização (no caso, jurídica), a percepção de injustiça pode minar a própria credibilidade social da instituição.

Veja que os elementos relevantes aqui são, independentemente se se está falando de responsabilidade civil, a culpa do agente e o gravame do resultado. São exatamente esses elementos que geram a percepção de injustiça. Outros elementos, como o proposto elemento da avaliação do patrimônio do ofensor, não traduzem, por si só, qualquer situação de injustiça pela responsabilização. Se o ofensor agiu de forma a demonstrar, além da culpa jurídica, uma culpabilidade moral perceptível, o fato dele ter um patrimônio bastante reduzido não faz com que sua responsabilização por gravame elevado gere a sensação, por si, de injustiça no caso de, por exemplo, a vítima ter, igualmente, o patrimônio reduzido. Agora, se ambos possuem baixíssima culpabilidade moral, aproximando-se o incidente danoso de um acidente sem culpados, é palpável a percepção de injustiça em se atribuir para um único desses azarados a totalidade dos elevados danos.

E veja, desses exemplos, que a solução não pode ser fixa, justificando exatamente o recurso da lei à equidade casual: a desproporção entre culpa e dano pode indicar possível injustiça, mas não é possível afirmar essa

which we say intuitively that something has gone awry because there are enormous differences in people's well-being that are unrelated to any sense of their comparative desert. The idea that how things go for a person should bear some sort of relation to how well he has acted informs our assessment of the world on all sorts. We invoke standards of fairness for assessing social human laws and institutions, let alone to any particular legal domain: we use it to rail against God, against nature, against disease. We commonly argue about whether students get grades they deserve; about whether the most deserving team won the World Series; about whether entrepreneurs deserve their profits; about who among a group of assossiates deserves the higher salary; and so on. In none of these cases, is an appeal to personal desert the officially determinative factor; and perhaps that is the main contrast with a system of retributive justice. But in each case, systematic and sustained dissonance between outcomes and deserts would be seen as a point against the intuition in question and an appropiate basis for social criticism. To put it another way, a gaping disproportion between individual outcomes and the morality of individual characters and conduct seems to be a primary form of unfairness, and certainly the complaint 'It's unfair' cannot be confined to the criminal law." (WALDRON, Jeremy. Moments of Carelessness and Massive Loss. *In*: OWEN, David (Ed.). **Philosophical Foundations of Tort Law**. Oxford: Oxford University Press, 1995. p. 390-391.)

situação sem a avaliação dos demais elementos do caso. Se uma pessoa, ainda que de patrimônio reduzido, dolosamente ou com elevado grau de culpa, causa graves danos ao patrimônio de alguém com o patrimônio elevado, a diferença patrimonial e o gravame dos danos não justificam qualquer alteração da regra. Por outro lado, ainda que sejam vítima e agente pessoas de elevadíssimo patrimônio, o fato de um causar ao outro um elevado dano por uma culpabilidade moral quase inexistente, pode fazer com que a situação pareça injusta e, nesse caso, demande uma distribuição casual mais razoável dos danos, pelo recurso à equidade.

Outro ponto importante é afastar a percepção da doutrina brasileira de que a aplicação do parágrafo único do art. 944 do Código Civil se daria apenas no caso daquilo que, em doutrina altamente questionável de partição da culpa, se convencionou chamar de culpa levíssima, que seria aquela que envolveria a observação de deveres de cuidado que iriam além dos ordinários. Bandeira sintetiza bem essa posição quando afirma que "a norma corrobora a ideia de que a culpa levíssima, em regra, não impõe a reparação, vez que o *standard* de conduta adotado pelo homem diligentíssimo revela-se inexigível da generalidade dos homens".[58] Essa percepção impediria o recurso à referida regra legal em casos em que ela poderia, tranquilamente, se aplicar. Pense no caso de uma pessoa provida de patrimônio bastante limitado e que, em um breve momento de descuido no trânsito, talvez até um descuido moralmente louvável para desviar de uma animal que cruza a via, ela imprudentemente colide com um veículo de valor milionário. No caso, sua culpa não é levíssima no sentido de que a conduta esperada não poderia lhe ser exigida enquanto razoável de quem se dispõe a integrar a comunidade de pessoas aptas a dirigir. Sua culpa é razoável e, na maior parte das circunstâncias imagináveis, geraria sua responsabilização integral pelos danos sem maiores questionamentos. No presente caso, entretanto, o dano ocasionado pode arruinar a vida do agente e de sua família e, por mais que sua culpa tenha sido razoável, sua conduta foi moralmente louvável. Nessa situação, o hiato entre a culpa e o dano é abismal: como pode alguém que tenha tentado salvar vida de uma animal ter sua própria vida arruinada por ter que pagar um veículo

[58] BANDEIRA, Paula Greco. A evolução do conceito de culpa e o art. 944 do Código Civil. **Civilistica.com**. Rio de Janeiro, a. 1, n. 2, jul./dez. 2012. Disponível em: <http://civilistica.com/notas-sobre-o-paragrafo-unico-do-artigo-944/>. Acesso em: 14 mai. 2020. p. 18.

de milhões de reais para alguém que, no outro dia, pode comprar outro veículo igual? Agora, pense que, em vez de ter acertado um veículo milionário, o motorista hipotético tenha acertado um veículo utilizado por uma pessoa relativamente modesta como atividade econômica, um carrinho de venda de lanches. Tendo destruído esse veículo, a vítima consegue provar que não tem recursos para recuperar seu bem e que, sem ele, terá sua renda reduzida a praticamente zero. Nesse caso, veja, não se trata de milhões de reais, mas a indenização total talvez cabível no caso pode ser o suficiente para arruinar a vida do agente. Qual seria a solução? É fácil ver que é impossível a sua pré-definição, daí o recurso legal à possibilidade do juízo de equidade pelo juiz, caso ele entenda necessário.

Perceba-se, então, que a equidade é juízo que, diferente do juízo simples de responsabilidade civil, pode trazer para a análise os aspectos morais e subjetivos dos agentes, além das demais circunstâncias do caso e daquelas para além do caso, porém não se vinculando a nenhum desses elementos de forma predefinida.

Na verdade, quem estará envolvido e quais as circunstâncias desses incidentes danosos são questões que estão, muitas vezes, submetidas à chance. Considerando, assim, esse inafastável elemento sorte da responsabilidade civil, onde agentes moralmente irresponsáveis são, muitas vezes, chamados a responder juridicamente por seus atos, pode-se concluir que a regra de redução equitativa da indenização serve justamente para reduzir os possíveis efeitos injustos da sorte e do azar na vida das pessoas. Toda essa percepção aqui construída, inclusive, já era clara na justificação feita por Arruda Alvim para a inclusão do dispositivo em questão no projeto que foi posteriormente convertido em Código Civil:

> Do mesmo modo, em face do Código Civil, o fato de ser leve a culpa, ou levíssima, não exclui a responsabilidade, salvo casos expressos em lei; e sobretudo não vale nunca como atenuante. Todavia não parece justo que, no caso de culpa leve, e dano vultoso, a responsabilidade recaia inteira sobre o causador do dano. Um homem que economizou a vida toda para garantir a velhice, pode, por uma leve distração, uma ponta de cigarro atirada ao acaso, vir a perder tudo o que tem, se tiver dado origem a um incêndio. E não só ele perde, mas toda a família. Notam os autores que 'acontecimentos trazem em si uma dose de fatalidade.' E a fatalidade está em que a distração é uma lei inexorável, à qual nunca ninguém se furtou. É justamente por reconhecer isso

> que o legislador manda indenizar no caso de acidente do trabalho, embora ele ocorra, quase sempre, por motivo de descuido, negligência, imprudência, enfim culpa do empregado. Por estas razões é que o projeto faculta ao juiz, sem impor, que reduza a indenização. Ele o fará usando da eqüidade individualizadora, tendo em vista o caso concreto e as suas circunstâncias.[59]

É interessante, na justificativa contida neste trecho, não só a clara preocupação em corrigir as possíveis graves distorções da sorte na responsabilização civil, mas também o elemento moral contido no exemplo dado. Trata-se, nas colocações do autor, não só de um homem de patrimônio reduzido, mas um homem que economizou a vida toda para garantir sua velhice. Veja que há aí um elemento claro de avaliação moral do agente, não apenas de sua conduta no caso em si. Essa avaliação, na lógica da responsabilização subjetiva com critério objetivo de avaliação da conduta, seria inaceitável, porém é resgatada por meio do recurso à equidade.

E o que isso tudo tem a ver com a equidade do art. 928, parágrafo único, do Código Civil e com a responsabilização da PcD? Ora, a percepção de injustiça na responsabilização civil dessas pessoas está exatamente na possível ausência de culpabilidade moral em suas condutas e a sua responsabilização pelos resultados de suas ações. Nesse caso, em sendo elevado o dano e havendo a percepção de baixíssima ou mesmo nenhuma culpabilidade moral, pode o juiz avaliar o caso concreto. Perceba, então, que a hipótese de equidade do referido dispositivo aplicado às pessoas incapazes não é, em essência, distinta da hipótese do parágrafo único do art. 944. A diferença é que no parágrafo único do art. 928, diferente da faculdade conferida no parágrafo único do art. 944, determina-se que a indenização seja equitativa, determinação que expressa uma compreensão de que a lei presume que não há responsabilização moral no caso da pessoa declarada incapaz, devendo haver um juízo de equidade no caso de ser necessária sua responsabilização civil.

A identidade da racionalidade normativa entre as duas regras vale, inclusive, para a percepção de que não há avaliação prévia dos possíveis elementos da equidade, mesmo para o caso das pessoas declaradas incapazes, não sendo possível afirmar que essa avaliação de equidade deve

59 ALVIM, Agostinho. Direito das obrigações: exposição de motivos. **Revista do Instituto dos Advogados Brasileiros.** Rio de Janeiro, ano IV. n. 24. p. 101-102.

sempre gerar benefício para a pessoa incapaz. Se, por exemplo, uma PcD com grave transtorno mental, porém de elevadas posses materiais, causa dano significativo para uma pessoa de patrimônio reduzido, ainda que se avalie que não há praticamente nenhuma culpabilidade moral, poderá o juiz imputar a totalidade dos danos, uma vez que a correção aqui se mostraria apta a fazer justiça entre as partes.

Conclusões

É possível admitir, enfim, que a responsabilidade da PcD, quando disser respeito a ato para o qual ela não tenha sido curatelada, não será subsidiária, ocorrência natural do gozo de seu direito à plena capacidade legal.[60] Isso, como tentou se demonstrar, não implica em desproteção. Neste caso, diferente da simples atração da regra do art. 928, a avaliação de equidade não será obrigatória, havendo casos em que a PcD responderá integralmente pelos prejuízos causados sempre que avaliada a existência de culpa objetiva. No entanto, poderá incidir a avaliação equitativa quando a falta de compreensão da PcD demonstrar culpabilidade reduzida ante dano elevado, atraindo a possibilidade de análise de todas as circunstâncias necessárias para se definir a indenização cabível e o balanceamento dos efeitos da sorte entre as partes envolvidas.

Referências

ALBUQUERQUE, Rossana Maria Marinho; MELO, Camilla Cavalcante de Menezes Amorim; SILVA, Marcos Henrique Souza da. Mulher-Cuidadora: reflexões sobre o instituto da curatela a partir das relações de gênero. **II Encontro de Pesquisas Judiciárias da Escola Superior da Magistratura do Estado de Alagoas – ENPEJUD: Os limites da atuação do Poder Judiciário: Judicialização da política (e da vida) versus ativismo judicial**: anais [recurso eletrônico]. Phillippe Melo Alcântara Falcão (Coord.). Maceió, AL: Escola Superior da Magistratura de Alagoas, ESMAL, 2019.

ALVIM, Agostinho. Direito das obrigações: exposição de motivos. **Revista do Instituto dos Advogados Brasileiros**. Rio de Janeiro, ano IV. n. 24.

AMARAL NETO, Francisco dos Santos. A equidade do Código Civil Brasileiro. **Revista CEJ**, Brasília, n. 25, p. 16-23, abr./jun. 2004.

BANDEIRA, Paula Greco. A evolução do conceito de culpa e o art. 944 do Código Civil. **Civilistica.com**. Rio de Janeiro, a. 1, n. 2, jul.-dez./2012. Disponível em:

[60] Ver a Nota 15 anterior.

<http://civilistica.com/notas-sobre-o-paragrafo-unico-do-artigo-944/>. Acesso em: 14 mai. 2020.

BEST, Eli K. Atypical Actors and Tort Law's Expressive Function. **Marquette Law Review**. v. 96, p. 461-515, 2012.

BODIN DE MORAES, Maria Celina. **Danos à pessoa humana**: uma leitura civil-constitucional dos danos morais. Rio de Janeiro: Renovar, 2003.

BRASIL. Conselho da Justiça Federal. Enunciado nº 39. **I Jornada de Direito Civil**. Brasília, 2002. Disponível em: <https://www.cjf.jus.br/enunciados/enunciado/701>. Acesso em 28 mar. 2021.

______. Enunciado nº 449. **V Jornada de Direito Civil.** Brasília, 2011. Disponível em: <https://www.cjf.jus.br/enunciados/enunciado/379>. Acesso em 28 mar. 2021.

BRASIL. Superior Tribunal de Justiça. Recurso Especial n. 1.319.626-MG. Terceira Turma. Relatora Ministra Nancy Andrighi. Julgamento em: 26/02/2013. Publicação no DJe de 05/03/2013.

______. Recurso Especial n. 1.101.324 – RJ. Quarta Turma. Rel. Min. Antônio Carlos Ferreira. Julgamento em 13/10/2015. Publicação no DJe de 12/11/2015.

______. Recurso Especial n. 1.436.401-MG. Quarta Turma. Relator Ministr Luis Felipe Salomão. Julgamento em: 02/02/2017. Publicação no DJe de 16/03/2017.

BUSTAMANTE, Thomas; SILVA, Denis Franco. *Neminem laedere*: o novo código civil brasileiro e a integral reparabilidade dos danos materiais decorrentes do ato ilícito. **Revista Trimestral de Direito Civil**, v. 20, 2004.

CALIXTO, Marcelo Junqueira; KONDER, Cíntia Muniz de Souza. O estatuto jurídico do patrimônio mínimo e a mitigação da reparação civil. *In*: EHRHARDT JÚNIOR, Marcos; CORTIANO JÚNIOR, Eroulths (Coord.). **Transformações no Direito Privado nos 30 anos da Constituição**: estudos em homenagem a Luiz Edson Fachin. Belo Horizonte, Fórum, 2019.

VAN DAM, Cees. **European Tort Law**. 2. ed. Oxford: Oxford University Press, 2013

FACCHINI NETO, Eugênio; ANDRADE, Fábio Siebeneichler de. Notas sobre a indenização equitativa por danos causados por incapazes: tendência ou excepcionalidade no sistema da responsabilidade civil no direito brasileiro? **Revista Brasileira de Direito Civil – RBDCivil**, Belo Horizonte, v. 13, p. 93-115, jul./set. 2017.

HOSNI, David Salim Santos. O conceito de deficiência e sua assimilação legal: incompatibilidade entre a concepção não-etiológica adotada no Estatuto da Pessoa com Deficiência e a fundamentação da incapacidade na falta de discernimento. *In:* PEREIRA, F.; MORAIS, L.; LARA, M. (Orgs.). **A Teoria das Incapacidades e o estatuto da pessoa com deficiência**. 2.ed. Belo Horizonte: Editora D'Plácido, 2018. p. 35-58.

KFOURI NETO, Miguel. Graus da culpa e redução eqüitativa da indenização. **Caderno de Doutrina e Jurisprudência da Ematra XV**, v. 2, n. 1, jan./fev. 2006.

KITTAY, Eva Feder. **Love's Labor**: Essays on Women, Equality, and Dependency. London: Routledge, 1999.

KONDER, Carlos Nelson. A redução equitativa da indenização em virtude do grau de culpa: apontamentos acerca do parágrafo único do art. 944 do Código Civil. **Revista Trimestral de Direito Civil**. Ano 8, v. 29, jan./mar. 2007, p. 3-34.

LARA, Mariana Alves. **Capacidade Civil e Deficiência:** entre a autonomia e a proteção. Belo Horizonte: Editora D'Plácido, 2019.

MONTEIRO FILHO, Carlos Edison do Rêgo. Limites ao princípio da reparação integral no direito brasileiro. **Civilistica.com**. Rio de Janeiro, a. 7, n. 1, 2018. Disponível em: <http://civilistica.com/limites-ao-principio-da-reparacao-integral/>. Acesso em: 14 mai. 2020.

MULHOLAND, Caitlin. A responsabilidade civil da pessoa com deficiência psíquica e/ou intelectual. *In*: MENEZES, Joyceane Bezerra de. (Org.) **Direito das pessoas com deficiência psíquica e intelectual nas relações privadas**. Rio de Janeiro: Processo, 2016.

NETO, Eugênio Facchini; ANDRADE, Fábio Siebeneichler de. Notas sobre a indenização equitativa por danos causados por incapazes: tendência ou excepcionalidade no sistema da responsabilidade civil no direito brasileiro? **Revista Brasileira de Direito Civil – RBDCivil**, Belo Horizonte, v. 13, p. 93-115, jul./set. 2017.

PÜSCHEL, Flávia Portella. A função comunicativa da responsabilidade civil: evidências a partir de um caso de impunidade. *In*: MACHADO, Marta Rodriguez de Assis; PÜSCHEL, Flávia Portella (Org.). **Responsabilidade e pena no Estado democrático de direito**: desafios teóricos, políticas públicas e o desenvolvimento da democracia. São Paulo: FGV Direito SP, 2016.

SALLES, Raquel Bellini de Oliveira. A responsabilidade civil da pessoa com deficiência e dos curadores após a Lei Brasileira de Inclusão. **Revista IBERC**, Belo Horizonte, v. 4, n. 1, p. 1-18, jan./abr. 2021.

SIMÃO, José Fernando. **Responsabilidade civil do incapaz**. São Paulo: Atlas, 2008.

WALDRON, Jeremy. Moments of Carelessness and Massive Loss. *In*: OWEN, David (Ed.). **Philosophical Foundations of Tort Law**. Oxford: Oxford University Press, 1995.

9. O DIREITO À EDUCAÇÃO DA PESSOA COM DEFICIÊNCIA E O DECRETO N.º 10.502/2020

Fabrício Manoel Oliveira

Introdução

Em 30 de setembro de 2020[1] foi publicado pelo presidente Jair Bolsonaro, o Decreto n.º 10.502, que institui a Política Nacional de Educação Especial: Equitativa, Inclusiva e com Aprendizado ao Longo da Vida, a qual movimentou grande contingente humano, principalmente por meio de coletivos, associações, instituições e organizações da sociedade civil representantes das pessoas com deficiência, e causou certa apreensão social. Em síntese, parece engendrar dois microcosmos educacionais especiais, dois pequenos eixos temáticos dentro da espinha dorsal da política educacional: um voltado para a surdo-mudez e outro voltado para o restante dos alunos com deficiência e para as pessoas que possuem altas habilidades.

Diante disso, a partir de uma metodologia jurídico descritiva-exploratória, o raciocínio dedutivo e o método teórico, o presente trabalho tem como objetivo central realizar um diagnóstico de época e compreender os contornos gerais e as inovações provocadas no ordenamento jurídico nacional pelo referido instrumento, mais especificamente a partir de seu segundo microcosmos, com o fito de investigar sua (in)constitucionalidade, tanto de um ponto de vista procedimental, à luz da teoria crítica habermasiana, quanto substancial, com enfoque na Convenção sobre os Direitos das Pessoas com Deficiência – CDPD e na Lei Brasileira de Inclusão da Pessoa com Deficiência – LBI. Busca-se, ainda, correlacionar

[1] Pesquisa financiada pelo CNPq.

tais pontos com o posicionamento (precário) do Supremo Tribunal Federal a respeito da matéria. Para tanto, o trabalho foi divido em quatro momentos.

No primeiro, investigar-se-á a história da educação das pessoas com deficiência no Brasil e os paradigmas educacionais, passagens de uma realidade total, *omnitudo realitatis*, ressaltando-se o inclusivista, vigente após a Constituição da República. No segundo, investigar-se-ão os benefícios empíricos da educação inclusiva, tanto para os estudantes com deficiência, quanto para os estudantes que não têm deficiência. No terceiro, analisar-se-á panoramicamente o referido Decreto, e realizar-se-ão apontamentos ao seu texto, primeiramente sob o prisma procedimentalista, à luz da teoria habermasiana, verificando-se sua legitimidade democrática, mas também sob o prisma substancialista. E, no quarto, perpassar-se-á, ainda que brevemente, pelo entendimento do Supremo Tribunal Federal a respeito do assunto, correlacionando-o ao final aos pontos anteriores.

Não se trata, portanto, de uma crítica indiferenciada, mas sim de uma negação determinada, em busca do respeito transversal dos direitos educacionais das pessoas com deficiência, de um futuro que não seja atravessado por distorções sistemáticas.

1. História da educação das pessoas com deficiência no Brasil e os paradigmas educacionais

Segundo a doutrina, apesar da existência de discussões acerca de imprecisões historiográficas envolvendo a descrição da deficiência no decurso da história, principalmente na idade antiga,[2] é possível dividir didaticamente as formas de tratamento das pessoas com deficiência na sociedade ocidental em vários momentos, que vão desde a exclusão e o extermínio, perpassando pela segregação e integração, até se chegar à inclusão, sem se olvidar do risco de generalização e superficialidade envolvidos em processos descritivos como esse, que tentam simplificar dimensões

[2] BREDBERG, Elizabeth. Writing Disability History: problems, perspectives and sources. **Disability & Society**, v. 14, n. 2, p. 189-201, 1999. p. 189-201; e GLEESON, B. J.. Disability Studies: A historical materialist view. **Disability & Society**, v. 12, n. 2, p. 179-202, 1997. p. 179-202.

históricas complexas e multifacetadas.[3] Contudo, em virtude de que os referidos paradigmas acerca da deficiência importam tão somente representações didáticas de posições do real, localizadas historicamente no binômio espaço-tempo, compostas de microestruturas e constituintes, que se entrelaçam circularmente, em uma dinâmica de causa-efeito e efeito-causa, a educação da pessoa com deficiência, como um elemento de base dessa dinâmica, reúne e segue os traços principais do todo histórico, inclusive quanto à história da educação brasileira, de modo geral. É dizer, por integrar um processo conglobante, não se descola de feições da mesma lógica, ainda que existam peculiaridades. E, com efeito, a materialização dessa dinâmica no campo da educação avigora-se com a categorização dos paradigmas educacionais elaborada pelo Comentário Geral nº 4, de 2016, pelo Comitê sobre os Direitos da Pessoa com Deficiência, criado para acompanhar a internalização e dirimir eventuais dúvidas dos Estados partes acerca da CDPD.[4]

Nessa toada, então, pode-se dizer que a tônica da exclusão da pessoa com deficiência no Brasil perdurou por praticamente todo o período colonial e se manteve até meados do período imperial, de modo que "as pessoas com deficiência eram confinadas pela família e, em caso de desordem pública, recolhidas às Santas Casas ou às prisões".[5] Como explica Januzzi, panoramicamente, a educação nacional foi relegada a um segundo plano, de modo que até o final da década de 1970 do século XIX apenas 2% da população nacional havia sido escolarizada; e, de forma específica,

[3] FERNANDES, Lorena Barolo; SCHLESENER, Anita; MOSQUERA, Carlos. Breve Histórico da Deficiência e seus Paradigmas. **Revista do Núcleo de Estudos e Pesquisas Interdisciplinares em Musicoterapia**, n. 2, p. 132-144, 2011; FRANÇA, Tiago Henrique. A normalidade: uma breve introdução à história social da deficiência. **Revista Brasileira de História & Ciências Sociais**, v. 6, n. 11, p. 105-123, 2014; GARGHETTI, Francine Cristine; MEDEIROS, José Gonçalves; NUERNBERG, Adriano Henrique. Breve história da deficiência intelectual. **Revista Electrónica de Investigación y Docencia (REID)**, n. 10, p. 101-116, 2013.

[4] UNITED NATIONS HUMAN RIGHTS. Convention on the Rights of Persons with Disabilities (CRPD). Committee on the Rights of Persons with Disabilities. **General Comment No 4**, 2016. Disponível em: <https://www.ohchr.org/EN/HRBodies/CRPD/Pages/GC.aspx>. Acesso em: 4 dez. 2020.

[5] LANNA JÚNIOR, Mário Cléber Martins. **História do Movimento Político das Pessoas com Deficiência no Brasil**. Brasília: Secretaria de Direitos Humanos – Secretaria Nacional de Promoção dos Direitos da Pessoa com Deficiência, 2010. p. 20.

durante longos séculos a educação da pessoa com deficiência nem sequer entrou na pauta pública, nem era motivo de qualquer preocupação, apesar da existência de iniciativas pulverizadas e localizadas, como ocorreu com a Santa Casa de Misericórdia de São Paulo a partir do século XVI, como mencionado.[6] Não se sabe ao certo, contudo, como isso se dava.[7] Trata-se, pois, de um paradigma educacional excludente.

Mas, em verdade, é somente em 1835, com a apresentação de um projeto para a criação do cargo de professor de primeiras letras para o ensino de surdos-mudos pelo Deputado Cornélio França, que o assunto começa a ocupar, ainda que timidamente, a esfera pública. Aponta-se como marco inicial da educação da pessoa com deficiência, a década de 1850, ou seja, pouco depois, quando a referida proposta logrou parcial êxito com a criação do Imperial Instituto dos Meninos Cegos, do Instituto dos Surdos-Mudos e em seguida do Instituto Nacional da Educação dos Surdos,[8] pioneiros na América Latina,[9] que deram início, pois, ao paradigma educacional segregacionista. Isso porque pautado em uma lógica de segregação binária, higienista, em que se tinha de um lado escolas regulares e, de outro, escolas especiais, instituições especializadas e direcionadas às pessoas com deficiência, que não tinham qualquer contato com os estudantes sem deficiência.

Essas e outras instituições que foram surgindo no fim do império, públicas e privadas, todavia, não receberam qualquer atenção mais acurada do governo, diversamente, foram alvos de grande descaso, assim como a educação em geral.[10] Assim, se no século XIX, em geral, não se podia falar em uma pedagogia nacional, mas tão somente em iniciativas fragmentárias,[11] a partir do início do século XX, impulsionada por um modelo de educação

[6] JANUZZI, Gilberta Sampaio de Martino. **História da Educação do Deficiente Mental.** Tese (Doutorado em Educação) – Faculdade de Educação, Universidade Estadual de Campinas, Campinas, 1985. p. 7-19.

[7] JANUZZI, Gilberta Sampaio de Martino. **A Educação do Deficiente no Brasil**: dos primórdios ao início do século XXI. Campinas: Editora Autores Associados, 2004. p. 8.

[8] JANUZZI, Gilberta Sampaio de Martino. **História da Educação do Deficiente Mental.** *Id.* p. 7-19.

[9] LANNA JÚNIOR, Mário Cléber Martins. *Id.* p. 12.

[10] JANUZZI, Gilberta Sampaio de Martino. **História da Educação do Deficiente Mental.** *Id.* p. 15-16.

[11] ARANHA, Maria Lúcia de Arruda. **História da Educação e da Pedagogia**: Geral e Brasil. São Paulo: Moderna, 2012. p. 393-394.

calcado na denominada escola seriada,[12] novos espaços educacionais começaram a se organizar, com forte influência de influxos médicos e da própria psicologia,[13] apesar da manutenção de ditames higienistas,[14] os quais eram regidos a partir de dois modelos educacionais principais, o médico-pedagógico e o psico-pedagógico.[15]

Nesse período de transição entre o século XIX e o século XX, as escolas especiais multiplicaram-se. E apareceram as primeiras entidades privadas, o que deu início a uma tendência educacional que, em alguma medida, perpetua-se até os dias de hoje, em que se privilegia o modelo privatístico de educação especial, realizado em instituições de caráter filantrópico ou assistencialista, como aponta Bueno.[16]

Com o aumento da preocupação para com as pessoas com deficiência, ainda vinculada a um aspecto higienístico da população,[17] começaram a surgir também classes especializadas, ainda que em menor número, dando início ao paradigma educacional integrativo, no qual se tinha o apartamento dos alunos com deficiência dos alunos que não possuíam qualquer tipo deficiência em classes e/ou espaços específicos dentro das escolas, engendrando e perpetuando um processo de marginalização social.

Como explica Kassar, não era incomum que os Estados criassem serviços e processos públicos higienistas para a identificação de alunos com deficiência, com o fito de classificá-los, para que fossem retirados das turmas regulares, seja para vedar seu acesso ao ensino, seja para dirigi-los à educação especializada, notadamente em instituições especializadas, visto que "[...] salas de aulas homogêneas, [eram] consideradas à época como mais produtivas".[18]

[12] Possui "[...] normas, procedimentos, métodos, instalações adequadas, como se constata com a construção de prédios monumentais para os estabelecimentos, sobretudo os grupos escolares". ARANHA, Maria Lúcia de Arruda. *Id.* p. 522.

[13] JANUZZI, Gilberta Sampaio de Martino. **História da Educação do Deficiente Mental**. *Id.* p. 7-19.

[14] ARANHA, Maria Lúcia de Arruda. *Id.* p. 522-524.

[15] JANUZZI, Gilberta Sampaio de Martino. *Ibid.*

[16] BUENO, José Geraldo Silveira. **Educação Especial Brasileira**: questões conceituais e de atualidade. São Paulo: EDUC, 2011. p. 23.

[17] BUENO, José Geraldo Silveira. *Ibid.*

[18] De acordo com a autora, para exemplificar, "O estado de São Paulo, por meio do Decreto 5.884, quando normatizou sua 'Educação Especializada', entendeu como parte de seu alunado os 'débeis Físicos', 'débeis mentais', 'doentes contagiosos', 'cegos', 'surdos-mudos'

Nas décadas de 1930 e 1940 o número de instituições, principalmente privadas, aumentou ainda mais. Segundo Bueno, a expansão privatística, em grande medida composta e vinculada a ordens religiosas, se deu em especial no campo de atendimento das pessoas com deficiência mental e visual.[19] Dessa forma, "[...] o número de atendimento dessa rede privado-assistencial passou a ser muito superior ao da rede pública, assim como sua abrangência em relação ao universo das deficiências".[20]

Posteriormente, surgiram também centros de reabilitação e clínicas especializadas, o que ampliou ainda mais a rede privada.[21] Mas, em que pese a expansão das instituições, das escolas, do número de alunos e da própria cobertura educacional a partir da década de 1970, notadamente em virtude da ampliação da escolaridade obrigatória,[22] a política educacional no Brasil em geral manteve ares de precariedade. Na visão de Mendes, com a ditadura, os traços assistenciais e filantrópicos foram ainda mais reforçados.[23]

De acordo com Kassar e Rebelo, a educação especial no Brasil passou a ser muito criticada pela doutrina da pedagogia a partir desse momento, ao fundamento de que as escolas ou classes especiais não garantiam de fato a aprendizagem, o processo de escolarização, isto é, havia um distanciamento entre o ensino que proviam daquele que ocorria em classes regulares. Em realidade, sua dinâmica principal praticamente não envolvia qualquer metodologia específica, perpetuando um caráter de infantilização e paternalismo; porque serviam mais para a exclusão social do que como pilares de uma aprendizagem verdadeiramente emancipatória, seja em uma perspectiva interna, no tocante à segregação dentro do

e os 'delinqüentes'". KASSAR, Mônica de Carvalho Magalhães. Percursos da constituição de uma política brasileira de educação especial inclusiva. Revista **Brasileira de Educação Especial**, v. 17, p. 41-58, 2011. p. 43.

19 BUENO, José Geraldo Silveira. *Id.* p. 126.

20 BUENO, José Geraldo Silveira. *Id.* p. 128.

21 BUENO, José Geraldo Silveira. *Id.* p. 134.

22 "[...] a escolaridade obrigatória passa de quatro (o primário) para oito anos (o 1º grau), em 1971". KASSAR, Mônica de Carvalho Magalhães; REBELO, Andressa Santos. Abordagens da Educação Especial no Brasil entre Final do Século XX e Início do Século XXI. **Revista Brasileira de Educação Especial**, v. 24, p. 51-68, 2018. p. 53.

23 MENDES, Enicéia Gonçalves. Breve histórico da educação especial no Brasil. **Revista Educación y Pedagogía**, v. 22, n. 57, p. 93-109, mayo/agosto 2010. p. 100-101.

próprio ambiente escolar, apartado dos demais, seja em uma perspectiva externa, vez que atingiam majoritariamente as classes economicamente hipossuficientes; bem como porque os critérios para a inserção de um aluno na educação especial eram questionáveis, o que, inclusive, acabou proporcionando o fechamento de diversos espaços públicos, especialmente de classes especiais e oficinas pedagógicas.[24]

Com a Constituição da República, no entanto, o cenário começa a se modificar. Se é verdade que representou uma reconquista de direitos fundamentais[25] e um corte paradigmático, pragmático e programático no tempo, em diversos assuntos,[26] não foi diferente com a educação da pessoa com deficiência. Meletti e Bueno mencionam que é a partir desse momento que a educação das pessoas com deficiência começa a constar de forma mais robusta nos registros políticos nacionais.[27] Recebendo o status de um direito social,[28] trouxe em seu artigo 208, inciso III, disposição norteadora sobre a temática, *in verbis*: "Art. 208. O dever do Estado com a educação será efetivado mediante a garantia de: III – atendimento educacional especializado aos portadores de deficiência, preferencialmente na rede

[24] KASSAR, Mônica de Carvalho Magalhães; REBELO, Andressa Santos. O especial na educação, o atendimento especializado e a educação especial. **Anais do VI Seminário Nacional de Pesquisa em Educação Especial**. Prática Pedagógica na Educação Especial: multiplicidade do atendimento educacional especializado, Porto Alegre: FCAA, p. 1-17, 2011. p. 3.

[25] BARROSO, Luís Roberto. **O Direito Constitucional e a Efetividade de Suas Normas**: limites e possibilidades da Constituição Brasileira. 8. ed. Rio de Janeiro: Renovar, 2006. p. 41.

[26] Apesar de se encontrar longe da plena efetivação. BARROSO, Luís Roberto. Dez anos da Constituição de 1988 (Foi bom para você também?). **Revista de Direito Administrativo**, v. 214, p. 1-25, 1998; BARROSO, Luís Roberto. Vinte anos da Constituição Brasileira de 1988: o Estado a que chegamos. **Cadernos da Escola de Direito e Relações Internacionais** - UniBrasil, v. 8, p. 183-225, 2008; BARROSO, Luís Roberto. Trinta anos da Constituição: A República que ainda não foi. **Revista Eletrônica da PGE/RJ**, v. 1, p. 1-19, 2018.

[27] MELETTI, Silvia Márcia Ferreira; BUENO, José Geraldo Silveira. O impacto das políticas públicas de escolarização de alunos com deficiência: uma análise dos indicadores sociais no Brasil. **Linhas Críticas**, v. 17, p. 367-384, 2011. p. 369.

[28] Conforme artigo 6º: "Art. 6º São direitos sociais a educação, a saúde, a alimentação, o trabalho, a moradia, o transporte, o lazer, a segurança, a previdência social, a proteção à maternidade e à infância, a assistência aos desamparados, na forma desta Constituição". BRASIL. **Constituição da República Federativa do Brasil de 1988**. Disponível em: <http://www.planalto.gov.br/ccivil_03/constituicao/constituicaocompilado.htm>. Acesso em: 12 dez. 2020.

regular de ensino".[29] O que se manteve no artigo 54, inciso III do Estatuto da Criança e do Adolescente (ECA), *in verbis*: "Art. 54. É dever do Estado assegurar à criança e ao adolescente: III – atendimento educacional especializado aos portadores de deficiência, preferencialmente na rede regular de ensino".[30] É dizer, representa uma recomendação de "[...] que todos os portadores de necessidades educacionais especiais sejam matriculados em turma regular, baseada no princípio de educação para todos".[31]

O ensino ministrado em escolas e classes especiais começa paulatinamente, então, a perder protagonismo.

Pouco depois, em 1994, é realizada a Conferência Mundial sobre Educação para Necessidades Especiais, organizada pela Organização das Nações Unidas para a Educação, a Ciência e a Cultura, que emitiu um relevante relatório acerca da educação de alunos com deficiência, denominado de Declaração de Salamanca, ratificado por mais de 90 países, inclusive o Brasil. Consoante aponta Miranda, este documento representa relevante marco internacional inaugural acerca do paradigma educacional inclusivo.[32] porque propõe uma educação que seja plural, leve em consideração características e necessidades educacionais diversas, que seja participativa e, principalmente, inclusiva, quer dizer, realizada em escolas regulares, abrigando-se tanto alunos com deficiência quanto alunos que não têm deficiência. Nessa senda, proclama que "as crianças e jovens com necessidades educativas especiais devem ter acesso às escolas regulares, que a elas se devem adequar através duma pedagogia centrada na criança, capaz de ir ao encontro destas necessidades".[33] Também afirma que

[29] BRASIL. **Constituição da República Federativa do Brasil de 1988.** *Ibid.*

[30] BRASIL. **Lei nº 8.069, de 13 de julho de 1990**. Dispõe sobre o Estatuto da Criança e do Adolescente e dá outras providências. Disponível em: <http://www.planalto.gov.br/ccivil_03/leis/l8069.htm>. Acesso em: 12 dez. 2020.

[31] ROGALSKI, Solange Menin. Histórico do surgimento da educação especial. **Revista de Educação do IDEAU**, v. 5, n. 12, p. 1-13, 2010. p. 9.

[32] MIRANDA, Arlete Aparecida Bertoldo. Educação especial no brasil: desenvolvimento histórico. **Cadernos de História da Educação**, n. 7, p. 29-44, 2008. p. 36.

[33] UNITED NATIONS EDUCATIONAL SCIENTIFIC AND CULTURAL ORGANIZATION (UNESCO). **Declaração de Salamanca sobre Princípios, Política e Práticas na Area das Necessidades Educativas Especiais**, 1994. Disponível em: <https://unesdoc.unesco.org/ark:/48223/pf0000139394>. Acesso em: 12 dez. 2020.

> As escolas regulares, seguindo esta orientação inclusiva, constituem os meios mais capazes para combater as atitudes descriminatórias [sic], criando comunidades abertas e solidárias, construindo uma sociedade inclusiva e atingindo a educação para todos; além disso, proporcionam uma educação adequada à maioria das crianças e promovem a eficiência, numa óptima relação custo-qualidade, de todo o sistema educativo.[34]

Busca-se, portanto, o rompimento de barreiras para que a educação ocorra em um ambiente comum, igualitário, que seja factualmente inclusivo e democrático. Um espaço que favoreça e promova a tolerância do outro enquanto outro, localizado e particular. Nas palavras de Rogalski, "o processo de ensino/aprendizagem deve ser adaptado às necessidades dos alunos. E, a escola tem obrigação de receber a todos que procuram, indistintamente".[35]

> Cabe enfatizar, porém, que Educação Inclusiva não consiste apenas em matricular o aluno com deficiência em escola ou turma regular como um espaço de convivência para desenvolver sua 'socialização'. A inclusão escolar só é significativa se proporcionar o ingresso e permanência do aluno na escola com aproveitamento acadêmico, e isso só ocorrerá a partir da atenção às suas peculiaridades de aprendizagem e desenvolvimento.[36]

Contudo, não demorou para que o documento gerasse repercussões no Brasil, em que se passou a buscar o aprimoramento do paradigma inclusivo iniciado no fim da década de 1980, até então incipiente, mormente com a publicação da Lei de Diretrizes e Bases da Educação Nacional (Lei 9.394/1996),[37] da Política Nacional para a Integração da Pessoa Portadora

[34] UNITED NATIONS EDUCATIONAL SCIENTIFIC AND CULTURAL ORGANIZATION (UNESCO). **Declaração de Salamanca sobre Princípios, Política e Práticas na Area das Necessidades Educativas Especiais**, 1994. *Ibid.*

[35] ROGALSKI, Solange Menin. *Id.* p. 10.

[36] GLAT, Rosana; PLETSCH, Márcia Denise; FONTES, Rejane de Souza. Educação inclusiva e educação especial: propostas que se complementam no contexto da escola aberta à diversidade. **Revista Educação** - UFSM, v. 32, n. 2, p. 343-356, 2007. p. 344-345.

[37] "Essa lei expressa em seu conteúdo alguns avanços significativos. Podemos citar a extensão da oferta da educação especial na faixa etária de zero a seis anos; a idéia de melhoria da qualidade dos serviços educacionais para os alunos e a necessidade de o professor estar

de Deficiência (Decreto nº 3.298/1999), das Diretrizes Nacionais para a Educação Especial na Educação Básica (Resolução CNE/CEB nº 2/2001), da ratificação e posterior promulgação da Convenção Interamericana para a Eliminação de Todas as Formas de Discriminação contra as Pessoas Portadoras de Deficiência (por meio do Decreto nº 3.956/2001), e do Plano Nacional de Educação em Direitos Humanos, em 2005.[38]

Em 2006, com a CDPD, pode-se dizer que o paradigma inclusivo foi, de uma vez por todas, cristalizado, ao menos a partir de uma perspectiva formal. Ratificada por mais de 160 países e possuindo força de emenda constitucional no Brasil, representa um importante marco das lutas sociais organizadas pelas pessoas com deficiência, e tem por escopo promover, proteger e assegurar transversalmente os direitos e garantias dessa população.[39]

No item 1 de seu artigo 24 consta que

> 1. Os Estados Partes reconhecem o direito das pessoas com deficiência à educação. Para efetivar esse direito sem discriminação e com base na igualdade de oportunidades, os Estados Partes assegurarão sistema educacional inclusivo em todos os níveis, bem como o aprendizado ao longo de toda a vida [...] (tradução livre).[40]

preparado e com recursos adequados de forma a compreender e atender à diversidade dos alunos. Constatamos que o capítulo V dessa lei trata especificamente da Educação Especial, expressando no artigo 58 que a educação especial deve ser oferecida preferencialmente na rede regular de ensino e, quando necessário, deve haver serviços de apoio especializado". MIRANDA, Arlete Aparecida Bertoldo. *Ibid.*

[38] Por uma análise da conjuntura social e das medidas específicas adotadas em cada um dos recentes governos do Brasil, ver: KASSAR, Mônica de Carvalho Magalhães; REBELO, Andressa Santos; OLIVEIRA, Regina Tereza Cestari de. Embates e disputas na política nacional de Educação Especial brasileira. **Educação e Pesquisa**, v. 45, p. 1-19, 2019. p. 4-5.

[39] PIOVESAN, Flávia; SILVA, Beatriz Pereira da; CAMPOLI, Heloísa Borges Pedrosa. A Proteção dos Direitos das Pessoas com Deficiência no Brasil. *In*: PIOVESAN, Flávia (Org.). **Temas de Direitos Humanos**. 5. ed. São Paulo: Saraiva, 2012. p. 245-249.

[40] No original,"*1. States Parties recognize the right of persons with disabilities to education. With a view to realizing this right without discrimination and on the basis of equal opportunity, States Parties shall ensure an inclusive education system at all levels and lifelong learning [...]*". UNITED NATIONS HUMAN RIGHTS. **Convention on the Rights of Persons with Disabilities (CRPD)**. Disponível em: <https://www.un.org/disabilities/documents/convention/convoptprot-e.pdf>. Acesso em: 4 dez. 2020.

E, dentro dessa ótica, diz-se que

> A inclusão implica um processo de reforma sistêmica, que envolve alterações e modificações no conteúdo, nos métodos de ensino, no enfoque, nas estruturas e estratégias de educação para superar as barreiras com a visão de que todos os alunos das faixas etárias pertinentes tenham uma experiência de aprendizagem equitativa e participativa e o ambiente que melhor corresponda às suas necessidades e preferências (tradução livre).[41]

Assim, o atendimento educacional especializado realizado em classes ou escolas especiais passou a ser tido como complementar[42] ou suplementar,[43] nos termos do Plano de Desenvolvimento da Educação de 2007, e do o Decreto nº 6.571/2008, que dispunha sobre o atendimento educacional especializado, posteriormente revogado pelo Decreto nº 7.611/2011, a Lei 12.796/2013, que alterou a Lei de Diretrizes e Bases da Educação Nacional (Lei 9.394/1996), além do Plano Nacional da Educação na Perspectiva da Educação Inclusiva, de 2014.[44] É dizer, realizada apenas no contraturno

[41] No original," Inclusion involves a process of systemic reform embodying changes and modifications in content, teaching methods, approaches, structures and strategies in education to overcome barriers with a vision serving to provide all students of the relevant age range with an equitable and participatory learning experience and the environment that best corresponds to their requirements and preferences". UNITED NATIONS HUMAN RIGHTS. Convention on the Rights of Persons with Disabilities (CRPD). Committee on the Rights of Persons with Disabilities. **General Comment No 4**, 2016. *Ibid.*

[42] "§ 1º. Para fins deste Decreto, os serviços de que trata o caput serão denominados atendimento educacional especializado, compreendido como o conjunto de atividades, recursos de acessibilidade e pedagógicos organizados institucional e continuamente, prestado das seguintes formas: I – complementar à formação dos estudantes com deficiência, transtornos globais do desenvolvimento, como apoio permanente e limitado no tempo e na frequência dos estudantes às salas de recursos multifuncionais". BRASIL. **Decreto nº 7.611/2011**. Dispõe sobre a educação especial, o atendimento educacional especializado e dá outras providências. Disponível em: <http://www.planalto.gov.br/ccivil_03/_ato2011-2014/2011/decreto/d7611.htm>. Acesso em: 21 dez. 2020.

[43] "§ 1º. Para fins deste Decreto, os serviços de que trata o caput serão denominados atendimento educacional especializado, compreendido como o conjunto de atividades, recursos de acessibilidade e pedagógicos organizados institucional e continuamente, prestado das seguintes formas: II – suplementar à formação de estudantes com altas habilidades ou superdotação". BRASIL. **Decreto nº 7.611/2011**. *Ibid.*

[44] Busca promover o atendimento aos estudantes com deficiência, transtornos globais do desenvolvimento e altas habilidades/superdotação. BRASIL. Ministério da Educação.

escolar, trabalhando de forma interdisciplinar aspectos da educação, saúde, assistência social e cultura, com vários tipos de metodologias e ferramentas. Todas essas dimensões e gramáticas da lógica inclusiva foram ainda ratificadas pela LBI.

Em resumo, então, infere-se que normativamente o paradigma inclusivo no Brasil preconiza para os estudantes com deficiência um ensino oferecido em classes comuns de escolas regulares, podendo excepcionalmente receber aportes (complementares ou suplementares) da educação especial, nos casos em que isso se fizer necessário.

2. Os benefícios empíricos do paradigma educacional inclusivo

Em revisão bibliográfica sistemática de cerca de 280 estudos científicos, realizados em 25 países, Hehir, Grindal, Freeman, Lamoreau, Borquaye e Burke, grosso modo, constataram diversos benefícios empíricos da educação inclusiva, em variadas etapas escolares, tanto para os estudantes com deficiência, quanto para os estudantes que não têm deficiência.[45]

Por um lado, em relação aos próprios estudantes com deficiência, é possível listar, de modo geral, oito benefícios. Em primeiro lugar, em grande parte das pesquisas os estudantes incluídos obtêm melhor desempenho acadêmico do que estudantes segregados, principalmente em disciplinas que envolvam leitura e matemática. Em segundo lugar, os estudantes incluídos apresentam maiores taxas de presença do que estudantes segregados. Em terceiro lugar, os estudantes incluídos têm menor propensão a apresentar problemas comportamentais, se comparados a estudantes segregados. Em quarto lugar, os estudantes incluídos têm mais

Secretaria de Educação Continuada, Alfabetização, Diversidade e Inclusão (SECADI). **Política Nacional de Educação Especial na Perspectiva da Educação Inclusiva**, 2008. Disponível em <http://portal.mec.gov.br/index.php?option=com_docman&view=download&alias=16690--politica-nacional-de-educacaoespecial-na-perspectiva-da-educacao-inclusiva--05122014&Itemid=30192>. Acesso em: 19 dez. 2020.

Sobre outras legislações que versam sobre a matéria, cf. SIGOLO, Ana Regina Lucato; GUERREIRO, Elaine Maria Bessa Rebello; CRUZ, Rosangela Aparecida Silva da. Políticas educacionais para a educação especial no Brasil: uma breve contextualização histórica. **Práxis Educativa**, v. 5, n. 2, p. 173-194. 2010.

45 HEHIR, Thomas; GRINDAL, Todd; FREEMAN, Brian; LAMOREAU, Renée; BORQUAYE, Yolanda; BURKE, Samanta. **Os Benefícios da Educação Inclusiva para Estudantes com e sem Deficiência**. São Paulo: Instituto Alana, 2016. p. 1-34.

facilidade em completar o ensino médio do que estudantes segregados. Em quinto lugar, os estudantes incluídos têm um maior desenvolvimento de habilidades sociais. Em sexto lugar, quando adultos, apresentam maior propensão a dar continuidade aos estudos e se matricular no ensino superior. Em sétimo lugar, apresentam maior propensão a encontrar um emprego. E, em oitavo lugar, têm mais facilidade em viver de maneira independente, autônoma.[46]

Por outro lado, em relação aos estudantes que não possuem deficiência, é possível listar, de modo geral, quatro benefícios socioemocionais. Em primeiro lugar, em algumas pesquisas constata-se que são mais receptivos às diferenças humanas. Em segundo lugar, apresentam uma comunicação interpessoal mais eficaz, bem como o aumento das habilidades sociais. Em terceiro lugar, possuem maior capacidade para responder às necessidades de terceiros. Em quarto lugar, desenvolvem amizades mais afetuosas. Quanto ao desempenho escolar, a maioria dos estudos aponta que a inclusão proporciona um efeito neutro ou, em alguns casos, até mesmo positivo sobre os resultados escolares de alunos que não possuem deficiência.[47] Contudo, os autores esclarecem que

> Críticos da inclusão têm questionado se o comportamento problemático de alunos com deficiências emocionais graves não tira a atenção dos professores e os impede de incentivar o crescimento acadêmico e social de todos os alunos. Mesmo que a maioria das pesquisas revisadas para este estudo mostre que a inclusão produz efeitos neutros ou positivos sobre o desempenho acadêmico dos alunos sem deficiência, há alguma evidência de que a inclusão de vários alunos diagnosticados com deficiências emocionais graves dentro de uma mesma sala de aula pode apresentar desafios únicos para os professores. Baseando-se em dados de um grande estudo longitudinal de crianças nos Estados Unidos, pesquisadores encontraram evidências de que a presença de vários colegas com uma deficiência emocional grave pode causar um pequeno impacto negativo sobre as habilidades de leitura e matemática de alunos sem deficiência (Fletcher, 2010), assim como sobre seu comportamento escolar

[46] HEHIR, Thomas; GRINDAL, Todd; FREEMAN, Brian; LAMOREAU, Renée; BORQUAYE, Yolanda; BURKE, Samanta. *Ibid.*

[47] HEHIR, Thomas; GRINDAL, Todd; FREEMAN, Brian; LAMOREAU, Renée; BORQUAYE, Yolanda; BURKE, Samanta. *Ibid.*

> e sobre as abordagens para suas habilidades de aprendizagem (Gottfried, 2014). Os pesquisadores enfatizam que esses pequenos potenciais efeitos negativos sobre alunos sem deficiência foram motivados por salas de aula com a presença de dois ou mais alunos com deficiências emocionais e comportamentais graves, e sugerem que ter um colega com deficiência não deve prejudicar os resultados das crianças sem deficiência. No entanto, o diagnóstico de deficiências emocionais e comportamentais graves é raro. Nos Estados Unidos, representam menos de 6% dos alunos com deficiência e cerca de metade de 1% de todos os estudantes. Assim, é altamente improvável que uma determinada sala de aula inclua dois ou mais alunos com uma deficiência emocional grave se esses alunos são distribuídos proporcionalmente em todas as salas de aula.[48]

Percebe-se, portanto, que são muitos os benefícios da educação inclusiva, do ensino realizado em classes comuns de escolas regulares. Tanto individuais quanto comunitários. Tanto para os estudantes com deficiência quanto para os estudantes sem deficiência. E, por isso mesmo, é tida atualmente como a práxis educacional mais adequada, encontrando-se em contínuo aprimoramento. Internacionalmente aceita, referendada e difundida. Devendo ser tratada, então, como diretriz ou norma geral educacional, como apontado pelos próprios autores.[49] A problemática central acerca da política inclusiva perpassa, em realidade, por um déficit de efetivação, ou seja, pela dificuldade de substancialização de um direito formal, que envolve aspectos sobre o financiamento e o direcionamento estatal de verbas públicas, o fornecimento de apoio adequado, a extinção de barreiras sociais escolares, a formação e capacitação de profissionais, bem como o planejamento específico. É dizer, encontra-se no plano da facticidade.[50]

[48] HEHIR, Thomas; GRINDAL, Todd; FREEMAN, Brian; LAMOREAU, Renée; BORQUAYE, Yolanda; BURKE, Samanta. *Id.* p. 9.

[49] HEHIR, Thomas; GRINDAL, Todd; FREEMAN, Brian; LAMOREAU, Renée; BORQUAYE, Yolanda; BURKE, Samanta. *Ibid.* p. 1-34.

[50] Que envolve, por exemplo, dificuldades estruturais próprias de cada Estado no tratamento da matéria. KASSAR, Mônica de Carvalho Magalhães; MELETTI, Silvia Márcia Ferreira. Análises de Possíveis Impactos do Programa Educação Inclusiva: Direito à Diversidade. **Ciências Humanas e Sociais em Revista**, v. 34. pp. 49-63, 2012.

3. Comentários gerais sobre o Decreto n.º 10.502/2020

3.1. Panorama geral

De forma prefacial, é possível observar o emprego semântico de certos termos e categorias que, com efeito, desprendem-se em alguma medida das noções que historicamente lhe foram atribuídas.

Somente no caput do artigo 1º, para exemplificar, isso ocorre, ao menos, cinco vezes, de acordo com Sassaki. A um, ao ressaltar de forma sucessiva que os programas e ações ofertados pelo Decreto visam "[...] à educação e ao atendimento educacional especializado [...]",[51] tem-se uma cisão entre ambos, como se este não integrasse aquele. A dois, subentende-se que o atendimento educacional especializado possui correspondência com as escolas especiais. A três, cria-se uma categoria distinta para alunos com transtornos globais do desenvolvimento e outra para "[...] educandos com deficiência",[52] como se este conceito não abarcasse aquele. A quatro, ao diferenciar educandos com deficiência e educandos com altas habilidades subentende-se, ainda que de forma velada, que aqueles não podem ter qualquer tipo de altas habilidades. A cinco, vale-se de um termo que não é mais utilizado pela doutrina, qual seja superdotação.[53]

Contudo, apesar de ser o Decreto dividido em nove pontos distintos (disposições gerais, princípios e objetivos, público-alvo, diretrizes, serviços e recursos da educação especial, atores, implementação, avaliação e monitoramento e disposições finais), parece engendrar dois microcosmos educacionais especiais, dois pequenos eixos temáticos dentro da espinha dorsal da política educacional: um voltado para a surdo-mudez e outro voltado para o restante dos alunos com deficiência e para as pessoas que possuem altas habilidades. No que cinge ao segundo, objeto do presente trabalho, são duas as principais alterações em relação ao cenário normativo que estava posto.

[51] BRASIL. **Decreto nº 10.502, de 30 de setembro de 2020.** Institui a Política Nacional de Educação Especial: Equitativa, Inclusiva e com Aprendizado ao Longo da Vida. Disponível em: <http://www.planalto.gov.br/ccivil_03/_ato2019-2022/2020/decreto/D10502.htm>. Acesso em: 13 dez. 2020.

[52] BRASIL. **Decreto nº 10.502, de 30 de setembro de 2020.** *Ibid.*

[53] SASSAKI, Romeu Kazumi. Inclusão ou desinclusão? Uma análise do Decreto 10.502/2020. **Revista Reação**, nº 134. Disponível em: <https://revistareacao.com.br/inclusao-ou--desinclusao-uma-analise-do-decreto-10-502-2020/>. Acesso em: 18 dez. 2020.

Em um primeiro plano, parece ampliar o espaço de operação das escolas especiais e das classes especiais, retornando assim ou ao paradigma segregacionista ou integracionista, respectivamente. Há uma espécie de flexibilização do aparato educacional inclusivo. É dizer, parece incentivar a criação de um duplo sistema, que ao invés de ser integralmente inclusivo possui tão somente algumas poucas escolas regulares inclusivas. Em um segundo plano, parece permitir que o atendimento educacional especializado, realizado em classes ou escolas especiais, o qual possui natureza complementar ou suplementar, seja substitutivo ao ensino obrigatório inclusivo oferecido em classes comuns de escolas regulares. Quer dizer, ganhe protagonismo e saia da coadjuvação, nos termos do artigo 4º, inciso III, *in verbis*:

> Art. 4º. São objetivos da Política Nacional de Educação Especial: Equitativa, Inclusiva e com Aprendizado ao Longo da Vida: III – assegurar o atendimento educacional especializado como diretriz constitucional, para além da institucionalização de tempos e espaços reservados para atividade complementar ou suplementar;[54]

O que fica ainda mais nítido com a conferência do poder deliberativo final, por um ou outro modelo, aos familiares do aluno com deficiência ou ao próprio aluno com deficiência, conforme se vislumbra da leitura do artigo 3º, inciso VI, nos seguintes termos:

> Art. 3º. São princípios da Política Nacional de Educação Especial: Equitativa, Inclusiva e com Aprendizado ao Longo da Vida: VI – participação de equipe multidisciplinar no processo de decisão da família ou do educando quanto à alternativa educacional mais adequada.[55]

E também do artigo 6º, inciso IV, *in verbis*:

> Art. 6º. São diretrizes para a implementação da Política Nacional de Educação Especial: Equitativa, Inclusiva e com Aprendizado ao Longo da Vida: IV – priorizar a participação do educando e de sua família no processo

[54] BRASIL. **Decreto nº 10.502, de 30 de setembro de 2020.** *Ibid.*
[55] BRASIL. **Decreto nº 10.502, de 30 de setembro de 2020.** *Ibid.*

de decisão sobre os serviços e os recursos do atendimento educacional especializado, considerados o impedimento de longo prazo e as barreiras a serem eliminadas ou minimizadas para que ele tenha as melhores condições de participação na sociedade, em igualdade de condições com as demais pessoas.[56]

Assim, não parece incorreto inferir que "esse decreto retira a obrigatoriedade do Estado em ofertar a matrículas desses estudantes nas escolas regulares, além de retomar a proposta das classes especiais e das escolas especializadas [...]".[57]

É bem verdade que as diretrizes que norteiam o Decreto já se encontravam de forma embrionária na minuta disponibilizada para consulta pública entre 6 e 23 de dezembro de 2018, no site do Ministério da Educação, ainda no governo de Michel Temer, a qual tinha como premissa garantir a participação social nos rumos da denominada nova Política Nacional de Educação Especial: Equitativa, Inclusiva e ao Longo da Vida (PNEE-2018),[58] pesquisa que gerou ao final um relatório de metadados.[59]

Se em uma leitura prefacial da pesquisa parece se encontrar como mote central a eventualidade da escola especial[60] e a excepcionalidade e

[56] BRASIL. **Decreto nº 10.502, de 30 de setembro de 2020.** *Ibid.*

[57] CONDE, Patricia Santos; CAMIZÃO, Amanda Costa; VICTOR, Sonia Lopes. Pandemia e atividades remotas: possibilidades e desafios para a educação especial. **Revista Cocar**, v. 14, n. 3, pp .1-16, 2020, p. 4.

[58] BRASIL. Ministério da Educação. **Política Nacional de Educação Especial**: Equitativa, Inclusiva e ao Longo da Vida. Consulta Pública. Disponível em: <https://pnee.mec.gov.br/>. Acesso em: 5 dez. 2020.

[59] BRASIL. Ministério da Educação. **Relatório Descritivo das Contribuições da Consulta Pública Sobre a Política Nacional de Educação Especial**: Equitativa, Inclusiva e ao Longo da Vida – PNEE-2018. Disponível em: <https://pnee.mec.gov.br/dados_consulta/Minuta_PNEE_2018_RelatorioContribuicoes.pdf>. Acesso em: 5 dez. 2020.

[60] Como se pode observar: "Escola especial é aquela constituída em *caráter eventual*, com atuação exclusiva em Educação Especial e organizada para maximizar o desenvolvimento acadêmico e social de estudantes com impedimentos individuais múltiplos e significativos. É indicada quando as barreiras na escola comum não forem eliminadas para a garantia de efetiva aprendizagem, participação e igualdade de oportunidades. A escola especial deve ser regulamentada pelos Conselhos de Educação Estaduais, do Distrito Federal ou Municipais (grifos no original)". BRASIL. Ministério da Educação. **Política Nacional de Educação Especial**: Equitativa, Inclusiva e ao Longo da Vida. Minuta. Disponível em: <https://pnee.mec.gov.br/integra>. Acesso em: 5 dez. 2020.

provisoriedade da classe especial,[61] o que, da forma como estava posto, já era *per si* problemático, vez que, em alguma medida, contrariava do paradigma inclusivo, no qual se tem a educação especial como suplementar ou complementar, como visto, em uma análise mais detida é possível perceber que em certos pontos específicos de seu texto fica clara a possibilidade de substituição integral do referido paradigma pelo paradigma de integração, com a educação especial ocupando o espaço anteriormente destinado à educação inclusiva. O que foi repetido no Decreto. Na pesquisa, isso é perceptível, por exemplo, na concessão de poder de escolha para a família e para o próprio estudante com deficiência a respeito dos serviços e recursos da educação especial,[62] bem como acerca da possibilidade de realização de atividades do atendimento educacional especializado no mesmo turno da escolarização, apesar da contraditória (e ambígua) menção de que não substituiriam o trabalho realizado nas classes regulares.[63]

Mas, para além disso, ponto relevante envolve os subsídios e conclusões parciais deduzidas das seções do relatório. Em sua grande maioria, vão na contramão do que fora adotado pelo Decreto, e não permitem a extração de qualquer inferência que dê lastro para as alterações realizadas por este último na educação contemporânea. É dizer, se o Decreto realizou modificações nos contornos da política educacional, estas não se deram com base nos resultados da pesquisa, que repudiaram de forma veemente

[61] Como se pode observar: "A classe especial é uma alternativa criada pela escola comum nos anos iniciais do ensino fundamental, em articulação com a secretaria de educação local, *como medida excepcional e provisória*" (grifos nossos). BRASIL. Ministério da Educação. **Política Nacional de Educação Especial**: Equitativa. Minuta. *Ibid.*

[62] Como se pode observar: "A Convenção traz ainda dentre os seus princípios gerais "o respeito pela dignidade inerente, a autonomia individual, inclusive a liberdade de fazer as próprias escolhas, e a independência das pessoas" e "o respeito pelo desenvolvimento das capacidades das crianças com deficiência e pelo direito das crianças com deficiência de preservar sua identidade". *Neste sentido, o texto desta política respeita o direito de escolha do estudante e da família em relação aos serviços e recursos da Educação Especial aqui previstos*" (grifos nossos). BRASIL. Ministério da Educação. **Política Nacional de Educação Especial**: Equitativa, Inclusiva e ao Longo da Vida. Minuta. *Ibid.*

[63] Como se pode observar: "As atividades do AEE podem ser viabilizadas em diferentes espaços escolares e nas salas de recursos multifuncionais, no mesmo turno de escolarização e/ou no contraturno e não substituem o trabalho realizado na classe comum". BRASIL. Ministério da Educação. **Política Nacional de Educação Especial**: Equitativa, Inclusiva e ao Longo da Vida. Minuta. *Ibid.*

e latitudinal, em variados tópicos, qualquer possibilidade de retorno ao paradigma de integração, como se pode observar:

> Garantia no texto do direito de ingresso, permanência e aprendizagem das pessoas com deficiência nas classes comuns de escolas regulares;
>
> [...]
>
> Significativo contingente de contribuições solicitando o não retorno de classes e escolas especiais, por considerarem que comprometeria o paradigma inclusivo adotado no país;
>
> [...]
>
> As atividades do Atendimento Educacional Especializado podem ser viabilizadas em diferentes espaços escolares, no mesmo turno de escolarização e/ou no contraturno, e se em salas de recursos multifuncionais no contraturno, não devem substituir o trabalho realizado na classe comum;
>
> [...]
>
> Garantia do direito de ingresso e permanência das pessoas com deficiência nas classes comuns de escolas regulares e que o atendimento educacional especializado em salas de recursos multifuncionais, aconteça no contraturno do horário escolar regular, possibilitando a participação de maior número de estudantes público alvo da educação especial nos serviços de atendimento educacional especializado;
>
> [...]
>
> Significativo contingente de contribuições solicitando o não retorno das escolas especiais como espaço substitutivo de escolarização de alunos com deficiência;
>
> [...]
>
> Significativo contingente de contribuições solicitando que o conceito de liberdade de escolha pelo espaço escolar não signifique retorno às escolas especiais;
>
> [...]
>
> Não equivalência da classe especial substituindo a salas regulares de ensino, isso significa que a classe especial não pode ser uma opção de escolha substitutiva à classe comum e nem sinônimo de assistência tecnológica.[64]

[64] BRASIL. Ministério da Educação. **Relatório Descritivo das Contribuições da Consulta Pública Sobre a Política Nacional de Educação Especial**: Equitativa, Inclusiva e ao Longo da Vida – PNEE-2018. Disponível em: <https://pnee.mec.gov.br/dados_consulta/Minuta_PNEE_2018_RelatorioContribuicoes.pdf>. Acesso em: 5 dez. 2020.

Com efeito, um dos poucos pontos positivos da minuta, a vedação de exclusão do aluno com deficiência do ensino regular,[65] não consta do Decreto, o que acaba por revelar certos traços da tônica que balizou o instrumento.

3.2. Críticas e apontamentos

3.2.1. Perspectiva procedimental

A noção de paradigma, originalmente delineada por Kuhn,[66] engloba atualmente uma concepção que abarca um conjunto de pressupostos e informações de fundo que condicionam a dinâmica específica de algum campo do saber. Trata-se, assim, de uma espécie de ponto inicial ou linha de partida, da qual se vale(m) o(s) ator(es) científico(s) na construção do conhecimento.

Em Habermas, um dos papeis dos juristas envolve justamente essa (pré)compreensão do corpo e da realidade social vivenciada em sociedade em um determinado período histórico, ou seja, condicionada ao binômio espaço-tempo, no intuito de fornecer subsídios para uma melhor aplicação do Direito. É dizer, essa noção, compartilhada intersubjetivamente, fornece substrato para a aplicação e concreção do Direito, a depender das vicissitudes históricas.[67]

Nesse sentido, o autor destaca a existência de dois paradigmas primitivos que dão lastro ao fenômeno jurídico na modernidade, quais sejam o paradigma liberal e o paradigma social, bem como de um terceiro paradigma, mais recente, qual seja o procedimentalista do Estado Democrático de Direito, que eclode a partir do aprimoramento, com base em críticas internas, do paradigma de bem estar social.[68]

65 "Matricular os estudantes da educação especial nas classes comuns do sistema regular de ensino, garantindo, conforme estratégia 4.8 do Plano Nacional de Educação – PNE a não exclusão do ensino regular sob alegação de deficiência". BRASIL. Ministério da Educação. **Política Nacional de Educação Especial**: Equitativa, Inclusiva e ao Longo da Vida. Minuta. *Ibid.*

66 KUHN, Thomas S.. **A Estrutura das Revoluções Científicas**. 5. ed. Traduzido por Beatriz Vianna Boeira e Nelson Boeira. São Paulo: Perspectiva, 1998.

67 HABERMAS, Jürgen. **Direito e Democracia**: entre facticidade e validade. v. I. Rio de Janeiro: Tempo Brasileiro, 1997; HABERMAS, Jürgen. **Direito e Democracia**: entre facticidade e validade. v. II. Rio de Janeiro: Tempo Brasileiro, 1997.

68 HABERMAS, Jürgen. *Ibid.*

O paradigma procedimentalista do Estado Democrático de Direito, com efeito, é vislumbrado como uma decorrência de um fator de aprendizagem social, devendo se horizontalizar socialmente em função dos benefícios que lhe são intrínsecos. Em realidade, corresponde a uma democratização radical do paradigma social. Com a procedimentalização, os cidadãos, destinatários das políticas públicas, passam a se reconhecer como sujeitos desses projetos, assim como da legislação e dos demais provimentos estatais, mas, além da dimensão do reconhecimento, passam a ocupar a centralidade do palco social, quer dizer, deixam de ser encarados como simples receptores passivos das políticas e prestações públicas para, diversamente, poder participar de forma ativa em sua elaboração e condução do Estado-nação.[69]

Em outras palavras, por meio da identificação da equiprimordialidade e cooriginalidade da autonomia privada e da autonomia pública, reconhece-se a dimensão participativa dos cidadãos no projeto de nação que se encontra em curso naquela comunidade, e, nessa toada, aqueles são conclamados a integrar os processos de construção política e jurídica. Configura, sem embargo, um reconhecimento de que são, de fato, sujeitos de direito. A aprendizagem social, pois, torna reflexiva a importância de se construir um sentido de pertença que permita às pessoas perceberem que são coautoras, e não meras partícipes, dos rumos da nação. Com essa lógica, afasta-se o modelo tecnocrático de condução do Estado, com viso a se caminhar em direção a um modelo participativo, em que a casa de máquinas do Estado passa a ser colonizada.[70] Isso porque a partir da participação e do uso da razão comunicativa ocorrem trocas intersubjetivas no sentido de se buscar as melhores soluções para as problemáticas sociais, o que se dá através do consenso obtido por meio do debate democrático nos fóruns amplos de debate e comunicação.[71]

[69] HABERMAS, Jürgen. *Ibid.*

[70] HABERMAS, Jürgen. *Ibid.*

[71] HABERMAS, Jürgen. **Teoría de la Acción Comunicativa**: racionalidad de la acción y racionalización social. v. I. 4. ed. Traducción de Manuel Jiménez Redondo. Madrid: Taurus, 1999; HABERMAS, Jürgen. **Teoría de la Acción Comunicativa**: crítica de la razón funcionalista. v. II. 1. ed., 2ª reimp. Traducción de Manuel Jiménez Redondo. Madrid: Taurus, 1987.

Com efeito, pode-se dizer que essa lógica procedimentalista norteia de forma conglobante a CDPD, e se encontra prevista no item 3 do artigo 4º *in verbis*:

> Artigo 4. Obrigações gerais: 3. Na elaboração e implementação de legislação e políticas para aplicar a presente Convenção e em outros processos de tomada de decisão relativos às pessoas com deficiência, os Estados Partes realizarão consultas estreitas e envolverão ativamente pessoas com deficiência, inclusive crianças com deficiência, por intermédio de suas organizações representativas (tradução livre).[72]

Esse dispositivo, em verdade, instrumentaliza a máxima nada sobre nós sem nós, originalmente desenvolvida por Charlton,[73] a qual lastreou o processo de desenvolvimento da CDPD, que contou com a colaboração direta e indireta, nas rodadas de debate e discussão, de diversas de organizações criadas pelas e para as pessoas com deficiência.[74]

Reivindica-se, com a aludida disposição, a conferência de uma voz ativa para as pessoas com deficiência, uma tentativa de empoderamento que busca corrigir um processo histórico excludente e que, na perspectiva de Harpur, possui forte potencial como mecanismo de transformação de realidades sociais.[75]

Contudo, não bastasse a literalidade do texto convencional, o Comitê sobre os Direitos da Pessoa com Deficiência, no Comentário Geral nº 7, de 2018, versou de forma expressa sobre a temática:

[72] No original,*"Article 4. General obligations: 3. In the development and implementation of legislation and policies to implement the present Convention, and in other decision-making processes concerning issues relating to persons with disabilities, States Parties shall closely consult with and actively involve persons with disabilities, including children with disabilities, through their representative organizations"*. UNITED NATIONS HUMAN RIGHTS. **Convention on the Rights of Persons with Disabilities (CRPD)**. Disponível em: <https://www.un.org/disabilities/documents/convention/convoptprot-e.pdf>. Acesso em: 4 dez. 2020.

[73] CHARLTON, James I.. **Nothing About us Without us**: Disability Oppression and Empowerment. Berkeley: Universty of California Press, 2000.

[74] WOODBURN, Hanna. Nothing about us without civil society: The role of civil society actors in the formation of the UN Convention on the Rights of Persons with Disabilities. **Political Perspectives**, v. 7, n. 1, pp. 75-96, 2013, p. 75-96.

[75] HARPUR, Paul. Embracing the new disability rights paradigm: the importance of the Convention on the Rights of Persons with Disabilities. **Disability & Society**, v. 27, n. 1, p. 1-14, 2012.

> A fim de cumprir as obrigações constantes do artigo 4, parágrafo 3, os Estados partes devem incluir a obrigação de celebrar consultas estreitas e integrar ativamente as pessoas com deficiência, por meio de suas próprias organizações, em estruturas e procedimentos legais e regulatórios em todos os níveis e ramos do Governo. Os Estados Partes devem considerar as consultas e a integração das pessoas com deficiência como uma medida obrigatória antes da aprovação de leis, regulamentos e políticas, sejam gerais ou relacionadas à deficiência. Portanto, as consultas devem começar nas fases iniciais e contribuir para o resultado final em todos os processos de tomada de decisão. As consultas devem incluir organizações que representam de forma ampla a diversidade das pessoas com deficiência, a nível local, nacional, regional e internacional (tradução livre).[76]

Percebe-se, portanto, que se busca reservar um papel determinante às pessoas com deficiência, para que possam caminhar em direção ao protagonismo de seu próprio destino, assinalando as medidas mais adequadas na vanguarda emancipativa e de efetivação de direitos e garantias fundamentais, o que deve ser consideração com atenção e prioridade pelas autoridades públicas.[77]

Nesse ponto, devem os Estados partes assegurar a participação plena e efetiva das pessoas com deficiência, notadamente por intermédio de organizações representativas, em todos os processos decisórios que lhe digam respeito, direta ou indiretamente, tal como ocorre com a educação, com viso a se alcançar a sua real inclusão na sociedade,[78] o que se encontra

[76] No original, *"To implement their obligations under article 4 (3), States parties should include the obligation to closely consult and actively involve persons with disabilities, through their own organizations, in legal and regulatory frameworks and procedures across all levels and branches of Government. States parties should also consider consultations with and the involvement of persons with disabilities as a mandatory step prior to the approval of laws, regulations and policies, whether mainstream or disability specific. Therefore, consultations should begin in the early stages and provide an input to the final product in all decision making processes. Consultations should include organizations representing the wide diversity of persons with disabilities, at the local, national, regional and international levels"*. UNITED NATIONS HUMAN RIGHTS. Convention on the Rights of Persons with Disabilities (CRPD). Committee on the Rights of Persons with Disabilities. **General Comment No 7**, 2018. *Ibid.*

[77] UNITED NATIONS HUMAN RIGHTS. Convention on the Rights of Persons with Disabilities (CRPD). Committee on the Rights of Persons with Disabilities. **General Comment No 7**, 2018. *Ibid.*

[78] UNITED NATIONS HUMAN RIGHTS. Convention on the Rights of Persons with Disabilities (CRPD). Committee on the Rights of Persons with Disabilities. **General Comment No 7**, 2018. *Ibid.*

na esteira axiológica do item 1 do artigo 21 da Declaração Universal dos Direitos Humanos[79] e da alínea "a" do artigo 25 do Pacto Internacional de Direitos Civis e Políticos.[80]

Todavia, não foi o que ocorreu com o Decreto, que na verdade é um derivado de debates iniciados no fim de 2018, como visto. Senão, vejamos.

Em 6 de novembro de 2018, no governo de Michel Temer, foi aberta consulta pública no site do Ministério da Educação, que durou até o dia 23 do referido mês, com a premissa de garantir a participação social nos rumos da denominada nova Política Nacional de Educação Especial: Equitativa, Inclusiva e ao Longo da Vida (PNEE-2018).[81]

Engendrada pelo Ministério da Educação/Secretaria de Educação Continuada, Alfabetização, Diversidade e Inclusão (SECADI), a partir de uma plataforma digital desenhada pelo Núcleo de Excelência em Tecnologias Sociais (NEES), da Universidade Federal de Alagoas (UFAL), a pesquisa foi estruturada a partir de uma minuta em que constavam 46 tópicos, divididos em 6 seções,[82] e gerou ao final um relatório de metadados,[83] do qual (supostamente) se valeu o Decreto.

[79] "Artigo 21º. 1.Toda a pessoa tem o direito de tomar parte na direcção dos negócios, públicos do seu país, quer directamente, quer por intermédio de representantes livremente escolhidos". UNITED NATIONS HUMAN RIGHTS. **Declaração Universal dos Direitos Humanos.** Disponível em: <https://www.ohchr.org/en/udhr/documents/udhr_translations/por.pdf>. Acesso em: 5 dez. 2020.

[80] "Artigo 25. Todo cidadão terá o direito e a possibilidade, sem qualquer das formas de discriminação mencionadas no artigo 2º e sem restrições infundadas: 1. de participar da condução dos assuntos públicos, diretamente ou por meio de representantes livremente escolhidos" (tradução livre). No original, *"Every citizen shall have the right and the opportunity, without any of the distinctions mentioned in article 2 and without unreasonable restrictions: (a) To take part in the conduct of public affairs, directly or through freely chosen representatives"*. UNITED NATIONS HUMAN RIGHTS. **International Covenant on Civil and Political Rights**. Disponível em: <https://www.ohchr.org/en/professionalinterest/pages/ccpr.aspx>. Acesso em: 5 dez. 2020.

[81] BRASIL. Ministério da Educação. **Política Nacional de Educação Especial**: Equitativa, Inclusiva e ao Longo da Vida. Consulta Pública. *Ibid.*

[82] BRASIL. Ministério da Educação. **Política Nacional de Educação Especial**: Equitativa, Inclusiva e ao Longo da Vida. Minuta. *Ibid.*

[83] BRASIL. Ministério da Educação. **Relatório Descritivo das Contribuições da Consulta Pública Sobre a Política Nacional de Educação Especial**: Equitativa, Inclusiva e ao Longo da Vida – PNEE-2018. *Ibid.*

No entanto, apesar da proposta de interatividade, baseada em uma metodologia consultiva em forma de questionário, elaborado em Escala Likert de cinco categorias (que permite concordâncias integrais, parciais, discordâncias etc), com a opção de inserção de comentários escritos a cada tópico apreciado, salvo no caso de total concordância com o texto da minuta, é possível inferir que a pesquisa não representa de fato um sítio público e dialético, democrático e de caráter participativo, não por ter sido celebrada digitalmente, mas sim porque em sua criação as organizações representativas das pessoas com deficiência praticamente não atuaram, e também porque pouco participaram da consulta propriamente dita.

Com efeito, para a elaboração da pesquisa a Secretaria de Educação Continuada, Alfabetização, Diversidade e Inclusão (SECADI), entre os anos de 2017 e 2018, em um primeiro momento realizou um levantamento para compreender como havia se dado a implementação da política de educação especial no decênio 2008-2018, e em um segundo momento buscou catalisar demandas sociais que justificassem a revisão da política que então vigia.[84] Nesse sentido, consta que "participaram desse trabalho consultores e especialistas convidados, a equipe da Diretoria de Políticas de Educação Especial e outros colaboradores do MEC. Foram realizados encontros presenciais e videoconferências com educadores, além de trabalho de campo e estudos documentais".[85] De modo que

> Para realização dos estudos documentais e de campo nas unidades federadas, foram delineados procedimentos e formulados instrumentos pelos consultores contratados, com apoio institucional, assim discriminados: (a) análise documental de resoluções e deliberações dos conselhos de educação; análise de dados do MEC/INEP; análise de propostas ou orientações pedagógicas dos sistemas de ensino; (b) análise das respostas de questionários, recebidas: das equipes gestoras de Educação Especial das Secretarias de Educação dos Estados e Municípios das capitais; do Ministério Público de Estados e de Organizações Não-Governamentais sem fins lucrativos;

[84] BRASIL. Ministério da Educação. **Política Nacional de Educação Especial**: Equitativa, Inclusiva e ao Longo da Vida. Consulta Pública. *Ibid.*

[85] BRASIL. Ministério da Educação. **Política Nacional de Educação Especial**: Equitativa, Inclusiva e ao Longo da Vida. Consulta Pública. *Ibid.*

> (c) análise de entrevistas realizadas com dirigentes de equipes gestoras da Educação Especial de Secretarias de Educação; (d) visita a Conselhos Estaduais de Educação e entrevista com seus representantes e visitas a escolas estaduais e municipais (de capitais) e a salas de recursos multifuncionais, acompanhadas por gestores e professores especializados.[86]

É nítida, portanto, a restrita ou ausente participação das pessoas com deficiência no desenvolvimento da minuta da pesquisa, seja individual ou coletivamente.

Mas, mais do que isso, de acordo com o relatório, apenas 0,6% das pessoas que participaram da pesquisa eram estudantes beneficiários da educação especial, 0,8% dos participantes eram membros de conselhos, e 2,1% eram membros de organizações não governamentais. A grande maioria dos participantes era composta de professores (38,8%), gestores escolares (23,5%), familiares de cidadãos beneficiários da educação especial (7,4%), outros profissionais da escola (7,3%), outros (6,7%), cidadãos interessados (5,6%), secretários de educação (3,4%), pesquisadores (1,9%), e profissionais da educação superior (1,8%).[87] O que apenas corrobora, em outro matiz, o problema acima apontado.

Carece a pesquisa, portanto, de legitimidade participativa.

Nesse ponto, vale lembrar que os Estados signatários da CDPD têm a obrigação de garantir transparência, publicidade e de fornecer informações acessíveis e adequadas nos processos de consulta realizados diante das pessoas com deficiência,[88] transversalmente, em todos os momentos deliberativos. Dessa forma, não pode o processo participativo ser tido como mera formalidade, como instrumento *pro forma*, ser malucado em alguma de suas dimensões ou se dar apenas em parte do processo legislativo ou deliberativo. Isso porque "As consultas previstas no artigo 4, parágrafo 3, excluem qualquer contato ou prática dos Estados Partes

[86] BRASIL. Ministério da Educação. **Política Nacional de Educação Especial**: Equitativa, Inclusiva e ao Longo da Vida. Consulta Pública. *Ibid.*

[87] BRASIL. Ministério da Educação. **Relatório Descritivo das Contribuições da Consulta Pública Sobre a Política Nacional de Educação Especial**: Equitativa, Inclusiva e ao Longo da Vida – PNEE-2018. *Ibid.*

[88] UNITED NATIONS HUMAN RIGHTS. Convention on the Rights of Persons with Disabilities (CRPD). Committee on the Rights of Persons with Disabilities. **General Comment No 7**, 2018. *Ibid.*

que não seja compatível com a Convenção e os direitos de Pessoas com Deficiências" (tradução livre).[89]

Desse modo, se à luz do paradigma procedimentalista é preciso que haja mecanismos contínuos de integração e participação, controle e execução de políticas públicas por parte da sociedade no espaço público, na práxis legislativa e, até mesmo, no Poder Judiciário, este objetivo parece não ter sido alcançado pelo Decreto, como visto, porque pensado sem consulta às pessoas com deficiência, bem como às organizações representativas das pessoas com deficiência, que praticamente não atuaram em sua criação, e pouco participaram da consulta propriamente dita. Ocorre que não se pode abrir mão de uma cidadania ativa, de um caldo social acostumado à liberdade e à participação, a partir de um fluxo comunicativo social,[90] sob pena de regressão social. Daí a inconstitucionalidade do Decreto, sob essa perspectiva.

3.2.2. Perspectiva substantial

A partir de uma perspectiva substancial, quatro são os apontamentos ao Decreto. A um, deve-se ter em mente que o atendimento educacional especializado, realizado em classes ou escolas especiais, apesar de trabalhar de forma interdisciplinar, relacionando educação, saúde, assistência social e cultura, com várias metodologias e ferramentas, não tem o condão de substituir o processo de escolarização, e é justamente por isso que possui natureza complementar ou suplementar, ocorrendo no contraturno escolar, como exposto. Não parece adequado que a excepcionalidade, então, seja transformada em regra geral. É dizer, o ensino obrigatório inclusivo oferecido em classes comuns de escolas regulares pode receber acréscimos (complementares ou suplementares) da educação especial, nos casos em que isso se fizer necessário, bem como ser aprimorado, visto que

[89] *No original, "Consultations under article 4 (3) prevent States parties from engaging in any act or practice that may be inconsistent with the Convention and the rights of persons with disabilities".* UNITED NATIONS HUMAN RIGHTS. Convention on the Rights of Persons with Disabilities (CRPD). Committee on the Rights of Persons with Disabilities. **General Comment No 7**, 2018. *Ibid.*

[90] HABERMAS, Jürgen. **Direito e Democracia**: entre facticidade e validade. v. I. Rio de Janeiro: Tempo Brasileiro, 1997; HABERMAS, Jürgen. **Direito e Democracia**: entre facticidade e validade. v. II. Rio de Janeiro: Tempo Brasileiro, 1997.

apresenta inúmeras falhas e ainda se encontra em desenvolvimento,[91] mas não ser substituído *in totum*, muito menos *in limine* pelo modelo segregacionista, sem que exista base empírica para tanto, em desconsideração aos benefícios individuais e comunitários anteriormente ressaltados.[92]

A dois, parece o Decreto possibilitar e, mais ainda, fomentar a criação de um duplo sistema, que ao invés de ser inclusivo possui tão somente algumas poucas escolas regulares inclusivas. Dubiedade que acaba

[91] Como explica Rebelo, até mesmo o acesso ao atendimento educacional especializado ainda é precário. REBELO, Andressa Santos. **Os impactos da política de atendimento educacional especializado**: análise dos indicadores educacionais de matrículas de alunos com deficiência. 2012. Dissertação (Mestrado em Educação) – Universidade Federal de Mato Grosso do Sul, Corumbá, 2012.

[92] O decreto pressupõe *ab ovo* a falibilidade da educação inclusiva, como se observa do artigo 2º, inciso VI: "Art. 2º. Para fins do disposto neste Decreto, considera-se: VI – escolas especializadas – instituições de ensino planejadas para o atendimento educacional aos educandos da educação especial que não se beneficiam, em seu desenvolvimento, quando incluídos em escolas regulares inclusivas e que apresentam demanda por apoios múltiplos e contínuos"; e do artigo 9º, inciso III: "Art. 9º. A Política Nacional de Educação Especial: Equitativa, Inclusiva e com Aprendizado ao Longo da Vida será implementada por meio das seguintes ações: III – definição de critérios de identificação, acolhimento e acompanhamento dos educandos que não se beneficiam das escolas regulares inclusivas, de modo a proporcionar o atendimento educacional mais adequado, em ambiente o menos restritivo possível, com vistas à inclusão social, acadêmica, cultural e profissional, de forma equitativa, inclusiva e com aprendizado ao longo da vida". BRASIL. **Decreto nº 10.502, de 30 de setembro de 2020.** *Ibid.* Ocorre que o Comentário Geral nº 4, emitido pelo Comitê sobre os Direitos da Pessoa com Deficiência, já alertava para situações como essa desde 2016: "4. As barreiras que impedem o acesso à educação inclusiva para pessoas com deficiência podem ser atribuídas a múltiplos fatores, incluindo: c) Falta de conhecimento sobre a natureza e as vantagens da educação inclusiva e de qualidade e da diversidade, inclusive em relação à competitividade, na aprendizagem para todos; falta de divulgação entre todos os pais; e falta de respostas adequadas às necessidades do apoio, levando a temores e estereótipos infundados de que a inclusão causará uma deterioração na qualidade da educação ou terá um impacto negativo sobre outras pessoas." (tradução livre). No original, "4. Barriers that impede access to inclusive education for persons with disabilities can be attributed to multiple factors, including: c) Lack of knowledge about the nature and advantages of inclusive and quality education and diversity, including regarding competitiveness, in learning for all; lack of outreach to all parents; and lack of appropriate responses to support requirements, leading to misplaced fears and stereotypes that inclusion will cause a deterioration in the quality of education or otherwise have a negative impact on others." UNITED NATIONS HUMAN RIGHTS. Convention on the Rights of Persons with Disabilities (CRPD). Committee on the Rights of Persons with Disabilities. **General Comment No 4**, 2016. *Ibid.*

permitindo, ainda que de forma oblíqua, que escolas públicas e privadas da rede nacional de ensino, a depender de condições específicas, estimulem a não realização da matrícula de estudantes com deficiência, ao fundamento de que não disporiam em completude do aparato técnico, arquitetônico ou mesmo de pessoal capacitado para a realização do suporte, nos casos em que isso fosse necessário, ou de que estes não se beneficiariam do ensino promovido por aquela instituição, e os encaminhe, então, para uma das poucas escolas regulares inclusivas.[93] Dito de outra maneira, "a clássica frase 'não estou preparado para isso' é fortalecida diante dos critérios que são estabelecidos (por quem e com que interesse?) para determinar quais alunos não se adaptaram à escola regular e prontamente encaminhá-los para lugares mais 'adequados'".[94]

Ocorre que, por um lado, esse tipo de medida representa um retorno ao conceito biológico de deficiência, centrado na própria pessoa - abandonado desde meados do século XX, não é despiciendo recordar -, na contramão do conceito biopsicossocial que hoje vigora nacional e internacionalmente. Isso porque, ao invés de enfocar a escola, com viso a se superar os obstáculos e barreiras que possui, fixa seus olhares sobre o próprio indivíduo, como se fosse inadequado para aquele ambiente.

Revela, portanto, um espectro discriminatório.

O qual se encontra na contramão de praticamente todos os marcos legais ora debatidos, em vários pontos. Afinal, "o direito à não discriminação

[93] Não se trata, assim, de uma negativa direta de matrícula dos alunos com deficiência, que constitui crime, nos moldes do inciso I do artigo 8º da Lei 7.853/1989: "Art. 8º. Constitui crime punível com reclusão de 2 (dois) a 5 (cinco) anos e multa: I – recusar, cobrar valores adicionais, suspender, procrastinar, cancelar ou fazer cessar inscrição de aluno em estabelecimento de ensino de qualquer curso ou grau, público ou privado, em razão de sua deficiência; (Redação dada pela Lei nº 13.146, de 2015)". BRASIL. **Lei nº 7.853, de 24 de outubro de 1989**. Dispõe sobre o apoio às pessoas portadoras de deficiência, sua integração social, sobre a Coordenadoria Nacional para Integração da Pessoa Portadora de Deficiência – Corde, institui a tutela jurisdicional de interesses coletivos ou difusos dessas pessoas, disciplina a atuação do Ministério Público, define crimes, e dá outras providências. Disponível em: <http://www.planalto.gov.br/ccivil_03/leis/l7853.htm>. Acesso em: 17 dez. 2020.

[94] ALMEIDA, Laurinda Ramalho de; ANTUNES, Mitsuko Aparecida Makino; MAGALHÃES, Luciana de Oliveira Rocha; SANTOS, Ruzia Chaouchar dos. Mas ele tem laudo! Implicações do Decreto 10.502/2020 no desmonte das Políticas públicas para a educação inclusiva. **Psicologia da Educação**, n. 51, p. 127-131, 2020. p. 130.

inclui o direito de não ser segregado [...]" (tradução livre)[95]. Para citar dois, a título de exemplificação, a própria CDPD, no item 1 do artigo 24, *in verbis*:

> 1. Os Estados Partes reconhecem o direito das pessoas com deficiência à educação. Para efetivar esse direito sem discriminação e com base na igualdade de oportunidades, os Estados Partes assegurarão sistema educacional inclusivo em todos os níveis, bem como o aprendizado ao longo de toda a vida [...] (tradução livre).[96]

E o *caput* do artigo 27 da LBI, nestes termos:

> Art. 27. A educação constitui direito da pessoa com deficiência, assegurados sistema educacional inclusivo em todos os níveis e aprendizado ao longo de toda a vida, de forma a alcançar o máximo desenvolvimento possível de seus talentos e habilidades físicas, sensoriais, intelectuais e sociais, segundo suas características, interesses e necessidades de aprendizagem.[97]

E, por outro lado, efetivação progressiva do artigo 24 da CDPD "[...] não é compatível com a sustentação de dois sistemas de educação: um sistema de ensino regular e uma educação especial/segregada" (tradução livre).[98] A educação inclusiva é um *projeto de Estado*, e por isso mesmo não pode ser deslocada ou quebrantada por um *projeto de governo*.

Sem embargo, o Decreto esfacela o sentido de inclusão.

[95] No original, *"The right to non-discrimination includes the right not to be segregated [...]"*. UNITED NATIONS HUMAN RIGHTS. Convention on the Rights of Persons with Disabilities (CRPD). Committee on the Rights of Persons with Disabilities. **General Comment No 4**, 2016. *Ibid.*
[96] No original,*"1. States Parties recognize the right of persons with disabilities to education. With a view to realizing this right without discrimination and on the basis of equal opportunity, States Parties shall ensure an inclusive education system at all levels and lifelong learning [...]"*. UNITED NATIONS HUMAN RIGHTS. **Convention on the Rights of Persons with Disabilities (CRPD).** *Ibid.*
[97] BRASIL. **Lei nº 13.146, de 6 de julho de 2015**. Institui a Lei Brasileira de Inclusão da Pessoa com Deficiência (Estatuto da Pessoa com Deficiência). Disponível em: http://www.planalto.gov.br/ccivil_03/_ato2015-2018/2015/lei/l13146.htm>. Acesso em: 23 dez. 2020.
[98] No original, *"[...] not compatible with sustaining two systems of education: a mainstream education system and a special/segregated education system."*. UNITED NATIONS HUMAN RIGHTS. Convention on the Rights of Persons with Disabilities (CRPD). Committee on the Rights of Persons with Disabilities. **General Comment No 4**, 2016. *Ibid.*

Cabe recordar que desde que a política inclusiva passou a ser a tônica principal no sistema educacional brasileiro houve um aumento considerável no número de matrículas de estudantes com deficiência, um maior acesso à educação. Na educação básica, em 2009 havia 387.031 alunos com deficiência, transtornos do espectro autista e altas habilidades matriculados em classes comuns e 252.687 em classes especiais ou escolas especializadas, ao passo que em 2019 o número de matriculados em classes comuns saltou para 1.090.805, e em relação às classes especiais ou escolas especializadas houve uma redução para 160.162 matrículas,[99] conforme é possível vislumbrar:

Quadro 1: **Número de alunos com deficiência, transtornos do espectro autista e altas habilidades ou superdotação, em classes comuns e classes especiais na educação básica**

	Classes Comuns		Classes especiais + Escolas Especializadas		Total	
	2009	2019	2009	2019	2009	2019
Educação Infantil	27.031	99.105	47.748	8.850	74.779	107.955
Ensino Fundamental	333.623	846.801	200.688	149.939	534.311	996.740
Ensino Médio	25.659	140.141	3.132	1.347	28.791	141.488
Educação Profissional	718	4.758	1.119	26	1.837	4.784
Educação Básica	387.031	1.090.805	252.687	160.162	639.718	1.250.967

Fonte: Todos pela Educação (2020)

[99] TODOS PELA EDUCAÇÃO. **Anuário Brasileiro da Educação Básica**, 2019. São Paulo: Editora Moderna, 2020. p. 52-55. Para levantamentos de períodos anteriores e dados mais específicos, ver: MELETTI, Silvia Márcia Ferreira; BUENO, José Geraldo Silveira. O impacto das políticas públicas de escolarização de alunos com deficiência: uma análise dos indicadores sociais no Brasil. **Linhas Críticas**, v. 17, p. 367-384, 2011; REBELO, Andressa Santos; KASSAR, Mônica de Carvalho Magalhães. Indicadores educacionais de matrículas de alunos com deficiência no Brasil (1974-2014). **Estudos em Avaliação Educacional**, v. 29, n. 70, p. 276-307, 2018; e REBELO, Andressa Santos. **A Educação Especial no Brasil**: indicadores educacionais de atendimento especializado (1973-2014). Tese (Doutorado em Educação) – Universidade Federal de Mato Grosso do Sul, Campo Grande, 2016.

A três, pode-se especular que o Decreto representa os anseios de certos setores econômicos da sociedade, notadamente os de grupos vinculados à instituições privadas, os quais, com a universalização da educação, vêm perdendo espaço no mercado de ensino. Afinal, com a política de educação inclusiva "[...] há uma alteração do perfil de matrículas entre as escolas comuns e especiais, forçando uma migração de alunos destas às primeiras".[100]

Como explica Kassar,

> Com o direcionamento de recursos para a política em implantação [educação inclusiva] há a previsão de término de financiamento das instituições especializadas filantrópicas com recursos públicos da educação (BRASIL. MEC. FNE, 2014). Neste contexto, contraditoriamente, as escolas especiais utilizam-se do discurso do respeito às minorias e unem suas forças políticas a grupos minoritários (étnicos, religiosos, por ex.) para lutar por sua permanência no cenário nacional.[101]

Mas, mais do que traduzir um significante simbólico da congregação de capital político, ele facilita a transferência de verbas governamentais para as instituições privadas, pulverizando e direcionando os parcos recursos públicos para destinatários distintos. Ocorre que com isso permite-se a deterioração da educação inclusiva, que perderá verbas para ambientes segregados, privados, não universais, desconsiderando que o Comentário Geral nº 4, de 2016, emitido pelo Comitê sobre os Direitos da Pessoa com Deficiência, determina justamente o contrário, ou seja, a redefinição da alocação de dotações orçamentárias, com viso à transferência de verbas para o desenvolvimento da educação inclusiva.[102] Se é verdade que há uma tensão histórica entre a atuação pública e a privada na educação especial

[100] KASSAR, Mônica de Carvalho Magalhães. Configuração da educação especial no contexto da política de educação inclusiva no brasil. **Journal of Research in Special Educational Needs**, v. 16, pp. 172-173, 2016. p. 173.

[101] KASSAR, Mônica de Carvalho Magalhães. Configuração da educação especial no contexto da política de educação inclusiva no brasil. **Journal of Research in Special Educational Needs**, v. 16, pp. 172-173, 2016. p. 173.

[102] UNITED NATIONS HUMAN RIGHTS. Convention on the Rights of Persons with Disabilities (CRPD). Committee on the Rights of Persons with Disabilities. **General Comment No 4**, 2016. *Ibid.*

no Brasil,[103] com o Decreto a segunda tende a se expandir e ganhar ainda mais fôlego.

Trata-se, pois, de uma colonização do mundo da vida pelo sistema.[104]

A quatro, cabe refletir que a maximização da autonomia familiar e do próprio estudante com deficiência, no âmbito educacional, não é em um problema em si e se encontra presente em vários documentos internacionais, como a Convenção sobre os Direitos da Criança, *exempli gratia*. E não se olvida de que no relatório gerado ao final da pesquisa acerca da nova Política Nacional de Educação Especial: Equitativa, Inclusiva e ao Longo da Vida (PNEE-2018) a matéria tenha sido demandada por parte dos participantes.[105] Ocorre que esse poder deliberativo é cabível "[...] desde que a educação ministrada em tais instituições esteja em consonância com os padrões mínimos estabelecidos pelo Estado" (tradução livre).[106] O que, como visto, não se aplica ao caso, vez que o atendimento educacional especializado, realizado em classes ou escolas especiais, não tem o caráter de substitutividade ao ensino inclusivo oferecido em classes comuns de escolas regulares.

Configura assim uma falsa liberdade de escolha, que somente reforça a possibilidade de criação de um duplo sistema, não democrático.

Por todo o exposto, revela-se inconstitucional o Decreto.

4. O posicionamento do Supremo Tribunal Federal

Após mobilização de parte da sociedade civil, principalmente de organizações representativas das pessoas com deficiência[107], foram apresentadas

[103] LAPLANE, Adriana Lia Friszman de; CAIADO, Katia Regina Moreno; KASSAR, Mônica de Carvalho Magalhães. As relações público-privado na educação especial: tendências atuais no Brasil. **Revista Teias**, v. 17, n. 46, p. 40-55, 2016. p. 40-55.

[104] HABERMAS, Jürgen. **Teoría de la Acción Comunicativa**: crítica de la razón funcionalista. v. II. 1ª ed., 2ª reimp. Traducción de Manuel Jiménez Redondo. Madrid: Taurus, 1987.

[105] BRASIL. Ministério da Educação. **Relatório Descritivo das Contribuições da Consulta Pública Sobre a Política Nacional de Educação Especial**: Equitativa, Inclusiva e ao Longo da Vida – PNEE-2018. *Ibid.*

[106] No original, "[...] to the requirements that the education given in such institutions shall conform to such minimum standards as may be laid down by the State". UNITED NATIONS HUMAN RIGHTS. **Convention on the Rights of the Child**. Disponível em: <https://www.ohchr.org/en/professionalinterest/pages/crc.aspx>. Acesso em: 16 dez. 2020.

[107] Com exceção de algumas que representam pessoas que possuem surdo-mudez.

no Supremo Tribunal Federal duas medidas com intuito de frear o cumprimento do Decreto, quais sejam a Ação de Descumprimento de Preceito Fundamental – ADPF nº 751, proposta em 6 de outubro de 2020 pelo partido Rede Sustentabilidade, e a Ação Direta de Inconstitucionalidade – ADI nº 6.590, proposta em 26 de outubro de 2020 pelo Partido Socialista Brasileiro.

Quanto à primeira, ainda não houve julgamento.

Quanto à segunda, pode-se comentar, a par de discussões processuais, que em 1º de dezembro de 2020 o relator, Ministro Dias Toffoli, concedeu a medida cautelar pleiteada pelo Partido Socialista Brasileiro e suspendeu liminarmente a eficácia do Decreto. Afirmou, em síntese, que ele veicula no ordenamento jurídico uma nova política educacional, não se limitando a ser um instrumento regulativo da Lei de Diretrizes e Bases da Educação Nacional. O que é passível de se observar de sua inclinação para implementar classes e escolas específicas, "[...] em contexto de aprendizagem separado dos demais educandos".[108] Ocorre que, haja vista que a Constituição da República e os instrumentos internacionais dos quais o Brasil é signatário, principalmente a CDPD, preterem o ensino em classes e escolas específicas em prestígio à educação inclusiva, deixando-os como hipótese excepcional, não se faz possível a inversão dessa dinâmica. Em seus dizeres:

> Percebe-se, portanto, que o Brasil internalizou, em seu ordenamento constitucional, um compromisso com a educação inclusiva, ou seja, com uma educação que agrega e acolhe as pessoas com deficiência ou necessidades especiais no ensino regular, ao invés segregá-las em grupos apartados da própria comunidade.[109]

Em arremate, assevera que

> O paradigma da educação inclusiva, portanto, é o resultado de um processo de conquistas sociais que afastaram a ideia de vivência segregada das

[108] BRASIL. Supremo Tribunal Federal. **Medida Cautelar na Ação Direta de Inconstitucionalidade nº 6.590.** Relator Ministro Dias Toffoli. Plenário, julgado em 18.12.2020. Disponível em: <http://portal.stf.jus.br/processos/detalhe.asp?incidente=6036507>. Acesso em: 21 dez. 2020. p. 17.

[109] BRASIL. Supremo Tribunal Federal. **Medida Cautelar na Ação Direta de Inconstitucionalidade nº 6.590.** *Id.* p. 18-19.

pessoas com deficiência ou necessidades especiais para inseri-las no contexto da comunidade. Assim, apesar de coexistir com a implementação de escolas e classes especializadas, não comporta a transformação da exceção em regra, pois significaria uma involução na proteção de direitos desses indivíduos.[110]

Sem embargo, ao levar a decisão precária para apreciação colegiada, em 18 de dezembro de 2020, por nove votos a dois a Corte referendou a medida cautelar. Acompanharam o relator os ministros Alexandre de Moraes, Edson Fachin, Carmen Lúcia, Rosa Weber, Luiz Fux, Ricardo Lewandowski e Gilmar Mendes, com o acompanhamento com ressalvas por parte do ministro Luís Roberto Barroso,[111] e divergiram os ministros Marco Aurélio e Nunes Marques.[112] Em apertado resumo, a referenda, ainda que circularmente, manteve os mesmos fundamentos outrora apresentados, quais sejam a vedação da transformação da excepcionalidade em regra geral,[113]

[110] BRASIL. Supremo Tribunal Federal. **Medida Cautelar na Ação Direta de Inconstitucionalidade nº 6.590.** *Id.* p. 24.

[111] De acordo com o ministro, deve-se "[...] pontuar que existe um amplo debate a respeito da adequação das escolas bilíngues para surdos que utilizam a Língua Brasileira de Sinais – LIBRAS. Há entidades representativas da comunidade surda que sustentam que tais alunos se desenvolvem melhor nas escolas que adotam a LIBRAS como primeira língua e o Português como segunda língua, e registram a existência de estudos nesse sentido. Existem, inclusive, entidades que sustentam que os surdos se identificam como uma minoria linguística, de forma que as escolas bilíngues de surdos poderiam ser comparadas a escolas internacionais (e.g. escolas americanas e francesas que funcionam no Brasil). Nesse sentido é a manifestação da Federação Nacional de Educação e Integração dos Surdos – FENEIS (Doc. 207), do Instituto Nacional de Educação de Surdos – INES e, no contexto internacional, da Federação Mundial de Surdos, da Federação Mundial de Surdocegos e da International Disability Caucus (IDC)". BRASIL. Supremo Tribunal Federal. **Medida Cautelar na Ação Direta de Inconstitucionalidade nº 6.590.** *Id.* p. 1. Assim, ressalva a possibilidade de, futuramente, revisitar a matéria da educação especial para essa parcela específica dos estudantes com deficiência.

[112] Para ambos, não há inovação na ordem jurídica por parte do Decreto, que não é, inclusive, abstratamente autônomo. Além disso, asseveram que eventual controle normativo do ato deveria se dar na esfera da legalidade, e não da constitucionalidade (haja vista serem os enfoques do debate as Leis nº 9.394/1996, Lei de Diretrizes e Bases da Educação Nacional, e a Lei 13.146/2015, Estatuto da Pessoa com Deficiência). BRASIL. Supremo Tribunal Federal. **Medida Cautelar na Ação Direta de Inconstitucionalidade nº 6.590.** *Id.*

[113] Consoante se extrai: "A Política Nacional de Educação Especial ora questionada, portanto, parece contrariar o paradigma descrito, por claramente retirar a ênfase da Política de

e a proibição de que haja um retorno ao um paradigma não inclusivo, nos seguintes termos:

> Ocorre que, de uma interpretação sistemática das normas constitucionais e infraconstitucionais aplicáveis à matéria, extrai-se que a educação na rede regular de ensino é o paradigma para a educação especial, devendo o Poder Público adotá-la como ponto de partida para a formulação de políticas educacionais para as pessoas portadoras de deficiência. Revela-se, portanto, imperativa a adoção de providências voltadas à inclusão educacional de todos os estudantes no ensino regular.[114]

Desse modo, para o Supremo Tribunal Federal, em análise uma análise precária, não resta dúvidas acerca da inconstitucionalidade substancial do Decreto. Não abordou a Corte, todavia, o *modus* de construção e emanação do Decreto, viés procedimental. Mas, seja como for, para além das inconstitucionalidades expostas *ad nauseam*, não se pode se furtar ao fato de que ele parece emergir por insatisfações em relação à dificuldade de superação de barreiras por parte das escolas regulares, bem como com o fornecimento de apoio adequado, o que poderia ser resolvido com o aporte de investimentos e o aprimoramento da educação inclusiva, e não através do retorno ao paradigma segregacionista ou integracionista. Logo, mais adequado para o respeito dos direitos educacionais das pessoas com deficiência, pois, que seja extirpado do ordenamento, definitivamente. Para que, após, novas discussões sobre a temática possam ocorrer.

Conclusões

A educação da pessoa com deficiência, didaticamente, passou por distintos paradigmas ao longo da história, momentos que vão desde a *exclusão*, perpassando pela segregação e integração, até se chegar à inclusão, que se inicia com a Constituição de 1988 e se consolida com a CDPD e, posteriormente, com a LBI.

Educação Especial da inclusão no ensino regular, passando a apresentar este último como mera alternativa dentro do sistema de educação especial". BRASIL. Supremo Tribunal Federal. **Medida Cautelar na Ação Direta de Inconstitucionalidade nº 6.590**. *Id*. p. 15.

114 BRASIL. Supremo Tribunal Federal. **Medida Cautelar na Ação Direta de Inconstitucionalidade nº 6.590**. *Id*. p. 13-14.

Com efeito, o paradigma inclusivo busca o rompimento de barreiras para que a educação ocorra em um ambiente comum, igualitário, que seja factualmente inclusivo, radicalmente democrático. Um espaço que favoreça e promova a tolerância do outro enquanto outro, localizado e particular. Nesse passo, a partir de uma dimensão totalizante opera em todas as faixas etárias e ao longo da vida, de modo que o atendimento educacional especializado realizado em classes ou escolas especiais passa a ser tido, pois, como complementar ou suplementar, ocorrendo no contraturno escolar.

A doutrina apresenta uma série de benefícios empíricos em virtude da adoção do paradigma inclusivo. Quanto aos próprios estudantes com deficiência, aponta-se, de modo geral, que em grande parte das pesquisas os estudantes incluídos obtém melhor desempenho acadêmico do que estudantes segregados, principalmente em disciplinas que envolvam leitura e matemática; os estudantes incluídos possuem maiores taxas de presença do que estudantes segregados; os estudantes incluídos têm uma menor propensão a apresentar problemas comportamentais, se comparados a estudantes segregados; os estudantes incluídos têm mais facilidade em completar o ensino médio do que estudantes segregados; os estudantes incluídos têm um maior desenvolvimento de habilidades sociais; quando adultos, apresentam maior propensão a dar continuidade aos estudos e se matricular no ensino superior; apresentam maior propensão a encontrar um emprego; e têm mais facilidade em viver de maneira independente, autônoma.[115] Quanto aos estudantes que não possuem deficiência, aponta-se, de modo geral, quatro benefícios socioemocionais: em algumas pesquisas constata-se que são mais receptivos às diferenças humanas; apresentam uma comunicação interpessoal mais eficaz, bem como o aumento das habilidades sociais; possuem maior capacidade para responder às necessidades de terceiros; e desenvolvem amizades mais afetuosas. Mas, além disso, no que cinge ao desempenho escolar, a maioria dos estudos aponta que a inclusão proporciona um efeito neutro ou, em alguns casos, até mesmo positivo sobre os resultados escolares de alunos que não possuem deficiência.[116]

[115] HEHIR, Thomas; GRINDAL, Todd; FREEMAN, Brian; LAMOREAU, Renée; BORQUAYE, Yolanda; BURKE, Samanta. *Id.* p. 1-34.

[116] HEHIR, Thomas; GRINDAL, Todd; FREEMAN, Brian; LAMOREAU, Renée; BORQUAYE, Yolanda; BURKE, Samanta. *Ibid.*

O Decreto nº 10.502/2020, no entanto, contraria a lógica inclusivista.

Para o Supremo Tribunal Federal, em uma análise precária, não resta dúvidas acerca da inconstitucionalidade do Decreto. Isso com base em dois argumentos principais, quais sejam a proibição de que haja o retorno a um paradigma não inclusivo e a vedação da transformação da excepcionalidade em regra geral.

Como corretamente assinalado pela Corte, ao ampliar o espaço de operação das escolas especiais e das classes especiais, ele acaba permitindo que o aparato educacional se distancie do paradigma inclusivo. E que a responsabilidade para tanto seja transferida para outrem. Ocorre que não cabe "[...] ao Poder Público recorrer aos institutos das classes e escolas especializadas para furtar-se às providências de inclusão educacional de todos os estudantes".[117] É constitucionalmente responsável de forma direta e imediata por uma política educacional inclusiva, pública, ao longo da vida e de acesso a todas as pessoas.

Sem embargo, o Decreto parece emergir por insatisfações em relação à superação de barreiras por parte das escolas regulares, bem como com o fornecimento de apoio adequado, o que poderia ser resolvido com o aporte de investimentos e o aprimoramento da educação inclusiva, e não através do retorno ao paradigma segregacionista ou integracionista.

Além disso, o Decreto também permite que a exceção se torne regra, ou seja, que o atendimento educacional especializado, realizado em classes ou escolas especiais substitua o regular processo de escolarização, o ensino obrigatório inclusivo oferecido em classes comuns de escolas regulares, esquecendo-se que aquele possui natureza complementar ou suplementar, tendo caráter tão somente excepcional. Como corretamente assinalado pela Corte, o atendimento educacional especializado é "[...] um complemento e não um substitutivo da escolarização ministrada na rede regular para todos os alunos".[118]

No entanto, apesar de não mencionado, ao menos diretamente, pelo Tribunal, a medida também pode propiciar, por exemplo, que escolas públicas e privadas da rede nacional de ensino, a depender de condições

[117] BRASIL. Supremo Tribunal Federal. **Medida Cautelar na Ação Direta de Inconstitucionalidade nº 6.590**. *Id*. p. 10.

[118] BRASIL. Supremo Tribunal Federal. **Medida Cautelar na Ação Direta de Inconstitucionalidade nº 6.590**. *Id*. p. 15.

específicas, estimulem a não realização da matrícula de estudantes com deficiência, ao fundamento de que não disporiam em completude do aparato técnico, arquitetônico ou mesmo de pessoal capacitado para a realização do suporte, nos casos em que isso fosse necessário, ou de que estes não se beneficiariam do ensino promovido por aquela instituição, e os encaminhe, então, para uma das poucas escolas regulares inclusivas. O que, além de representar um retorno ao conceito biológico de deficiência, expressa uma exclusão da pessoa com deficiência do sistema de ensino.

Fora o fato de que, muito provavelmente, pode-se especular, representa os anseios de certos setores econômicos da sociedade, notadamente os de grupos vinculados a instituições privadas.

Seja como for, que reste assentado ainda que a maximização da autonomia familiar e do próprio estudante com deficiência, no âmbito educacional, não é em um problema em si e se encontra presente em vários documentos internacionais. Ocorre que esse poder deliberativo é cabível "[...] desde que a educação ministrada em tais instituições esteja em consonância com os padrões mínimos estabelecidos pelo Estado" (tradução livre).[119] O que, como visto, não se aplica ao caso, vez que o atendimento educacional especializado, realizado em classes ou escolas especiais, não tem o caráter de substitutividade ao ensino inclusivo oferecido em classes comuns de escolas regulares. Configurando, pois, uma falsa liberdade de escolha, que somente reforça a possibilidade de criação de um duplo sistema, não democrático. Tudo isso, em realidade, revela sua incontornável inconstitucionalidade.

Por fim, não é despiciendo inferir que à luz da teoria crítica habermasiana carece de legitimidade participativa. Visto que fundado em consulta pública que praticamente não contou com a presença, de fato, de organizações representativas das pessoas com deficiência, em nenhuma de suas fases, violando assim a máxima *nada sobre nós sem nós.*

Pelo exposto, indene de dúvidas que a configuração normativa de vários pontos do Decreto apresenta traços de inconstitucionalidade, sendo mais adequado para o respeito dos direitos educacionais das pessoas com deficiência, pois, que seja excluído do ordenamento.

[119] No original, *"[...] to the requirements that the education given in such institutions shall conform to such minimum standards as may be laid down by the State"*. UNITED NATIONS HUMAN RIGHTS. **Convention on the Rights of the Child**. *Ibid.*

Referências

ALMEIDA, Laurinda Ramalho de; ANTUNES, Mitsuko Aparecida Makino; MAGALHÃES, Luciana de Oliveira Rocha; SANTOS, Ruzia Chaouchar dos. Mas ele tem laudo! Implicações do Decreto 10.502/2020 no desmonte das Políticas públicas para a educação inclusiva. **Psicologia da Educação**, n. 51, p. 127-131, 2020.

ARANHA, Maria Lúcia de Arruda. **História da Educação e da Pedagogia**: Geral e Brasil. São Paulo: Moderna, 2012.

BARROSO, Luís Roberto. Dez anos da Constituição de 1988 (Foi bom para você também?). **Revista de Direito Administrativo**, v. 214, p. 1-25, 1998.

______. **O Direito Constitucional e a Efetividade de Suas Normas**: limites e possibilidades da Constituição Brasileira. 8. ed. Rio de Janeiro: Renovar, 2006.

______. Trinta anos da Constituição: A República que ainda não foi. **Revista Eletrônica da PGE/RJ**, v. 1, p. 1-19, 2018.

______. Vinte anos da Constituição Brasileira de 1988: o Estado a que chegamos. **Cadernos da Escola de Direito e Relações Internacionais** - UniBrasil, v. 8, p. 183-225, 2008.

BRASIL. **Constituição da República Federativa do Brasil de 1988**. Disponível em: <http://www.planalto.gov.br/ccivil_03/constituicao/constituicaocompilado.htm>. Acesso em: 12 dez. 2020.

______. **Decreto nº 7.611/2011**. Dispõe sobre a educação especial, o atendimento educacional especializado e dá outras providências. Disponível em: <http://www.planalto.gov.br/ccivil_03/_ato2011-2014/2011/decreto/d7611.htm>. Acesso em: 21 dez. 2020.

______. **Decreto nº 10.502, de 30 de setembro de 2020**. Institui a Política Nacional de Educação Especial: Equitativa, Inclusiva e com Aprendizado ao Longo da Vida. Disponível em: <http://www.planalto.gov.br/ccivil_03/_ato2019-2022/2020/decreto/D10502.htm>. Acesso em: 13 dez. 2020.

______. **Lei nº 13.146, de 6 de julho de 2015**. Institui a Lei Brasileira de Inclusão da Pessoa com Deficiência (Estatuto da Pessoa com Deficiência). Disponível em: http://www.planalto.gov.br/ccivil_03/_ato2015-2018/2015/lei/l13146.htm>. Acesso em: 23 dez. 2020.

______. **Lei nº 7.853, de 24 de outubro de 1989**. Dispõe sobre o apoio às pessoas portadoras de deficiência, sua integração social, sobre a Coordenadoria Nacional para Integração da Pessoa Portadora de Deficiência – Corde, institui a tutela jurisdicional de interesses coletivos ou difusos dessas pessoas, disciplina a atuação do Ministério Público, define crimes, e dá outras providências. Disponível em: <http://www.planalto.gov.br/ccivil_03/leis/l7853.htm>. Acesso em: 17 dez. 2020.

______. **Lei nº 8.069, de 13 de julho de 1990**. Dispõe sobre o Estatuto da Criança e do Adolescente e dá outras providências. Disponível em: <http://www.planalto.gov.br/ccivil_03/leis/l8069.htm>. Acesso em: 12 dez. 2020.

______. Ministério da Educação. **Política Nacional de Educação Especial**: Equitativa, Inclusiva e ao Longo da Vida. Consulta Pública. Disponível em: <https://pnee.mec.gov.br/>. Acesso em: 5 dez. 2020.

______. Ministério da Educação. **Política Nacional de Educação Especial**: Equitativa, Inclusiva e ao Longo da Vida. Minuta. Disponível em: <https://pnee.mec.gov.br/integra>. Acesso em: 5 dez. 2020.

______. Ministério da Educação. **Relatório Descritivo das Contribuições da Consulta Pública Sobre a Política Nacional de Educação Especial**: Equitativa, Inclusiva e ao Longo da Vida – PNEE-2018. Disponível em: <https://pnee.mec.gov.br/dados_consulta/Minuta_PNEE_2018_RelatorioContribuicoes.pdf>. Acesso em: 5 dez. 2020.

______. Ministério da Educação. Secretaria de Educação Continuada, Alfabetização, Diversidade e Inclusão (SECADI). **Política Nacional de Educação Especial na Perspectiva da Educação Inclusiva**, 2008. Disponível em <http://portal.mec.gov.br/index.php?option=com_docman&view=download&alias=16690--politica-nacional-de-educacaoespecial-na-perspectiva-da-educacao-inclusiva--05122014&Itemid=30192>. Acesso em: 19 dez. 2020.

______. Supremo Tribunal Federal. **Medida Cautelar na Ação Direta de Inconstitucionalidade nº 6.590**. Relator Ministro Dias Toffoli. Plenário, julgado em 18.12.2020. Disponível em: <http://portal.stf.jus.br/processos/detalhe.asp?incidente=6036507>. Acesso em: 21 dez. 2020.

BREDBERG, Elizabeth. Writing Disability History: problems, perspectives and sources. **Disability & Society**, v. 14, n. 2, p. 189-201, 1999.

BUENO, José Geraldo Silveira. **Educação Especial Brasileira**: questões conceituais e de atualidade. São Paulo: EDUC, 2011.

CHARLTON, James I.. **Nothing About us Without us**: Disability Oppression and Empowerment. Berkeley: Universty of California Press, 2000.

CONDE, Patricia Santos; CAMIZÃO, Amanda Costa; VICTOR, Sonia Lopes. Pandemia e atividades remotas: possibilidades e desafios para a educação especial. **Revista Cocar**, v. 14, n. 3, p. 1-16, 2020.

FERNANDES, Lorena Barolo; SCHLESENER, Anita; MOSQUERA, Carlos. Breve Histórico da Deficiência e seus Paradigmas. **Revista do Núcleo de Estudos e Pesquisas Interdisciplinares em Musicoterapia**, n. 2, p. 132-144, 2011.

FRANÇA, Tiago Henrique. A normalidade: uma breve introdução à história social da deficiência. **Revista Brasileira de História & Ciências Sociais**, v. 6, n. 11, p. 105-123, 2014.

GARGHETTI, Francine Cristine; MEDEIROS, José Gonçalves; NUERNBERG, Adriano Henrique. Breve história da deficiência intelectual. **Revista Electrónica de Investigación y Docencia (REID)**, n. 10, p. 101-116, 2013.

GLAT, Rosana; PLETSCH, Márcia Denise; FONTES, Rejane de Souza. Educação inclusiva e educação especial: propostas que se complementam no contexto da escola aberta à diversidade. **Revista Educação** - UFSM, v. 32, n. 2, p. 343-356, 2007

GLEESON, B. J.. Disability Studies: A historical materialist view. **Disability & Society**, v. 12, n. 2, p. 179-202, 1997.

HABERMAS, Jürgen. **Direito e Democracia**: entre facticidade e validade. v. I. Rio de Janeiro: Tempo Brasileiro, 1997.

______. **Direito e Democracia**: entre facticidade e validade. v. II. Rio de Janeiro: Tempo Brasileiro, 1997.

______. **Teoría de la Acción Comunicativa**: crítica de la razón funcionalista. v. II. 1. ed., 2ª reimp. Traducción de Manuel Jiménez Redondo. Madrid: Taurus, 1987.

______. **Teoría de la Acción Comunicativa**: racionalidad de la acción y racionalización social. v. I. 4. ed. Traducción de Manuel Jiménez Redondo. Madrid: Taurus, 1999.

HARPUR, Paul. Embracing the new disability rights paradigm: the importance of the Convention on the Rights of Persons with Disabilities. **Disability & Society**, v. 27, n. 1, p. 1-14, 2012.

HEHIR, Thomas; GRINDAL, Todd; FREEMAN, Brian; LAMOREAU, Renée; BORQUAYE, Yolanda; BURKE, Samanta. **Os Benefícios da Educação Inclusiva para Estudantes com e sem Deficiência**. São Paulo: Instituto Alana, 2016.

JANUZZI, Gilberta Sampaio de Martino. **A Educação do Deficiente no Brasil**: dos primórdios ao início do século XXI. Campinas: Editora Autores Associados, 2004.

______. **História da Educação do Deficiente Mental**. Tese (Doutorado em Educação) – Faculdade de Educação, Universidade Estadual de Campinas, Campinas, 1985.

KASSAR, Mônica de Carvalho Magalhães. Configuração da educação especial no contexto da política de educação inclusiva no brasil. **Journal of Research in Special Educational Needs**, v. 16, p. 172-173, 2016.

______. Percursos da constituição de uma política brasileira de educação especial inclusiva. **Revista Brasileira de Educação Especial**, v. 17, pp. 41-58, 2011.

______; MELETTI, Silvia Márcia Ferreira. Análises de Possíveis Impactos do Programa Educação Inclusiva: Direito à Diversidade. **Ciências Humanas e Sociais em Revista**, v. 34, p. 49-63, 2012.

______; REBELO, Andressa Santos. Abordagens da Educação Especial no Brasil entre Final do Século XX e Início do Século XXI. **Revista Brasileira de Educação Especial**, v. 24, p. 51-68, 2018.

______; ______. O especial na educação, o atendimento especializado e a educação especial. **Anais do VI Seminário Nacional de Pesquisa em Educação Especial.** Prática Pedagógica na Educação Especial: multiplicidade do atendimento educacional especializado, Porto Alegre: FCAA, p. 1-17, 2011.

______; ______. OLIVEIRA, Regina Tereza Cestari de. Embates e disputas na política nacional de Educação Especial brasileira. **Educação e Pesquisa**, v. 45, p. 1-19, 2019.

KUHN, Thomas S.. **A Estrutura das Revoluções Científicas**. 5. ed. Traduzido por Beatriz Vianna Boeira e Nelson Boeira. São Paulo: Editora Perspectiva, 1998.

LANNA JÚNIOR, Mário Cléber Martins. **História do Movimento Político das Pessoas com Deficiência no Brasil**. Brasília: Secretaria de Direitos Humanos – Secretaria Nacional de Promoção dos Direitos da Pessoa com Deficiência, 2010.

LAPLANE, Adriana Lia Friszman de; CAIADO, Katia Regina Moreno; KASSAR, Mônica de Carvalho Magalhães. As relações público-privado na educação especial: tendências atuais no Brasil. **Revista Teias**, v. 17, n. 46, p. 40-55, 2016.

MELETTI, Silvia Márcia Ferreira; BUENO, José Geraldo Silveira. O impacto das políticas públicas de escolarização de alunos com deficiência: uma análise dos indicadores sociais no Brasil. **Linhas Críticas**, v. 17, p. 367-384, 2011.

MENDES, Enicéia Gonçalves. Breve histórico da educação especial no Brasil. **Revista Educación y Pedagogía**, v. 22, n. 57, pp. 93-109.

MIRANDA, Arlete Aparecida Bertoldo. Educação especial no brasil: desenvolvimento histórico. **Cadernos de História da Educação**, n. 7, p. 29-44, 2008.

PIOVESAN, Flávia; SILVA, Beatriz Pereira da; CAMPOLI, Heloísa Borges Pedrosa. A Proteção dos Direitos das Pessoas com Deficiência no Brasil. *In*: PIOVESAN, Flávia (Org.). **Temas de Direitos Humanos**. 5. ed. São Paulo: Saraiva, 2012.

REBELO, Andressa Santos. **A Educação Especial no Brasil**: indicadores educacionais de atendimento especializado (1973-2014). Tese (Doutorado em Educação) – Universidade Federal de Mato Grosso do Sul, Campo Grande, 2016.

______. **Os Impactos da Política de Atendimento Educacional Especializado**: análise dos indicadores educacionais de matrículas de alunos com deficiência. 2012. Dissertação (Mestrado em Educação) – Universidade Federal de Mato Grosso do Sul, Corumbá, 2012.

______; KASSAR, Mônica de Carvalho Magalhães. Indicadores educacionais de matrículas de alunos com deficiência no Brasil (1974-2014). **Estudos em Avaliação Educacional**, v. 29, n. 70, p. 276-307, 2018.

ROGALSKI, Solange Menin. Histórico do surgimento da educação especial. **Revista de Educação do IDEAU**, v. 5, n. 12, p. 1-13, 2010.

SASSAKI, Romeu Kazumi. Inclusão ou desinclusão ? Uma análise do Decreto 10.502/2020. **Revista Reação**, n. 134. Disponível em: <https://revistareacao.com.br/

inclusao-ou-desinclusao-uma-analise-do-decreto-10-502-2020/>. Acesso em: 18 dez. 2020.

SIGOLO, Ana Regina Lucato; GUERREIRO, Elaine Maria Bessa Rebello; CRUZ, Rosangela Aparecida Silva da. Políticas educacionais para a educação especial no Brasil: uma breve contextualização histórica. **Práxis Educativa**, v. 5, n. 2, pp. 173-194, 2010.

TODOS PELA EDUCAÇÃO. **Anuário Brasileiro da Educação Básica**, 2019. São Paulo: Editora Moderna, 2020.

UNITED NATIONS EDUCATIONAL SCIENTIFIC AND CULTURAL ORGANIZATION (UNESCO). **Declaração de Salamanca sobre Princípios, Política e Práticas na Area das Necessidades Educativas Especiais**, 1994. Disponível em: <https://unesdoc.unesco.org/ark:/48223/pf0000139394>. Acesso em: 12.12.2020.

UNITED NATIONS HUMAN RIGHTS. **Convention on the Rights of Persons with Disabilities (CRPD)**. Disponível em: <https://www.un.org/disabilities/documents/convention/convoptprot-e.pdf>. Acesso em: 4 dez. 2020.

______. Convention on the Rights of Persons with Disabilities (CRPD). Committee on the Rights of Persons with Disabilities. **General Comment No 7**, 2018. Disponível em: <https://tbinternet.ohchr.org/_layouts/15/treatybodyexternal/Download.aspx?symbolno=CRPD/C/GC/7&Lang=en>. Acesso em: 4 dez. 2020.

______. **General Comment No 4**, 2016. Disponível em: <https://www.ohchr.org/EN/HRBodies/CRPD/Pages/GC.aspx>. Acesso em: 4 dez. 2020.

______. **Convention on the Rights of the Child**. Disponível em: <https://www.ohchr.org/en/professionalinterest/pages/crc.aspx>. Acesso em: 16 dez. 2020.

______. **Declaração Universal dos Direitos Humanos**. Disponível em: <https://www.ohchr.org/en/udhr/documents/udhr_translations/por.pdf>. Acesso em: 5 dez. 2020.

______. **International Covenant on Civil and Political Rights**. Disponível em: <https://www.ohchr.org/en/professionalinterest/pages/ccpr.aspx>. Acesso em: 5 dez. 2020.

WOODBURN, Hanna. Nothing about us without civil society: The role of civil society actors in the formation of the UN Convention on the Rights of Persons with Disabilities. **Political Perspectives**, v. 7, n. 1, pp. 75-96, 2013.